史學研究叢書·歷史文化叢刊

以色列與中華世界

——猶太人、華人；耶路撒冷、臺北、北京
（1890-2023）

謝愛倫（Aron Shai）　著

劉洪潔　譯

蔡至哲　編修

目次

編修者注：本文的原本譯文，為大陸學者所翻譯。除補充因為政治立場而被刪減的內容，以及臺灣與大陸中文習慣不同的用語外，基本上儘量尊重且遵照原本譯文，不做太多改動。

推薦序一
臺以交流的新起點

　　留學歐洲時即接觸不少猶太人士，最讓我心儀的是荷蘭籍 Max Kohnstamm 夫婦。Kohnstanmm 出身荷蘭猶太企業望族，全家族於二戰時遭納粹迫害，或逃或死，惟他與少數成員倖存到戰後。凜於仇恨和種族屠殺的可怖，他決心全力投身歐洲整合運動，先後出任荷蘭女王私人秘書、歐洲整合之父莫內的秘書長、荷蘭談判代表團副團長，以及歐洲大學（European University Institute）首任校長。當初因撰寫博士論文需要而親訪數次，之後成了忘年之交，他不但侃侃談論親身參與歐洲和解的見聞，更予我許多人生經營的智慧，直至二〇一〇年去世，讓我永遠感念。

　　開始想有系統地認識以色列和猶太民族，則始於二〇一九年受邀參與以色列國慶酒會。當晚，以色列代表在致辭時指著現場擺放的冰雕，自豪地表示，那是以色列三位年輕教授自籌經費打造的登月小艇「創世號」（Beresheet），雖然功敗垂成，卻激起了全球猶太人的熱情，紛紛捐款支持三位年輕人再接再厲。猶太民族勇於闖蕩、相互支援，以色列大學的創新活力，實叫我刮目相看。

　　二〇二二年十月臺大組建龐大代表團赴以色列訪問希伯來（Hebrew）、臺拉維夫（Tel Aviv）、海法（Haifa）和 Technion 等四所大學，期待建立頂級和全面性的交流合作。訪問期間，透過 Mor Sobol 博士，我結識了本書作者 Aron Shai 教授。他堪稱以色列中國和漢學研究的開山始祖，係臺拉維夫大學東亞研究艾森貝格（Eisenberg）講座教授，曾任該校副校長，長期關注東亞和中華世界，甚至為了撰寫《被軟禁的將軍：張學良》（*Zhang Xuelian: The General Who Never Fought*）一書而來臺考察訪談。他總結了數十年的觀察和研究，完成本書，並由他指導的大陸博士生翻譯成簡體中文。惟因書中提及許多當年中華民國政府對猶太難民的支持以及現今不少猶太企業在陸投資失利致無法於大陸出版。我遂應 Shai 教授之請審視本書英文內容和中文譯文後，以為本書以開封猶太裔為楔子，追溯猶太與中華兩大古老民族的交往，再聚焦於廿至廿一世紀雙邊關係，確實有助中文讀者瞭解猶太民族和以色列的國際觀以及對東亞的認知。其中提及七七事變後，中華民國政府在戰敗撤退時仍計劃伸手接納當時被美英法等國拒絕入境的德奧猶太難民，尤讓我以中華民國國民自豪。

　　幾經討論後，我決定協助本書於臺灣出版，並洽作者增加關於以色列與中華民國（臺灣）的章節，邀蔡至哲博士重新潤稿釋譯，力求更忠於原著並符合正體中文用語體例，同時請國內猶太社群領袖、猶臺文化交流協會（Jewish Taiwan Cultural Association）創始會長薛智偉（Jeffrey Schwartz）撰文推薦。

　　與此同時，臺大社科院也開始尋覓專才開設希伯來語、以色列研究和猶太文化研究三門課程，建構臺灣的以色列／猶太研究，期能開創雙方高等教育間長期的合作交流，理解這個古老民族和現代國家並汲取其中的智慧。參訪以色列時，我發現猶太人說話率直，甚至第一次見面不久即直呼名字；在討論簽約合作時，對方更要求直接談論具體事項甚至經費分擔，並告訴我：「我們猶太人不浪費，包括時間。」走進猶太家庭，幾乎都至少兩個冰箱，因為：「家人就是要一起吃飯。尤其，孩子小，我們不外食。」猶太人的智慧不止於國政大事，更見於日常生活之中。

　　祈願這本書的出版，是臺灣和中文讀者認真理解以色列和猶太民族的新起點，開啟雙方交流交往的新樂章。

蘇宏達

臺灣大學社會科學院院長

臺灣大學政治系莫內講座教授

歐洲科學與藝術學院院士

推薦序二
一個生活在臺灣與大陸猶太人的長期觀察

　　作為一名在臺灣和中國大陸兩地都生活過很長時間的猶太人，我有著特殊的機會親見以色列和中華世界相互交織的歷史、文明激盪，兩岸對以色列科技和創新越來越高的興趣，以及雙方日漸蓬勃的文化交流。這些都深深吸引著我。

　　在《以色列與中華世界》一書中，謝愛倫教授（Aron Shai）藉由他深厚的史學和個人經歷，對兩大民族間的歷史、政治、經濟和文化連結提出細膩的解說，幫助我們從詳實的歷史和長遠的視角來觀察、探索兩大民族間的多重關係。

　　本書並未宣稱是要對以色列與中華世界的關係進行深入分析，而是嘗試整合作者個人觀察和細膩的研究，提醒雙方在處理持續發展的夥伴關係時所面臨的複雜性和挑戰。

　　我則希望藉由謝愛倫教授對猶太與中華世界互動的長期觀察能帶來發人深省的討論，刺激人們對雙方關係有更深層的理解，對形塑這些互動的歷史、文化和外交有寶貴的洞察。願本書能成為以色列和中華世界之間，那不斷發展的關係中，進一步探討和對話的基石，同時彰顯國際關係的複雜性、跨文化理解能力的重要，並提供彼此更廣闊的對話平臺。

　　除了詳實的歷史觀察外，本書也回顧了幾位傳奇猶太人物的有趣故事。例如雙槍科亨（Morris Cohen）和雅各・羅森菲爾德（Jacob

Rosenfeld）的故事。這些故事內容有多少是真實的，有多少只是民間傳說，我以為，其實沒那麼重要，因為這些內容都有助於我們去理解當時那些影響整個中國人生活的猶太人物。這些內容閱讀和研究起來都還是很有趣。

我非常感謝謝愛倫教授將這些故事都寫進他的書中。事實上，這些年來我都聽說過這些人物，但卻從未真正好好了解過。因著這本書，我才對和以色列和中華世界間那個特殊歷史時期所發生的故事和人物，有了一些清楚的認識。

我印象最深刻的名字，是我一九七二年初到達臺灣時就聽說過的掃羅・艾森貝格（Shaul Eisenberg）。他在兩岸和以色列的成功都是一個傳奇。儘管他非常低調，但如果你真能進入猶太人的「信任圈」中，就知道裡面曾發生過的事情。

掃羅・艾森貝格是一位著名的以色列商人，他在多個事業不論是在臺灣還是中國大陸，都獲得成功。艾森貝格創立的以色列企業集團，跨足航運、化工和電信等多個領域，成為臺灣最大的外資之一，並在這個國家的經濟發展中扮演了關鍵角色。

在中國大陸，艾森貝格也建立了強大的業務連結和合作夥伴關係，直接促進了以色列和中國大陸之間的貿易，特別是在科技、農業和國防領域，大大地促進了兩國的經濟合作。當然，掃羅・艾森貝格在臺灣和中國大陸的商業投資，其實是有賺有賠的。艾森貝格在臺灣進行多元投資，分別進軍造船、化學和電信業，帶來了全方位的成就。又推進了以色列和中國大陸間的貿易——特別是在科技、農業和國防領域。

當然，在謝教授簡明的敘事和分析中也顯示，他亦經歷了不少失敗和挫折，甚至引發爭議和法律問題。艾森貝格一度面臨一些財務問題和不當行為，導致訴訟纏身，聲名狼籍；他有一些很有野心的計畫，卻由於政治和戰略考量而面臨障礙和阻力，限制了這當中的成功可能。

謝教授尤其深入分析了以色列和中國大陸的長期交往，認為：儘管存在地理和文化差異，但仍建立了密切的交往，包括：

一、歷史上的貿易和文化連結：以色列和中國大陸的貿易和文化交流歷史可以追溯到幾個世紀前。絲路促進了古代中國與中東之間的互動，當然包括現在的以色列地區。這些發展自古有之，直到一九四九年共產政權控制中國大陸為止。

二、經濟合作：近數十年來，以色列和中國大陸發展了穩固的經濟關係。中國大陸是以色列科技、創新和農產品的重要市場。中國大陸在以色列的投資和夥伴關係也日漸提升，特別是在高科技、生物科技和再生能源等領域。

三、科技合作：以色列和中國大陸都非常注重科技發展和創新。以色列因其高度發展的科技產業而被稱為「創業之國」（Start-up Nation），而中國大陸在人工智慧、電信和再生能源等新興技術方面取得了重大進步。雙方均受益於這些領域不斷發展的合作。

四、外交關係：以色列和中國大陸於一九九二年正式建交。此後，兩國進行了各種政治和外交交往，包括高層互訪以及在區域和全球議題上的合作。

五、文化教育交流：雙方文化教育交流日益增多。這包括學術合作、交換生和文化活動，促進相互理解和人與人之間的連結。

雖然以色列和中華世界有不少共同點，但也仍有影響雙邊關係的一些獨特地緣政治利益和區域動態，彼此仍存在一些可能影響以色列與中國大陸合作和外交關係的具體分歧。以下是一些關鍵因素：

一、地緣政治考量：以色列位於中東，這個區域的政治動態、衝突和競爭本就複雜。另一方面，中國大陸位於東亞。不同的地緣政治背景，都會影響雙邊的優先事項、利益和處理國際關係的方式。

二、安全考量：以色列面臨著獨特的安全挑戰，包括區域衝突和非國家組織的威脅。中國大陸雖然也處理安全問題，但有不同的優先事項，例如南海的領土爭端。這些不同的安全問題，都可能會影響雙邊的合作和外交關係的性質。

三、意識形態差異：以色列是一個具有西方價值觀的自由民主國家，而中國大陸則在以共產黨領導為特色的不同政治制度下運作。這些意識形態差異有時會導致對人權、治理和其他基本價值觀的有著不同看法，從而可能影響外交關係。

四、區域動態：以色列歷來與美國保持密切關係，包括強有力的政治和軍事合作。美「中」關係已經更加複雜，表現在經濟競爭和戰略競爭。這些區域動態可以間接影響以「中」關係。

五、歷史背景：以色列和中國大陸關係的淵源不同於與其他國家或區域的合作的歷史。例如，考慮到中國大陸在中東的外交關係，以色列－巴勒斯坦衝突可能會影響中國大陸如何處理與以色列的交往。

值得注意的是，儘管存在這些分歧，以色列和中國大陸都表現出了開展經濟合作和外交關係的意願。儘管存在挑戰，但雙邊都認識到各領域合作的好處，並繼續探索合作機會。

我必須指出，從投資和為以色列人獲取利潤和增大長期報酬的角度來看，中國大陸對待以色列人與其他任何外國投資者的方式並沒有什麼不同。不過，依我的拙見，比起華僑，任何從大中華區之外來到中國大陸投資的人想得到長期成功的機率仍是比較小的。這些投資仍會面對實質的差別待遇。就這部分而言，謝教授是對的。他用自己的方式準確地描述了在中國大陸投資的陷阱，以及那當中造成諸多問題和困難的基本文化差異。

最後，我特別強烈推薦謝教授這本書的最後幾章，其中的分析和探究，指出了未來與中國大陸發展關係的最佳方式。

　　我們今天生活在一個更加複雜的世界，全球化讓位於個人和民族主義，各國之間存在著無數相互衝突的方向和強烈的本位主義。因此，藉由本書和其他著作來持續研究歷史，可以幫助我們重新定義迎向未來的最佳道路。

　　感謝謝教授讓我有機會能回顧、理解和品評這部了不起的歷史著作，也有機會能解釋書中提及的以色列與中國大陸和兩岸的關係，以及書中各方未來關係可能的新方向。

　　如果您關心以色列與大中華世界的過去、現在和未來的關係，這將是一本非常值得閱讀和理解的大作。

Jeffrey D Schwartz 薛智偉

猶臺文化交流協會（JTCA）聯合創始人

中文版序

　　我很高興能看到我的這本書有幸在臺灣很不錯的出版社正式發行，這本著作之前已經有了希伯來文版和英文版。多年前，我曾為了研究張學良將軍，得以有幸到訪臺灣。

　　我也曾在中國社會科學院介紹了我對中國在國際舞臺上的研究，特別聚焦在中華人民共和國成立初期，那些外國公司在中國的命運。

　　拜訪臺灣的期間，我有幸得見臺北的學術界同仁，以及各部門的從業者和政府官員。總的來說，我對這個島嶼的理解，不論是它的經濟、政治和社會成就，都讓我留下了深刻的印象。

　　近日我也有幸與國立臺灣大學社會科學院院長、政治學系歐盟莫內講座教授（Jean Monnet Chairs）蘇宏達院長。在他訪問以色列大學的期間，我們討論了彼此共同的學術興趣，因此也產生了，應該把我的書在臺灣出版的想法。

　　自然地，這本書主要著重於以色列與中華人民共和國的關係，但同時也充分敘述了一九四九年之前，在大陸發生的事件和發展，直到蔣介石及其同志、支持者離開大陸進入臺灣這個島嶼。我的這部著作，分析了從一九四八年五月到一九四九年，也就是現代以色列建國期間，以色列與國民黨統治下的中華民國的關係。事實上，中華民國政府和以色列一直保持著外交關係，一直持續到以色列於一九五○年一月決定承認共產中國政權：中華人民共和國。

　　然而即便如此，以色列與臺灣的關係並未中斷，事實上一直延續時至今日。總的來說，雙邊的這種獨特關係可以分為五個階段，甚至在雙方建國之前就開始了：

　　一、一九一七年至一九四五年：中華民國政府積極支持猶太復國主義運動；二、一九四五年至一九四九年：中華民國政府在聯合國有關以色列建國的投票中棄權；三、一九四九年：中華民國政府承認以色列，允許在上海開設以色列名譽領事館，並投票贊成以色列加入聯合國；四、一九五〇年一月至一九九二年一月（共產中國成立後）：以色列和臺灣保持有限的非官方關係，包括幾項軍火交易；五、一九九二年一月二十四日起（以色列與中華人民共和國建交後）：臺灣與以色列的關係建立在一個獨特的、非官方的基礎之上。

正如書中所詮釋的，臺灣會參考以色列對北京的立場，以及臺灣對阿拉伯國家的立場這兩個部分來制定對以色列的政策。

　　值得注意的是，以色列和臺灣在經濟、政治、社會、外交和安全領域有許多相似之處。在外交方面，以色列和臺灣可謂都是位於缺乏民主區域的民主孤島。雙方在加入區域組織的過程中，都遭遇很多障礙，都知道不能依賴聯合國的幫助。

　　在經濟方面，以色列和臺灣都發展迅速，被認為是經濟奇蹟。雙方都以類似的經濟模式運作，發展的過程中，對雙方而言一個非常重要的部分，都是重視教育和人力資本。在國防領域，兩個國家都面臨著周邊更大鄰國的生存威脅，雙方的防禦系統，都建立在先進的軍事技術，以及雙方與美國的特殊關係。

　　基於相似點和共同價值觀，儘管兩國面對的外交形勢特殊，兩國仍保持著密切的友誼。今天，兩國關係日益密切。即便目前中國官方還是宣稱，將盡一切必要努力，想讓臺灣回到中國，雙邊的關係也依然不受影響。

自序
我的中國之路

　　這本著作花費了多年的時間，是由許多不同的觀點和視角結合而成的，探討了以色列和中華世界之間的故事。

　　二○○七年八月，我原計畫飛赴美國，準備在紐約大學度過為期半學年的公休假。始料未及的是，我期待已久的旅行因病而暫時停擺。由此，我在耶路撒冷的沙雷・澤德克（Shaarei Zedek）醫院稍微休養了幾日，我家族歷代均有親人在這所醫院接受治療，有人在此痊癒，有些親人則不幸在此辭世。最後，我意識到這是意外收穫的一次可以自省和反思的強制性休養機遇，也就是亞里斯多德所謂的「沉思」。住院期間，我推演出某些結論，同時也做出一系列決定。我認為，這也許對我起到了鞭策作用。我回想起古代猶太經典中關於埃利澤・本・赫爾卡諾斯拉比（Rabbi Eliezer ben Hyrcanos）的故事，講述他的兄弟派他去山坡犁地。當耕牛摔倒並傷殘後，埃利澤拉比卻說：「儘管我的耕牛摔成了殘疾，但對我而言卻是幸運的。」的確，對埃利澤拉比而言，這種不幸隨即轉化為積極的結果，他從此可以沉浸在研討《妥拉》的世界中，後來各路達官顯貴都慕名前來討教。[1]中國傳說「塞翁失馬，焉知非福」[2]與此類似，也比喻時來運轉。這個典故簡

1　關於此故事的另外一個版本，故事主人公為阿巴・尤丹（Abba Yudan），他是一位深陷困境的富人。當他正在辛勤耕種所剩無幾的小塊田地時，他腳下的土地在突然出現裂縫。他的耕牛跌入其中並摔斷了腿。當尤丹彎腰將耕牛從裂縫中抬出來後，他發現耕牛身下卻出現巨額財富。當他逐漸地積累如往日多財富時，就說：「儘管我的耕牛摔斷了腿，但我是幸運的。」

2　塞翁失馬的漢語拼音為Sàiwēngshīmǎ。

要的內容是，一位邊塞老翁的戰馬沿蒙古邊界走失，但最終那匹原本迷路的馬，反而又帶了其他的駿馬而歸，馬主隨之贏得相應的獎賞。就我而言，意外的住院經歷激勵著我撰寫了這本著作。

一九六三年，我在美國結下了中華情緣。在我完成了以色列國防軍的服役後，原定計畫是回哈瑟林（Hatzerim）的基布茲（Kibbutz，以色列的一種集體社區體制）安身立命，後來卻去了加州北部聖馬特奧（San Mateo）的一所小型學院就讀。求學期間，我有幸聆聽了一場講座，一位二戰時曾在亞太戰區服役的老兵講述美國為何捲入亞洲事務。當時的美國總統是約翰・甘迺迪（John F. Kennedy, 1917-1963），他授權美軍在古巴發動的豬灣行動（Bay of Pigs Invasion，編修者注：又稱豬玀灣入侵，這是美國在一九六一年四月十七日於古巴西南海岸豬玀灣，向卡斯楚領導的古巴革命政府發動的一次失敗入侵）失敗，又將國家推入往介入越南戰場的災難性泥沼之中，最初的干預方式是美國向南越部隊派遣軍事「顧問」。由此，美國意氣風發地重返亞洲舞臺。此前，美國大規模地干預亞洲事務可以追溯至十九世紀末的美西戰爭，期間，由於威廉・麥金利（William Mckinkey）總統領導下的決策失誤而致使美國深陷菲律賓。

我在聆聽這場講座時，沉醉於探尋意外導致美國深陷東亞政治泥潭的錯誤決策過程，這一系列的連鎖事件激發了我的好奇心。有時，美國和其他國家的決策者自身並沒有能力形塑時局，而只是被時局被動牽引──他們被強行捲入衝突的災難漩渦，而不能引導國家通向有效解決衝突的康莊大道。在對美國捲入菲律賓事務進行深入研究後，我得知麥金利總統無法駕馭事態的發展進程，是因為一群沙文主義海軍軍官所製造的事端，這些人靠著美國帝國主義式的權威，在毫無規畫的情況下吞併了菲律賓。由於兼併了菲律賓，美國要在亞太地區承擔戰略性責任，使美國對中華世界的興趣與日俱增。最後，對美國而

言，相比於對歐洲國家的責任，美國在亞太地區該要承擔的戰略義務
更為重要。有鑑於此，二戰期間，相比於歐洲問題，亞洲在美國的戰
略全局考量中其實更重要且更具支配性。擊敗日本的戰略需要，其實
比推翻納粹德國更為緊迫。由於以色列和歐洲讀者秉持猶太和歐洲中
心論的態度，他們有時很難理解亞太戰場在二戰中的重要地位。但如
果我們反思二戰之後發生的幾場局部戰爭，我們同樣會在這些熱戰中
發現類似事實，也就是亞洲問題依然是影響美國對外政策的核心因
素。韓戰和越戰先後將美國拖入錯綜複雜的亞洲局勢，從此，美國不
得已而將亞洲因素視為對外和防務政策的重要組成部分。當我們檢視
一九五〇至一九五三年的韓戰結束後，北韓與美國之間延續至今將近
七十年的緊張關係時，以上論點正確無疑。

　　隨著共產中國的崛起，特別是二十世紀八〇年代以來「門戶開
放」政策的成功，全球目光已然聚焦亞洲。不置可否，中國經濟的發
展勢頭強勁且潛力無限，這迫使美國重返亞洲舞臺，進而致使中美關
係進入全面激烈競爭的時代。

　　求學期間，我曾對以色列國內以及國際社會如何最妥當實現公平
與正義的問題進行了深入思考。冷戰期間，第三世界國家面臨兩種發
展模式或理念的選擇：蘇聯共產主義模式和所謂「自由」式的美國模
式。諸多關於國家發展道路的選擇問題已具體化成為歷史，我從中得
出的結論是兩種模式都不適用於亞洲與中東國家，甚至包括非洲或南
美國家。就蘇聯的獨裁專制政權而言，儘管它贊成正義與公平的基本
原則，同時也向國民開出意識形態和社會治理的空頭支票，而在落實
追求個人意願的面向上卻極為冷酷無情；在國際交往方面，蘇聯共產
主義政權絲毫不考慮從屬於自己主宰的社會主義陣營之內的小國及其
國民利益。同樣，我也認為美國模式似乎也令人失望，因為其內在機
制的運轉完全缺乏同情心的社會關懷；美國體制早已證明，它不會關

懷缺乏經濟保障的國民，公共健保也很有限。事實上，正如我親眼所見，每個美國人的生活狀況只能聽天由命。有時，美國政府給予其他國家最小限度的國際援助，似乎是為了美化華盛頓以及強化美國消費者利益而特意設計。相比之下，新生的中華人民共和國單純且滿懷善意地援助第三世界。例如，在非洲國家，中國外交官與以色列外交官一樣，都致力於幫助發展當地事業，也去同理在地人民。與西方外交官截然不同的是，他們並沒有將自己隔絕於豪華使館區內，而是去與他們幫助的在地居民一同生活。也許我在此論述的觀點有點過於樂觀，歷史學家雅科夫・塔爾蒙（Yaakov Talmon）將此視為「感染了猶太人的政治彌賽亞主義激發的現象」。

長期以來，我經由意識形態的視角來檢視中國。作為一名社會主義者（時至今日，我依然可以堅定地稱自己是一位與時俱進的老派社會主義者），我認為既非莫斯科、也不是華盛頓，而是北京，將成為第三世界國家實現新的挑戰願景，可以效仿的先驅。我的這種猜想與周恩來──一位經驗豐富、睿智果斷、行事精明、堅持原則的外交家──等中國領袖的期待出奇一致，我認為他是友善之人（在最近出版的著作[3]中，特別是張戎（Jung Chang）與其伴侶喬・哈利戴（Jon Halliday）的合著，卻將周恩來醜化為毛澤東時代的機會主義者）。無論如何，在文化大革命爆發之前，也就是毛澤東企圖在當前階段實現社會主義理想推動大躍進失敗後，中國進入了一個冷靜的國家反思階段，中國道路變得較為溫和穩健。那時的中國看似已經加入了國際社會的大家庭，堅定地奉行一條被國際社會廣為認可的實用主義發展道路。

回顧往事，如果我選擇的學術道路是跟隨法蘭索瓦・魁奈

3　Jung Chang and Jon Halliday, *Mao: The Unknown Story* (London: Jonathan Cape, 2005).

（François Quesnay）、伏爾泰（Voltaire）、杜赫德（Jean-Baptiste Duhold）、艾提尼・席路埃（Etienne Silhouette）、李明（Louis Le Comte）、萊布尼茲（Gottfried Liebnitz）等偉大思想家的腳步，那麼誰來向世界引薦我對中國無以復加、仰慕備至的那個「中國夢」呢？

對我而言，「六日戰爭」之前，或是我一般稱之為「第一共和國」時期的以色列，不僅是我摯愛的祖國，而且也是一個新生的烏托邦，實現了大先知以賽亞預言，和平與和諧終將在世界末日來到，也在人間成就的願景。如我所見，對中國進行深入的研究與認知，也會有助於推動實現此夢想。一九六四年，我在青年時期前往探訪南斯拉夫首都貝爾格勒的中國大使館，以求搜集公共關係時事動態的一手資料的那時，我已下定決心要學好中文。雖然那次的訪問無疾而終，大使館那邊不准我進入辦公大樓或與任何人交談。當時正值大躍進之後與文化大革命爆發之前的年代，中國人如同上鎖的木盒，跟他們之間的關係，與我青春時代所幻想爛漫天真的友誼相比，根本就相去甚遠。在耶路撒冷希伯來大學的吉瓦特拉姆（Givat Ram）校區，我開始在學業之餘與少數其他同學共同以小組學習模式學習中文。

當時，我曾對中國與以色列之間建立外交關係進行了展望，因為兩國的民族精神蘊含著相似特徵，例如雙方對待傳統和家庭的態度近乎一致。就我而言，以中兩國之間的關係不僅僅是學者所寫那些脫離國際關係現實的相關論文著作中所描述的，兩國都孕育了我認為值得推廣的重要遺產。簡而言之，在我就以中關係的研究和教學歷程中，我確信兩國在歷史與文化的深處蘊含著相似元素。

「六日戰爭」爆發時，我驚覺自己已經陷入在新的困境中。一方面，許多以色列人在回到了曾渴望返回、曾經在課堂上學過且理論上是我們祖先遺產的歷史地區之後，開始全身心地沉浸在愛國主義的熱情中。當時，我恰巧在耶路撒冷戰鬥，到處都能聽見西牆（Western

Wall，一般所謂的哭牆）解放後人們喜極而泣的歡呼聲，我也是最先到訪西牆、拉結墓（Rachel's Tomb）和其他歷史遺跡的人之一。興奮感壓抑了我的想像力。儘管如此，但我很快意識到，若從長遠來看，國家針對當時被稱為「新領土」的統治，將會致使猶太復國主義事業陷入困境。

怎樣才能夠將我對共產中國，特別是一九六六年文化大革命剛開始爆發時的相關思考挪用到以色列的新處境呢？以色列可以吸取中國的教訓嗎？

相較於我對困境的深度憂慮，中文課堂上有一名來自基布茲的年長同學則充滿信心地看待此類問題，也時刻進行自我反省。他是崇拜毛澤東的激進分子，確信文化大革命將解救整個世界。在我們的交談中，他總是直言不諱地表達類似觀點。他和我同樣在「六日戰爭」期間為國服役，戰爭結束後，他向我坦言他曾參加過佔領加薩的戰役，但「我無法將槍瞄準所謂的敵人，最終我選擇向天空射擊」。此外，他還直言，在開戰前，也就是在發起進攻前的待命期間，他曾給中國領袖毛澤東撰寫私人信件，並在信中提醒毛主席要提防以色列的侵略行徑及日益猖獗的以色列帝國主義。他最後因為從未收到任何回覆而極為失望，特別是他還要求毛主席干預並阻止以色列發動戰爭。除此之外，我們還曾對處於早期階段的文化大革命進行過許多討論。儘管文革暴露出極為暴力和狹隘的特徵，他卻堅定地重申，這是實現無產階級解放並完成革命的唯一途徑。他最終悵然若失並論斷說，「毛澤東還不夠毛派。」這個說法讓我回想起一則卓別林的舊聞軼事，卓別林自己曾偷偷溜進卓別林模仿秀的比賽現場，卻未能晉級決賽。

我在耶路撒冷希伯來大學獲得歷史與哲學學士學位後，繼續碩士階段的深造。攻讀碩士學位期間，我選修了所有與中國有關的課程，授課教師包括之後獲取以色列獎（Israel Prize）的茲維・希弗林（Zvi

Shifrin）教授。當時，以色列全國還沒有任何專職從事東亞研究的院系，有關「遠東研究」的課程零零散散地由各院系開授。成功獲得碩士學位後，我申請到牛津大學的獎學金，得以前往牛津繼續就中國研究進行深造。在牛津求學期間，兩位教授給我留下了深刻印象，他們始終勉勵我砥礪前行。理查・斯托利（Richard Storry）是日本研究專家，他曾於二戰期間在緬甸和印度前線戰鬥，我赴牛津求學期間他正在研究日本戰俘。傑佛瑞・哈德森（Geoffrey Hudson）專注中國研究，他因撰寫過一八〇〇年前中國與世界政治的相關著作而廣為人知。我在攻讀博士學位時主要的研究內容是二十世紀三〇年代中日戰爭期間的中英關係，研究重點聚焦在西方列強對日本採取的綏靖政策，並將這些內容與其他歐洲國家針對義大利和德國採取的類似政策進行比較研究。我的核心論點是，西方列強放棄了他們的原則，因軟弱和恐懼而不斷向日本讓步。儘管從未達成東亞版的「慕尼黑協定（Munich Agreement）」，但西方列強也以迂迴的方式姑息了日本，最終逐漸削弱了自身的基本準則。

在牛津求學的過程中，我收到了臺拉維夫大學創始人之一、歷史系的傳奇元老級主任茲維・雅魏茨（Zvi Yavetz）教授的工作邀請。當時，他正在英國訪學。雅魏茨教授的世界觀幾乎完全以歐洲為中心，歷史系的其他資深教授以及年輕學者也是如此。在他們看來，歐洲是人類文明的搖籃，歐洲歷史必然代表著整個人類世界的歷史。當然，他們也瞭解俄羅斯（主要是莫斯科貴族，彼得大帝等諸如此類的歷史）、美國，甚至拉丁美洲、非洲和中東，這種學術氛圍歸根結底是因為當時歐洲仍是左右世界發展的重心。

毋庸置疑，臺拉維夫大學歷史系是值得稱讚的。它譽滿天下，不僅在以色列、而且在海外學術界也聲名顯赫。臺拉維夫大學歷史系共有六位學者先後榮獲以色列獎，還擁有很多終身教授，更因授課內容、研究規畫與專題研究的多樣性而引以為榮。其中，古代世界史、中世紀史以及早期近代史是歷史系最具學術聲望的學科，但十九至二十世紀近代史同樣也在學術界聲名遠揚。我曾向雅魏茨教授提議，我可以開授中國和東亞史的相關課程，然而即使只會佔據我全部授課時間中微不足道的比例，他卻完全不願意接受這類的建議。而在二十世紀七〇年代初期，除了關注英國史與帝國主義研究之外，我是以色列少數幾位研究中國近代史的學者之一。雅魏茨不認同非歐洲地區的歷史具有重要性，堅定地認為我必須學習德語並專注研究德國。最終，我得以秘密地教授中國史，其中一部分授課內容是「中國：從帝國走向共和國」的概論課，講授內容主要涵蓋自鴉片戰爭至毛澤東歷任繼任者這一歷史時期有關中國內政外交的發展史。直到二十世紀九〇年代，我才成功地說服校長和系主任接受關於開設中國史課程的請求。最終，我創設了臺拉維夫大學的東亞研究系，這猶如大壩決堤勢不可擋──學生大量湧入東亞研究系辦公室註冊。成立二十年後，東亞研究系的註冊學生已逾七百，成為臺拉維夫大學人文學院最大的院系，同時也是以色列最大的東亞研究系。

　　一九八九年九月，我第一次到訪中國。對我而言，這次的遊歷感觸卻有點像是故地重遊，畢竟多年以來我一直藉由地圖、傳記、書籍以及經濟發展報告等多方面資料追蹤中國在各領域的發展進程。我的整個旅程都充溢著似曾相識的感覺，猶如轉世再生之前曾在此地目睹過每一個角落。那次，我作為學科領導人帶著一小組學生前往中國，在遙遠的中國大地遊歷了一個月，期間我們聽取了一系列有關中國問題的綜合性講座。對我而言，這段經歷意義非凡，因為前往中國早已成為深植於我內心深處的願望。最終，我實現了幾十年以來的夢想。

　　但在那時，我失望地注意到，中國已經出現許多暴露出社會積弊的棘手問題。在毛澤東去世和文化大革命正式結束的十三年後，我觀察到，當中國社會脫離了致力於將人民帶入完全平等的文化大革命的混亂發展階段之後，緊隨而來的是經濟貧富差距和一系列社會問題。那時，我觀察到北京街頭遍佈著乞丐和衣衫襤褸的村民，但在他們沿街乞討的路上也有許多新興的富裕中產階級在漫步。作為讚揚平等理念的理想主義者，我深陷於探索中國社會主義問題的一系列沉思中。難道中國已經背離了我曾經崇尚並且首先將我吸引至此的社會主義原則了嗎？中國的對外開放是否意味著，我會在未來看到無數摩天大樓酒店與塔樓旋轉餐廳的同時，也同樣可以看到此時我在北京目睹的貧民窟呢？由於私人住宅未設洗手間，破舊的社區依舊留有骯髒的公共廁所，但同時奢華的高檔住宅區正在對面街頭拔地而起。

我對中國作為理想國家的理想主義和烏托邦形象，也因我第一次與安全部隊相遇而受到搖動。當我們的團隊抵達天安門廣場，即有著「受命於天，安邦治國」之義的「天安門」時，士兵攔住了我們，不允許我們進入。由於我們地理位置和時間上都非常接近當年六月初的事件，我對當年六月初事件的細節非常感興趣。很快我發現，當時在廣場上的人們也不確切知道發生了什麼事。有關廣場上受害者的統計數據存在很大的差異。在前往北京的途中，在希斯洛機場，我買了一本以嚴厲的措辭和可怕的照片描述天安門事件的書。這是一本大眾市場的書，迅速出版而未經深入研究，但具有強烈的第一印象。當我展示給我們在中國陪同的其中一位導遊時，他震驚到臉都變得蒼白。他默默凝視照片，儘管他自己當時也在天安門廣場參與事件，但對我來說，他似乎正在發現新的、令人震驚的訊息。他以友好的態度建議我將這本書藏起來，不要向其他人展示。

當在我們第一次參觀故宮期間，一個正式的訪問團也抵達我們正在參觀的著名景點。便衣員警將包括本地人和外國人在內的普通遊客推開。與此同時，我們的導遊也懇求我們立即離開。在我的日記中，我記錄著，處處都瀰漫著對權威的畏懼之情。

　　一九九二年中國駐以色列大使館在臺拉維夫的開館是以中兩國建立外交關係的進程中，最具里程碑意義的重要事件。我與中國駐以大使館的多位代表，尤其是副大使張曉安女士進行過接觸，與此同時，我還曾與臺灣駐臺拉維夫的辦事處代表進行過接觸，當時辦事處名為「臺北文化與經濟辦公室」。當然，同時對中國大陸和臺灣這兩方的實體機構進行聯絡工作並非易事，有傳言說中國大使館密切關注著任何與臺灣駐以辦事處接觸的以色列人。在與中國人交往的整個過程中，我對大使館的運作效率感到驚訝。他們的員工對以色列和臺拉維夫大學東亞研究部門的情況瞭解得很清楚，包括活動和講師的名字。以某次為例，一名大使館隨員打電話給我，要求（或者說是命令）我們取消一個有關法輪功運動[4]的講座。我向他解釋了以色列學術自由的意義，但他並不理會，只是堅持要求我們取消講座。多年來，他們也干涉了其他活動，例如嘗試從主圖書館入口移除一個法輪功支持者的展覽。

　　那時，我還同臺灣駐以色列代表保持著密切聯繫，他們邀請我造訪臺灣。當時我正著手撰寫有關張學良傳記的著作，於是請求他們幫我安排一場與張學良在夏威夷的會面。他們盡力遵守承諾，但結果卻令我失望。當時，張將軍已經年近百歲，因為疾病纏身而無法接見我。不久之後他便去世了，我與他會談的夢想也隨之消散。[5]

4　法輪功（Falun Gong）或法輪大法（Falun Dafa）。這是由李洪志於一九九二年創建的一種靈修運動，專注於冥想和緩慢的氣功練習（基於精神原則的身體運動），並強調道德發展。自從上世紀九〇年代末，當法輪功修煉者人數達到數千萬時，中國共產黨就積極努力地遏制這一運動，一九九九年江澤民領導的中國政府宣布其為非法活動。許多證據（雖然有爭議）表明，這種分類導致了對法輪功成員的暴力鎮壓、監禁和酷刑，甚至有人被非法取走器官用於國際交易。

5　張學良將軍，綽號「少帥」，籍貫東北遼寧。他生於一九〇一年，服從蔣介石的南在中國與以色列建立正常的外交關係後，雙方在中國文化與猶太文化的領域內進行著諸多討論，試圖尋找彼此相互認知的共同基礎與同一因素。

一九八九年，大衛・里拜（David Libai）隨同我們一道造訪中國，他後來在伊蚱札克・拉賓（Yitzhak Rabin, 1922-1995）內閣中擔任司法部長。在他第一次正式訪問中國之前，曾請求我為他撰寫一份重要的演講稿。對我而言，這是一次指明以、中兩國具有共同點的絕佳機會。我倍感榮幸地撰寫了此篇演講稿。當探討這兩個分別定居在亞洲大陸東西兩端的著名且古老的民族時，我們知道，中國人自始至終安居在其故土之上，但長期以來猶太人卻被剝奪了在故土繁衍生息的權利。事實上，自第二聖殿被毀後，猶太人的民族延續與其故土之間的直接聯繫，已經被割裂長達上千年之久。因此，猶太人回歸故土並重建民族家園的歷史，是一段中國人未必熟知的經歷。

約西元前一八五〇年左右，即在神話時代的夏王朝統治時期，也就是中國史學家編纂記述歷史的第一個斷代史時期，猶太先祖亞伯拉罕攜族人由美索不達米亞迦勒底王國的吾珥城遷移至以色列地，亞伯拉罕的子孫後裔數次背井離鄉。儘管如此，以中兩國人民仍能在千差萬別中尋找到共同點。例如，為了記錄、傳承世代積累的人類文化與價值觀念的古老書面語言，在猶太文化與中國文化中都一脈相承。除了希臘以外，世界上沒有其他任何國家能在悠久的歷史演變中始終保留這一文明的特殊精髓。

中華文明和猶太文明都依託家庭為核心的單位而得以生生不息，家庭承擔踐行傳統儀式和傳承文明的堅實基礎。在此無需贅述《妥

京國民政府，但於一九三六年與共產黨取得聯繫，此後發動「西安事變」對蔣介石實施「兵諫」。為此，張將軍被國民黨軟禁長達半世紀。本書作者的著作《被軟禁的將軍：張學良》是在中國近代史的宏觀大背景下探討他的生活。

拉》和口傳律法在猶太教中的重要性，同樣，孔子、老子及其傳承者等中國古代思想家的經典著作在中華文明的體系內，也具有同等的重要性。而且，兩種文明都高度重視治學、內省以及探索宇宙與人類生存的奧秘。他們既不把軍事倫理神聖化，也不煽動暴力戰鬥。正如中國有諺語強調不將優質金屬鍛造為鐵釘，也不徵募優秀男兒從軍。[6]在猶太文明中，我們也可以由先知以賽亞的預言著作發現他關於世界和平理想的表述[7]，同樣地孟子在其著作中也有類似表述。孔子強調家庭倫理價值觀，要求人人孝敬父母、傳統和禮儀，同樣千年以來猶太人也珍視此類價值觀。幾十年前，《論語》被翻譯為希伯來語，在以色列引起了極大關注。[8]

　　儘管中國人和猶太人在每個時代都會顯露出針對各自文化的反叛、變革和改良的願望，但兩個民族依然保留著各自文化的傳統準則。曾經有個弟子向孔子請教一條用於指引人生的準則時，孔子隨即向他們詳盡地闡述了「互惠」觀念，並留有與著名猶太拉比希勒爾（Hillel the Elder）類似的論斷：「己所不欲，勿施於人。」

　　縱觀我的學術生涯，我共舉辦過數百場有關中國研究的講座。近五十餘年以來，儘管我始終側重於研究那個遙遠國度的文化、歷史和經濟，但我感覺這並未徹底打破我的「以色列性」與完全內化的「中

6　好鐵不打釘，好男不當兵。

7　「在末後的日子……他們必將刀劍打成犂頭，把矛槍製成鐮刀。國與國不再刀兵相見，人們不用再學習戰事。」《以賽亞書2:2~4》

8　在一九六〇年版《論語》希伯來語譯著的引言中，譯者丹尼爾・萊斯利（Daniel Lesley）和阿瑪塔齊亞・波拉特（Amatziya Porat）寫道，由於《論語》成書年代大致在以斯拉和尼希米時期（第二聖殿早期），所以他們決定在翻譯行文中採用聖經體例，以與猶太經典的大致意思相匹配。但在二〇〇六年版《論語》希伯來語譯著中，譯者阿米拉・卡茨（Amira Katz）採用現代希伯來語，旨在使以色列年輕一代更有效地理解孔子思想。

國性」之間的隔閡。雖然我相信我有能力去領悟那些影響中國的歷史
─學術性（historical-academic）進程，但我屢次對中國呈現出的奇蹟
感到驚訝。

此外，我最終意識到猶太─基督宗教的內在精神與中國及東亞的
文化理念之間橫亙著一條難以逾越的鴻溝。歐洲人的世界觀呈現非此
即彼的二元性，對立傾向明顯：善良與邪惡，純潔與骯髒，陽剛與陰
柔，光明與黑暗，肯定與否定。諸如此類果斷的價值判斷與以色列人
的思維方式頗為類似，例如此類表達方式：「你是否來過？」、「你是
否同意？」「你是共產主義者還是資本主義者，抑或是宗教主義還是
世俗主義？」然而，這種二分法不適用於中國人的人生觀。中國人的
文化靈感淵源於數千年的哲學與倫理體系，植根於陰陽協調的概念。
「陰」意指消極與黑暗，雲霧繚繞或山丘北側；「陽」意指積極與光
明，陽光溫暖充裕。然而，儘管這看似是一組彼此相互抵觸的力量，但
實際上兩者卻如同連體雙胞胎一樣相互聯繫且彼此依存，是對立統一
的典型代表。此外，它們還彼此涵化。具體而言，自然界中諸如光明
與黑暗、溫暖與寒冷，甚至生與死的對立性名詞組合都顯露出陰陽性
概念，陰陽調和塑造了中國哲學以及科學、醫學和軍事的基礎。

我認為這種敞開胸襟接納對立面的複雜譜系，是理解中國的關
鍵。例如，這是能夠理解中國在現當代採取「對外開放」政策的唯一
思維路徑，因為這准許自由市場經濟在共產黨執政的國家中踐行特殊
性的發展路徑。在此，我不深入探究這個哲學性問題，但意在提供一
個富有啟發性的案例，即亨利・季辛吉（Henry Kissinger）在其著作
《論中國》中提到的實例。[9]

季辛吉強調此論題的外交與戰略性意義。他認為中國人是現實政

9　Henry Kissinger, *On China*. (London: Penguin Books, April 2012), pp.23-25.

治領域的專家。中國制定的戰略方針與西方踐行的戰略完全不同。歷史經驗告訴他們，並非每一個問題都只有一個解決辦法。與西方社會（包括以色列的很多部門）尊奉的信念相反，中國人認為意欲對任何事件——無論是危機、爭執抑或是其他具有決定性意義的歷史事件——均納入完全的可控性解決範圍，都只是天方夜譚。這種意欲支配全域的幻想勢必釀成不理智行為，進而擾亂世界的和諧。世界上不存在絕對的安全，甚至是完全的滿意。相反，這是一條循環往復且複雜迂迴的路徑，有時可以為了獲取自身所需的相對優勢，而將戰略重點聚焦在耗損對手上。

這個概念在分別代表中西文化的兩種棋類遊戲之間的差異性上得到了充分體現：即國際象棋和中國圍棋。國際象棋的博弈勝者通常是能夠追捕、驅逐甚至擊斃對手國王的玩家；有所不同的是，中國圍棋沒有標誌著對弈結束或決出勝者的明確性目標。相反，當雙方沒有興趣或意願再繼續進行對弈時，這場博弈即告結束。就此而言，圍棋棋手精於計算棋盤格上的點數，以表明各自佔據的領土範圍，勝者即是贏得最多點數的人。因此，當兩位技藝嫻熟的棋手對弈結束後，初學乍道的圍觀者通常很難以一種明確的方式確定是誰獲勝。

國際象棋強調大決戰，但圍棋卻將博弈重點落在消耗戰中，要求對弈者冷靜地步步為營以積累相對優勢。在國際象棋的對弈中，棋子在總體格局中的處境一望而知，棋手隨時伺機而動；但在圍棋的對弈中，對弈者不僅必須要謹慎思慮棋盤中己方的現存力量，還要掂量有待圍剿的敵對力量。毛澤東的軍事思想充分借鑒了中國古代哲學，在很大程度上依託充分利用「空虛」地形、迂迴包抄和靈活戰略的間接戰爭的概念。

凡例

　　雖然本書與我此前撰寫的諸多學術著作有所不同，但它與我曾出版過的兩部歷史小說以及張學良傳頗為類似。在小說中，我試圖打造主人公活靈活現的形象，在構築嚴謹紮實的歷史架構的同時，盡可能使讀者沉醉於迷人的閱讀體驗。《被軟禁的將軍·張學良》，先後以希伯來語、英語、漢語出版，這部傳記奠基於對歷史人物與國家的嚴謹史實描述，但同時也帶有敘事元素。[1]

　　本著作基於三個主線。首要線索是歷史與政治，主要分析以色列與中國雙邊關係的演進。正如學術界認可的那樣，這本著作主要根據一手資料和二手文獻，我在撰寫此書時，這些檔案資料已是唾手可得。在以色列，我從國家檔案館搜集一手資料[2]，二手文獻則根據學術同事和我本人以往撰寫的學術性文獻。[3]此外，我還採訪了那些曾

1　本書作者著有多部有關中國近現代史的學術著作，並在英國、法國、中國和以色列出版。其中英文著作包括《東方戰爭的起源：英國、中國、日本（1937~1939）》（1976），《英國與中國（1941~1947）：大英帝國的動力》（1984），《被監押的帝國主義：英法在華企業的命運》（1996），《被軟禁的將軍：張學良》（2012），《外人之孫本哈紫爾》（2009）；還有希伯來語著作，如《中國：從鴉片戰爭到毛澤東的繼承人：國際舞臺上的中國（1840~1990）》（1990），《二十世紀的中國》（1998），希伯來語小說《本哈紫爾》和《昵稱瑪諾》（1997），以及《被軟禁的將軍：張學良》（2008）。

2　在本書作者指導下，加利亞·林登斯特勞斯（Gallia Lindenstrauss）撰寫了一篇未發表的研究報告，《以色列與中國的關係：從1950到1992》（1994）。參見其研究報告中的第92-106頁，其中附錄2-12是以色列國防部檔案的影印檔，對這類檔案的引用參考這些附錄。

3　參見：Moshe Yegar, *The Long Journey to Asia: A Chapter in Israel's Diplomatic History*

積極推進以、中外交關係的以色列人。

　　此書的第二條線索基於若干核心歷史人物的故事，包括那些在以色列建國前後曾與中國方面建立私人關係的猶太人的故事彙編。舉例來說，這當中概述了摩西・科亨（Moshe Cohen），亦名為莫里斯・科亨（Morris Cohen）（也被人稱為「雙槍科亨」）的傳奇故事。根據多個故事版本的敘述，他曾任孫中山先生的副官。我還講述了雅各・羅森菲爾德（Jacob Rosenfeld）博士（中文名為羅生特）獨特且鮮為人知的故事，故事始於兩次世界大戰期間的維也納，結束於以色列獨立三年後的臺拉維夫。在此期間，他在中國度過了十年。[4]此外，我還論述了近年來若干以色列商界大佬及其公司積極與中國進行商務往來，卻又背負失望經歷的各類故事。這條線索提供了一個窺探那些與中國進行商貿交往的以色列企業界的個體經歷。

　　此外，第三條線索基於我的個人經歷，主要在引言部分和最後一章講述，這部分內容是我作為一名學者的隨筆思緒與沉思隨想。自二十世紀六〇年代起，我開始對中國事務以及中國經歷的改革變遷進行持久觀察。由此，我將這些歷史變遷記錄在案並予以講述。簡言之，此著作囊括了五十多年來我對中國和中國人的洞察與領悟。

　　此書架構清晰地勾勒出了三重線索，讀者可以按照各自喜好從本書的多個主題優先選定讀取順序。本書的寫作基於我在過往五十餘年

(Haifa: Haifa University Publishing, 2004). Jonathan Goldstein, ed., *China and Israel, 1948-1998: A Fifty-Year Retrospective* (Westport: Praeger Publishers, 1999). Aron Shai, *Sino-Israeli Relations: Current Reality and Future Prospects* (Tel Aviv: Institute for National Security Studies, 2009).

4　這些章節主要根據兩本全面記錄這些個人經歷的著作。其中關於摩西・科亨的著作是Daniel S. Levy, *Two-Gun Cohen: A Biography* (New York: St. Martin's Press, 1997)，關於羅生特的著作是Gerd Kaminski, *General Luo genanntLangnase: Das abenteuer-liche Leben des Dr. med. Jakob Rosenfeld* (Wien: Löcker Verlag, 1993)。

間收集的證言、檔案、信件、採訪以及當下的研究與洞察。

　　中文姓名的書寫傳統是姓前名後。但就地名而言，依據中國不同地區及其周邊地區的既定形式，有時同一地名會出現不同的拼寫形式。諸如北京、廣州或山東等知名地區的音譯採用非連字號的形式。歷史上，由於各歷史階段、不同地區或當地習俗的差異，導致各地出現多樣式的原始拼法，顯然中國各地在字母拼音的應用上並非全然一致。至少，本書索引可用於快速識別書中提及的中文拼音。

＊＊＊＊＊＊

　　除了長期進行通史和東亞研究外，我也關注以中關係，並在此書中對這一問題進行了重點敘述與分析。本書的出版要感謝我在臺拉維夫大學助理研究員的專業協助，特別要感謝東亞研究系三位傑出的畢業生沙哈爾（Shachar）、艾薇塔・羅姆（Avital Rom）和奧爾・拜倫（Or Biron），近年來他們在此書的寫作過程中費心盡力。奧爾曾陪同我進行人物訪談，他也在撰寫本書的各章節時提供了諸多幫助和有益建議。在此，我向各位致以誠摯的謝意。

　　由於我與研究東亞事務的肖爾・N・埃森柏格（Shoul N. Eisenberg）教授的關係，我還得到了利亞・納布克-埃森柏格（Leah Nabuko-Eisenberg）夫人以及她女兒艾米麗（Emily）和女婿奧拉西奧・富爾曼（Horacio Furman）的幫助，他們都是臺拉維夫大學東亞研究系的摯友。可惜，有限的書稿篇幅不允許在此一一列出那些在寫作、出版本書的過程中給予我鼓勵與支持的所有受訪者（書中會提及他們的名字）、朋友與同事。儘管最後提及，但首要應感謝的是我的終身伴侶愛妻普阿（Puah），她給予我的幫助與建設性的批評意見實乃金石之言。

導論
中國的猶太社群

　　以中關係的歷史實際上可追溯至歷史各時期旅居中國的猶太人，猶太人與中國人之間的交往關係，早在二十世紀中葉這兩個現代國家誕生之前的幾個世紀就已經存在。中華帝國歷史上時常因異族佔領與國內戰爭而分崩離析；曾居住在古代以色列地的猶太人也是屢遭驅逐而流散至世界各地的古老民族。中華民族與猶太民族之間因特定的交會點而邂逅——在中華大地上安置家園的猶太人。

開封猶太社群

　　第一批抵達中國的猶太人是行走於絲綢之路上的商人，他們由歐洲進入「中華帝國」的核心區域。他們最初是在唐朝時期，即西元九世紀到達中國，並陸續在中國許多地方札根生存，其中猶太人在開封留下了尤為深刻且持久的印記。根據現有史實證據，開封猶太社群自十一世紀至二十世紀初共存在了九百餘年。關於開封猶太人的大部分資料主要來源於保存至今的石刻碑文、猶太社區的各類文書和基督宗教傳教士（起初是耶穌會，後來主要是新教徒）記錄的文獻。現今，開封猶太社群的具體人數不詳，畢竟目前尚不清楚那些自認為是古代開封猶太人後裔的人是否的確是猶太人。

　　歷史上，開封猶太社群遭受過諸如自然災害和政治危機（例如一八五七年北伐太平軍緊逼開封城），以及融入其他民族社群文化等各類困境與挑戰。開封猶太人的「中國化」（sinification）進程是漸進且不可避免的。據十九世紀下半葉探訪開封城的猶太人和基督徒所寫的報告，唯一能夠延緩開封猶太人同化進程的事是清真寺（Pure Truth Temple）的多次重建，一座被數次毀壞後又多次重建的猶太會堂，直至一八五二年最後一次被徹底摧毀。[1]

顯然，開封猶太人最初來自印度和波斯。證實他們存在的最早證據源自兩份手寫文獻，一份是希伯來語，另一份為波斯語，描述了猶太商人取道新疆進入中原內地。[2]最終，這部分猶太人抵達當時北宋王朝的首都東京（今稱「開封」）。當時，開封是令人讚歎的繁華大都市，人口逾百萬，是全國重要的商業中心和交通樞紐。開封城擁有諸多包括大食、波斯等穆斯林和聶斯托利派教徒的蕃坊。但開封猶太人並沒有長期處於漢人政權的統治之下。一一二七年，女真人攻陷開封城；約一百五十餘年後，它又落入蒙古人之手。在元朝時期，威尼斯旅行家馬可‧波羅在其著作中提到過開封猶太人。據出自同一時期的中國文獻顯示，當局政府禁止穆斯林和猶太人實行割禮，阻止他們屠宰特定動物以及近親結婚。[3]但另一方面，也有文獻表明，蒙古政權對穆斯林和猶太人持友好態度，猶太人時常在政府機構擔任經濟顧問和稅務人員。

到了明代（1368-1644），漢人重新掌控了國家政權。在這段時期，耶穌會傳教士開始到達中國。著名的耶穌會傳教士利瑪竇（Matteo

---

1　Noam Urbach, "The Kaifeng Jews: Between Revival and Obliteration," *Zmanim* 85 (winter 2003-2004): 38-53.

2　Franke Herbert, "Der Weg nach Osten. Jüdische Niederlassungen im Alten China," in *From Kaifeng—to Shanghai: Jews in China*, ed. Roman Malek et al. (Nettetal: Steyler, 2000), p. 36.

3　Donald D. Leslie, "Integration, Assimilation and Survival of Minorities in China: The Case of the Kaifeng Jews," in *From Kaifeng—to Shanghai: Jews in China*, ed. Roman Malek et al. (Nettetal: Steyler, 2000), p. 50.

Ricci）接待了一名開封猶太人，從此，經由利瑪竇，中國存在猶太社群的消息傳到了歐洲。

　　起初，明朝政府試圖通過各類手段加強猶太人的同化進程，例如敦促其與漢族人通婚，但這類想法很快就被放棄。不過，即便當局政府不採取這些舉措，開封猶太人也會隨著時間的推移而融入中國文化。他們採用中國姓氏，甚至參加國家的科舉考試，以此通過嚴苛的考試而被選為政府的文官。[4]採用中國姓氏意味著開封猶太人勢必會被中國式家族模式所同化，而且這也是同化進程的外在表徵。啟用新型姓氏創造了線性家族譜系，其中祖先是家族之首，具有神話色彩的先祖被認為是宗族的創始人並享有族人合宜的禮敬。因此，開封的猶太家族已遵循中國傳統習俗，將家族祖先的肖像掛在牆上供後世瞻仰。此舉的重要意義在於，開封猶太人已將中國傳統文化的精神風尚融入了自身的日常生活中。此後，開封猶太男性也開啟了中國式的納妾習俗，其中側室甚至包括漢族女子。

　　滿清時期（1644-1911），開封猶太人一方面繼續保留其傳統和習俗；另一方面也繼續融入中國的傳統文化。例如，在十七世紀時，他們開始採用將去世親人埋葬在家族墓地中的習俗。[5]然而，開封猶太人繼續遵行一些猶太誡律或宗教律法，恪守猶太傳統的情形一直持續至十九世紀末二十世紀初。據新教傳教士記載，到十九世紀時，開封猶太社群的成員已經與他們的漢族鄰居擁有相同的外貌。

4　Irene Eber, *Sinim ve-Yehudim: Mifgashim beyn Tarbuyot* [Chinese and Jews: Cultural Encounters][Hebrew] (Jerusalem: Mossad Bialik, 2002), p. 21.

5　Eber, p. 22.

作為民間信仰的猶太教

漢人視猶太教為一種民間信仰，即猶太教只是中國歷史上存在的諸類民間宗教的一種。民間信仰融合了形形色色的信仰與流派，起源於儒教，並且兼有道教和中國佛教的形式。[6]漢族人將猶太教定義為一種宗教或是一個獨立的宗教團體，擁有一位教主以及供信眾禮拜的寺廟。漢族人用同樣用於描述中國傳統經典的「經」這個詞來表示猶太社區的宗教文獻。

漢族人認為猶太教是「剔除腳筋的教派」（猶太人在宰殺牛羊時，有剔除腳筋的生活習慣）、「教授《妥拉》的教派」、「頭戴藍色帽子的穆斯林」。[7]然而，開封猶太人卻使用其他名稱來指稱自己，例如「《妥拉》追隨者」。[8]現今使用的稱謂「猶太人」則是一個相對較晚的術語，大概起源於十九世紀，之所以選擇「猶太人」是緣於它符合「猶大」（Judah）這個詞的正確音譯。

開封猶太人遵循拉比詮釋的律法慣例，而不遵循卡拉派傳統。然而，到達開封的耶穌會傳教士指出，當地猶太社群沒有《巴比倫塔木德》或《耶路撒冷塔木德》的副本。顯然，隨著時代的變遷，任何《塔木德》文本都已失傳。開封猶太社群大拉比與社群領袖被稱為「烏思達」（wuseda），由波斯語音譯而來，意為「拉比」或「領主」。地位較低的拉比也為社群服務，他們大多數出自李氏和艾氏家族。[9]

6　伊愛蓮（Irene Eber）認為，猶太教作為諸多（民間信仰）派別之一的身份並未危害自身，相反卻自我完好地留存了幾個世紀之久，因為開封猶太社群是作為一個獨立的社會群體而繁衍生息。參見：Eber, *Chinese and Jews*, p. 51.

7　*tiaojinjiao*挑筋教；*jiaojingjiao*教經教；*lanmaohuihui*藍帽回回。

8　*jiaozhong*教眾；*jiaoren*教人。

9　Michael Pollak, *Mandarins, Jews, and Missionaries: The Jewish Experience in the Chinese Empire* (Philadelphia: Jewish Publication Society of America, 1980), p. 298.

　　開封猶太會堂是社群生活的重要中心。金世宗大定三年（1163），由列維（Levi）拉比始建猶太會堂，先後至少改建與重建十餘次。[10]一二七九年，猶太會堂有過一次重建。考古遺址發掘的石碑表明，該會堂坐落在「農貿市場街道的東南方，周長三十五丈（約一○六公尺）」。[11]猶太會堂曾毀於一六四二年的開封水患，後於一六六三年在猶太裔官員趙映乘（1619-1657）個人的財務支援下得以重建，[12]會堂內裝置有十三個黑墨撰寫的羊皮妥拉卷軸。一六四二年開封水患之後，這些卷軸由猶太社群的成員修復。時至今日，其中七個卷軸得以保存完好。然而，其他卷軸也可能保存至今，但位於何處尚未可知，也許只能猜測它們被各個收藏家所珍藏。[13]此後，開封猶太會堂繼續開展各類宗教儀式並經過多次改造，但最終毀於一八五二年致使黃河決口改道的大洪水。

　　開封猶太人逐漸融合了儒家倫理，這是他們被當地居民同化的具體表徵，但他們同時也保留了猶太人的神學觀念和倫理價值觀。明弘治二年（1489）的《重建清真寺記碑》彰顯了猶太教與儒家學說之間的融合，明確指出猶太教與儒家思想具有共同的價值觀，同時也表明兩者之間的區別主要在於經典的文本差異。開封猶太人認真遵行某些猶太宗教儀式，而且大多數人都遵行安息日、逾越節、贖罪日、聖殿

---

10 Xu Xin, "On the Religious Life of the Kaifeng Jewish Community in the 15th-17th Centuries," in *From Kaifeng—to Shanghai: Jews in China*, ed. Roman Malek et al. (Nettetal: Steyler, 2000), p. 131.

11 Nancy Shatzman-Steinhardt, "The Synagogue at Kaifeng: Sino-Judaic Architecture of the Diaspora," in *The Jews of China*, ed. Jonathan Goldstein (Armonk, N.Y: M.E Sharpe, 1999), p. 7.

12 Leslie, p. 51.

13 Michael Pollak, "The Manuscripts and Artifacts of the Synagogue of Kaifeng: Their Peregrinations and Present Whereabouts," in *From Kaifeng—to Shanghai: Jews in China*, ed. Roman Malek et al. (Nettetal: Steyler, 2000), pp. 83-85.

被毀日以及其他宗教節日的儀式和律法。此外，他們也遵行猶太式葬禮與哀悼習俗，並且也保持著一神信仰。

十八至十九世紀，開封猶太人日漸融入其居住的社會環境，外貌特徵已經與中國當地居民極為相似。二十世紀之交或稍後時期，開封猶太社群已經斷絕了與世界其他地區猶太社群之間的聯繫。例外的情況是，他們與上海塞法爾迪（Sephardic）猶太社群的成員建立了某種聯繫。開封猶太人已不再將自己視為一個與主流社會隔絕或習俗風尚迥異的外國社群，而僅僅是鑲嵌在中國多民族與多宗教社群拼圖中的一塊彩磚。

最終，開封猶太社群的獨特性逐漸消褪，社群成員也完全融入當地社會環境，並經歷了深刻的中國化進程。此外，尚無證據表明基督宗教傳教士（耶穌會或新教徒）曾成功促成任何中國猶太人歸信基督教。

哈爾濱猶太社群

來自俄羅斯和東歐地區的猶太人抵達中國東北重鎮哈爾濱。哈爾濱是一座因鐵路而迅速興起的大都市，一八九八年西伯利亞大鐵路的分支中東鐵路正式動工。清政府給予俄國在東北鋪設鐵路的特權，鐵路分支可延伸至東北地區的南部港口大連。由此，對於歐洲旅客以及包括猶太人在內的移民而言，旅途著實變得輕鬆許多。第一批從西伯利亞和俄國西部地區抵達哈爾濱的猶太人主要是逃避沙俄政府針對他們的管制、迫害與驅逐。[14]

---

14 Teddy Kaufman, *Yehadut Harbin asher be-libi* [Harbin Jewry in My Heart] [Hebrew] (Tel Aviv: Association of Former Residents of China, 2004), pp. 12-13.

一九〇三年，哈爾濱猶太社群始建猶太會堂。一九〇四年，南俄地區再度發生排猶事件，數以百計的猶太人奔赴哈爾濱。日俄戰爭（1904-1905）為哈爾濱猶太人的數量增長提供了額外的契機，一些在沙俄軍隊服役的猶太士兵脫離部隊並留守在哈爾濱；戰後，很多猶太士兵選擇定居在哈爾濱，而不是返回他們在俄國的家園。[15]比如一位名為約瑟夫・特朗佩爾多（Joseph Trumpeldor）[16]的猶太士兵選擇定居哈爾濱，在他與戰友自日本戰俘營釋放後，他們跟隨大部隊穿越整座城市。當時，約瑟夫已晉升為下士，由此成為俄國軍隊史上第一位猶太裔軍官。[17]

一九一四年，一戰爆發後，哈爾濱迎來了第三波猶太移民。與前人一樣，這些猶太人也享受著當地居民和政府給予他們自由與公平的待遇。一九二〇年，哈爾濱猶太社群居民共計約一萬三千人。在隨後的幾年內，人數激增至二萬五千人。在布爾什維克革命以及第一次世界大戰結束後，第四波猶太移民抵達哈爾濱。此後，一些猶太人由哈爾濱移居至中國其他城市，例如大連、奉天（今天的「瀋陽」）、天津和上海。

儘管清帝國覆滅之後中國的局勢較為糟糕，但哈爾濱猶太社群卻繼續茁壯發展。在哈爾濱，猶太人從事商業、貿易和農業，甚至建立了金融機構（例如「猶太人民銀行」）、教育和醫療以及印刷媒體等機構。[18]一九一四至一九三一年是哈爾濱猶太社群發展的鼎盛時期，當

---

15 Eber, p. 34.

16 Shulamit Laskov, *Trumpeldor: Sipur hayav* [Trumpeldor: His Life Story] [Hebrew] (Jerusalem: Keter, 1982), p. 30.

17 居住在哈爾濱並成為哈爾濱猶太人研究專家的丹・本－迦南（Dan Ben-Canaan）教授認為，關於特朗佩爾多逗留在哈爾濱的故事有若干版本。根據以往的俄羅斯資料來源，特朗佩爾多在哈爾濱居住了兩年，但沒有其他史料證據予以佐證。無論如何，顯然，他在哈爾濱停留的時間超過任何一位途經該城的遊客。

18 Eber, pp. 34-35.

時日本尚未佔據東三省，哈爾濱仍屬中華民國政府管轄。期間，哈爾濱猶太社群創建了各類組織，其中有一個名為「哈爾濱猶太宗教社區」（HEDO）的慈善組織，它協助成立其他社區機構並援助難民，向急需幫助的人提供住宿、醫療援助、學術獎學金以及其他慈善援助。各類社區組織的經費來源主要源於對社區成員的徵稅，稅賦額度基於各自收入。在一九四五年二戰結束前的若干年內的調查期間，哈爾濱猶太社群有兩位領袖：大拉比阿哈龍‧摩西‧基希洛夫（Aharon Moshe Kisilov），和濟貧醫院的醫生兼主任亞伯拉罕‧考夫曼（Avraham Kaufman）博士。

此外，哈爾濱猶太人還創建了一個商業公會，以及一家當地貨幣與商品交易所，主要從事大豆與毛皮交易。其中，家喻戶曉的富賈之家為斯吉德爾斯基（Skidelsky）三兄弟（包括大衛‧所羅門〔David Solomon〕）、格里戈爾‧克羅爾（Gregory Krol）和伊薩克‧蘇斯金（Issac Susskin）。

宗教、文化與社會組織

哈爾濱建有數座阿什肯納茲猶太會堂。此外，哈爾濱猶太社群也建立了一系列社區組織，例如喪葬協會、猶太復國主義聯合會、猶太民族基金會和當地俄語報刊。[19]哈爾濱還建有一家猶太圖書館。一九二〇年，當地猶太社群建立了一所教授《塔木德》和《妥拉》的小學，既教授猶太教經典與猶太哲學等宗教文化課程，也開授包括地理、數學、歷史和俄語等世俗課程。

哈爾濱猶太社群籌建過諸多慈善組織，包括一個隸屬婦女國際猶

19 Kaufman, pp. 31-34.

太復國主義組織（WIZO）的當地婦女組織（DEBO）、以斯拉（Ezra）慈善協會、一家救濟處（除救濟貧窮猶太人以外，也向貧苦的俄羅斯人和中國人開放）、一所敬老院、一所公墓（1903年）、一家診所（1920年）、一家猶太醫院（1938年）、一家為身心障礙人士和慢性病患者服務的特殊診所（1942年）。在哈爾濱猶太公墓內，至今仍矗立著五百八十三座墓碑，上面刻有俄語和意第緒語（Yiddish，又譯「依地語」）的墓誌銘。一九五八年，猶太公墓被移出鎮中心。一九九二年，中國和以色列建立正式外交關係之後，應「以色列原居中國猶太人協會」的請求而將公墓予以翻新。該公墓葬有當時的猶人社區拉比阿哈龍・舒姆列維茨・基希洛夫（Aharon Shmulevitz Kisilov）和以色列前總理埃胡德・奧爾默特（Ehud Olmert）的祖父約瑟夫・奧爾默特（Yosef Olmert）。[20]

　　各類猶太復國主義青年運動也在哈爾濱建立了分支機構，譬如在二十世紀初的「錫安青年」（Ze'irei Zion）和青年運動（Hashomer Ha-

---

20 Shiri Lev-Ari, "Kehillat Harbin [The Harbin Community] [Hebrew]," *Ha'aretz.co.il*, 8 February 2007, http://www.haaretz.co.il/misc/1.1384952. 就猶太復國主義的政治譜系而言，這個富裕的哈爾濱猶太社群支持修正派的意識形態。它為以色列社會培育了若干重要歷史人物，例如莫迪凱・奧爾默特（Mordechai Olmert）和前以色列常駐聯合國大使約瑟夫・特科亞（Yosef Tekoa）。他們成為國家軍事組織「伊爾貢」的戰士。以色列前總理埃胡德・奧爾默特的祖父在哈爾濱定居，而埃胡德的父母莫迪凱和貝拉則在哈爾濱出生。莫迪凱・奧爾默特積極參與哈爾濱修正派猶太復國主義運動。與大多數其他就讀於俄羅斯高中的猶太青年相比，莫迪凱就讀於一家中國高中，因此他懂漢語。一九三〇年，貝拉和莫迪凱移居以色列地。其他在哈爾濱出生與成長的重要人物還包括以色列議員以法蓮・埃坦（Efraim Eitam）的父母；詩人達利亞・拉維科維茨（Dalia Ravikovitz）的父親；以色列反壟斷局前局長大衛・塔德莫爾（David Tadmor）的父親哈伊姆・塔德莫爾教授；以及雅科夫・拉尼爾（Yaakov Lanir），他曾是伊爾貢成員，之後成為以色列國家安全局（辛貝特）的高級官員。二〇〇四年六月，時任以色列副總理的奧爾默特訪問哈爾濱，他與兄弟阿姆拉姆（Amram）在祖父墓前共同背誦卡迪什（Kaddish）讚美詩。在奧爾默特訪問結束之後，哈爾濱猶太公墓立起一塊特殊墓碑以示敬意。

Tza'ir），以及在一九二九年建立的馬卡比運動組織和貝塔（Beitar）青年組織（譯者注：修正派猶太復國主義青年運動組織）。哈爾濱貝塔青年組織發展為哈爾濱猶太青年運動中規模最大且最具影響力的一支力量，也是唯一保留到最終的組織。起初，哈爾濱也出現了各類反對猶太復國主義運動的組織，例如「勞工崩得」（Labor Bund）和「人民黨」（Volkspartei），但隨後絕大多數哈爾濱猶太人逐漸加入猶太復國主義組織，諸如修正主義組織、自由派猶太復國主義（General Zionists）組織和精神中心黨（Mizrachi）。哈爾濱猶太社群與巴勒斯坦英屬委任統治地維持著強力聯繫，從巴勒斯坦進口食品與報紙等重要商品。

日據時期的哈爾濱猶太人

一九三一年九月，日本關東軍入侵滿洲（「東北」舊稱），哈爾濱猶太社群的生活處境開始惡化。從此，許多猶太人逃離哈爾濱向南方遷移，奔赴尚未被日軍佔據的中國其他城市，而有些猶太人則移居海外。

為了達成其帝國主義目的，日本在包括哈爾濱在內的大滿洲地區發展工業和基礎設施。然而同時，他們卻對中國人施加極其殘暴的嚴酷型軍事管制。相比之下，猶太人與俄國人等少數族裔群體可享有稍微寬柔的待遇。在猶太人認清並適應新的現狀後，有些猶太人甚至與日本佔領者合作。然而，有些猶太人則被日本人指控為與蘇聯保持秘密聯絡而被投入監獄。總體而言，儘管納粹德國向其盟友施壓要求日本參照《紐倫堡法案》（the Nuremberg Laws），迫害其管轄範圍內的猶太人，但日本佔領當局並沒有採取極端行動。日本沒有受反猶主義的影響而針對哈爾濱猶太人施加迫害，反而聲稱要尊敬猶太人。日本侵略者之所以對猶太人表現出相對友善的態度，其中一個原因是作為佔領者的日本人認為所有非中國人都是外國人，理應一視同仁地予以對待。

　　一九三四至一九三五年，一位名為米謝爾・梅厄・梅沙約夫（Meshual Meir Meshayoff）的阿什肯納茲猶太人曾以拉比特使的身份訪問東亞，他寫的報導顯示哈爾濱猶太社群處於悲慘境地。[21]一九三六年一月二十一日，《國土報》刊登了一篇由梅沙約夫執筆、名為〈哈爾濱毀滅〉的轟動性文章，文中寫道這座城市中已幾乎沒有猶太人，猶太會堂和猶太學校也都因被毀壞而無法辨認。日軍侵略之前，有兩萬多名猶太人居住在哈爾濱，目前只剩下約六千人。梅沙約夫指出俄國反猶主義影響了哈爾濱，有檔案紀錄顯示，猶太人在日軍佔領滿洲的五年以來生存處境逐年惡化。作為一名傳統猶太人，來自以色列地的梅沙約夫認為現代化是哈爾濱猶太社群陷於困境的主要原因。在他看來，哈爾濱猶太人滿足於其子女至成年之前所能學習到的少量猶太傳統，由此，他斷言哈爾濱猶太人的身份認同已消散得無影無蹤，此種趨勢與猶太人在美國面臨的遭遇極為類似。他寫道，「自從日本佔領滿洲以來，已經出現猶太人被排擠出商業領域的趨勢⋯⋯此地正悄然興起一場秘密抵制猶太商人的運動。此外，日本佔領當局正試圖將工業轉移至日本城市，因此中國人也被剝奪了繼承權⋯⋯猶太人也為此受苦，因為其生計來源基於更廣闊的中國市場。」[22]俄國人將中東鐵路出售給日本控制下的傀儡政權偽滿洲國，管理鐵路運營的數千俄國人離境，也在很大程度上破壞了猶太人的生活處境。在房地產領域，日本佔領者認為他們理應免付租金，這損害了那些收入直接

---

21 Meshual Meir Meshayoff, *Sefer Ha-Zichronot* [Memoir] [Hebrew] (private publication, undated), pp. 86-116.

22 Meshayoff, p. 107.

或間接依賴租金的猶太人的經濟利益。「這就是哈爾濱猶太人的處境，」梅沙約夫總結道，「就政治意義而言，現狀是絕望且有致命危險的。」[23]

一九四五年，日軍投降後，蘇聯紅軍接管哈爾濱和滿洲全境，支持建立由共產黨領導的中華人民共和國。毋庸置疑，日軍侵華、蘇聯佔領以及二戰結束後至一九四九年革命政權崛起期間在滿洲爆發的中國內戰，這一系列事件直接導致哈爾濱猶太社群的衰落，並終結了猶太人在哈爾濱的生活。從此，哈爾濱猶太人移居到其他國家。其中，許多猶太人在一九四八年以色列建國後移居回故土。一九六三年，哈爾濱猶太社區的各類組織正式關閉。約二十年後，居住在哈爾濱的最後一位猶太人去世。老猶太會堂被改建成一所為父母和兒童開放的活動中心，猶太高中現在改建為一所韓國寄宿學校。此外，由亞伯拉罕‧考夫曼創建的商學院成為科學技術研究所，猶太醫院現在則成為一家小型眼科診所。

上海巴格達塞法爾迪（Baghdadi Sephardic）猶太社群

第一批抵達上海的猶太人是來自巴格達的大英帝國公民，在鴉片戰爭後奔赴東方。一八四二年，英國人向清政府施加的《南京條約》象徵鴉片戰爭的結束，這份條約提供外國人各類特權，猶太人緊隨包括鴉片商販在內的各類英國商人的腳步來到上海。上海猶太人時常扮演國際貿易的中間商，他們主要在英屬印度與中國及其各個鄰國之間進行業務往來。[24]在上海巴格達塞法爾迪猶太社區發展的鼎盛時期，

---

23 Meshayoff, p. 107.

24 Maisie J. Meyer, *From the Rivers of Babylon to the Whangpoo: A Century of Sephardi Jewish Life in Shanghai* (Lanham, Md.: University Press of America, 2003), p. 11.

其人口高達一千人。

　　上海塞法爾迪猶太社區存在與發展的背後誘因是緣於《南京條約》的簽署，猶太企業家隨之捕捉到了廣闊商機。與中國其他沿海通商口岸一樣，上海向所有外國人開放，清政府允許英國公民和其他各國公民在中國廣闊的土地上開展自由貿易。公共租界（譯者注：又名「英美租界」）緊鄰老上海城區，最終若干外國租界共同結合成國際租界區（不包括保持獨立地位的法租界），而清政府將這些租界畫歸給享有治外法權的外國人。儘管居住在中國，但租界內的法律體系與各類日常生活的管理機構完全是歐式風格。自治的法租界緊鄰國際租界區，後來又建立了自治的日本租界區。[25]塞法爾迪猶太人則居住在國際區。

　　沙遜家族是上海塞法爾迪猶太家族中聲名顯赫的家族之一。據說伊利亞斯·沙遜（Elias Sassoon, 1820-1880）是第一位抵達上海的猶太人。他的父親大衛·沙遜（1792-1854）派他從孟買來到上海管理家族企業老沙遜洋行（David Sassoon & Sons）。隨後，伊利亞斯的七個兄弟也相繼抵滬。至十九世紀五○年代，沙遜家族在上海共雇傭了約二十餘名猶太人。截至一八九五年，據估算上海猶太人的人口總數為一百七十五人。

　　起初，沙遜家族以鴉片和紡織品貿易起家，隨後業務的經營範圍逐步擴展至金屬、乾果、茶葉、黃金、棉花和絲綢等多個行業。僅僅幾年間，沙遜家族就將業務拓展到中國沿海的所有開放口岸，像是香港、廣州、天津、虹口、煙臺（古稱「芝罘」）和寧波等地。一八六七年，伊利亞斯·沙遜創建了隸屬自己的公司沙遜洋行（E. D. Sassoon

---

25 Maisie J. Meyer, "The Sephardi Jewish Community of Shanghai and the Question of Identity," in *From Kaifeng—to Shanghai: Jews in China*, ed. Roman Malek et al. (Nettetal: Steyler, 2000), pp. 349-350.

& Co.），並在孟買設有分支。沙遜洋行主要經營金融業和房地產業，公司發展迅速，其規模和地位也超過了父親的老沙遜洋行。蜜雪兒・梅厄・梅沙約夫特使也訪問過上海。在其回憶錄中，梅沙約夫提到了沙遜家族，以及他們在上海巴格達塞法爾迪猶太社區中擁有的顯赫財產和巨大影響力。

當時，上海塞法爾迪猶太社群的另一位顯著人物是班傑明（Benjamin David Benjamin），他成為上海最富有的人之一。班傑明來自孟買，抵達上海後在沙遜洋行工作，後來，班傑明將其業務擴展至銀行業和當地股票市場，並在香港上海滙豐銀行購買了大量股份。但至十九世紀九〇年代，他的業務面臨破產危機，最終在上海只遺留有限的印記。[26]

西拉斯・亞倫・哈同（Silas Aaron Hardoon, 1851-1931）是另一位對整個上海及其塞法爾迪猶太社區有巨大影響力的巴格達猶太人，他的職業生涯起步於大衛・沙遜在孟買的公司。他作為一名基層討債員工來到上海，在業務上迅速躍升而成為沙遜洋行的合夥人與經理。哈同具備精通商業的天資，他主要通過房地產交易積累起大量財富，成為東亞地區最富有商人之一，當時哈同資產約為一億五千萬美元。此外，哈同因為在法國租界區委員會任職並取得政治影響力。與其他居住在中國的猶太人不同的是，哈同熱衷於中國宗教與古典文化，甚至踐行佛教習俗。[27]他的歐亞混血妻子羅嘉玲深刻地影響了他的生活，受妻子鼓舞，在提供猶太社區資助的同時，也為中國社群和文化遺產慷慨解囊。一九二七年，哈同捐獻三十萬美元，用於資助上海的塞法爾迪猶太會堂、阿哈龍（Beit Aharon）猶太會堂的修建，同時也

---

26 Meyer, *From the Rivers of Babylon to the Whangpoo*, pp. 16-17.

27 例如，哈同還組織印刷中國佛教經典，以供全球範圍內發行。

對學校和猶太聯合籌款基金會（Keren Ha-Yesod）等其他猶太機構進行資助。

哈同夫妻未生育子女，但收養了十名中國兒童。一九三一年，哈同去世，其巨額財產捐獻給一些猶太機構和個人，其中包括中國人和佛教徒。

上海巴格達猶太社群的機構

一九〇九年，上海猶太社區協會（SJCA）成立，主要負責的專案包括管理社區財務，維持猶太公墓的運營，開闢新的猶太公墓以及經營管理慈善機構。該協會還負責監督執行猶太潔淨屠宰方式，收集社區成員的資訊，包括出生、結婚、離婚和去世等內容，也管理一所教授猶太教、希伯來語、猶太歷史與神學以及少量世俗學科的學校。然而，富有的社區居民傾向於將子女送至英國貴族學校學習，這在某種程度上致使社區猶太學校逐漸走向衰落。[28]

一九三三年，諾埃爾・雅各斯（Noel Jacobs）領導巴格達猶太社群成員組建上海義勇隊（Shanghai Volunteer Corps-SVC）（譯者注：又稱「萬國商團」，是上海公共租界區的一支准軍事組織，最初為抵禦太平軍侵入，是由英、美領事組織成立的外國僑民民兵武裝。）猶太小分隊，旨在保衛國際租界區，抵禦各類中國民間武裝起義的侵襲。

一九三七年，猶太富商賀理士・嘉道理（Horace Kadoorie）創建上海猶太青年協會（SJYA），為猶太青年，尤其是來自貧困家庭的青年提供職業培訓和休閒活動。

---

28 Meyer, *From the Rivers of Babylon to the Whangpoo*, p. 367. 此段歷史時期內，有關猶太民族基金會在中國的活動狀況，參見：Na'amaFrustig, "Activity of the Jewish National Fund in China Between the World Wars" (Ph.D. diss., Tel Aviv University, 2009).

　　一九〇三年，上海猶太復國主義協會（SZA）成立。埃利・嘉道理（Elie Kadoorie）爵士任協會主席，時常在家中招待許多追逐猶太復國主義夢想的代表。但在猶太聯合籌款基金會拒絕為紀念其妻子蘿拉，而在以色列地創建一座宏偉的花園城市之後，嘉道理隨即取消了對協會的贊助。該協會所取得的最大成就是獲取了三個國家的支持聲明，即中國、日本和暹羅（今「泰國」）都表態支持猶太人擁有在以色列地建立民族家園的權利。上海巴格達塞法爾迪猶太人還負責鼓勵赴以色列地旅遊的推介工作，也將以色列地的商品進口到中國。

　　一八九八年，上海巴格達塞法爾迪社群有兩家猶太會堂：埃爾之家（Beit El）和以色列倖存者（She'erit Israel）。一九二一年，上海的第三家猶太會堂「拉結庇護所」（Ohel Rachel）建造完工，它由雅各斯・沙遜爵士及兄弟愛德華・沙遜爵士資助。如前所述，哈同出資修建了第四座猶太會堂阿哈龍會堂。

　　儘管巴格達塞法爾迪社群在上海三個猶太社群中的規模最小，但經濟實力最強且最具社會影響力。巴格達猶太社員接受大英帝國主義的傳統教育方式，而俄國和歐洲（阿什肯納茲）猶太人則在教育方式上重在保持自身的民族精神。儘管上海的巴格達猶太人堅定維持其自身的塞法爾迪 —— 英國身份（其社員很少與阿什肯納茲猶太人通婚），他們與上海的其他猶太社群也存在某些差異，但巴格達猶太人依然支援其他猶太社群，同時致力於在社會福利以及創辦教育機構等事務上彼此合作。[29]上海巴格達猶太社群還與所剩無幾的開封猶太人建立了聯繫，巴格達猶太人在家中招待過來自開封的猶太人代表，這緣於他們認為開封猶太人是正宗的塞法爾迪猶太人。此外，上海巴格達猶太人也在教育領域與重建猶太會堂等領域援助開封猶太人。但在

29　Meyer, *From the Rivers of Babylon to the Whangpoo*, p. 360.

這種情況下，巴格達猶太人違背了英國禁止其臣民與當地中國人私自接觸的法令。

　　儘管梅沙約夫觀察並記錄了上海猶太生活的各個方面，但他卻哀歎這些猶太人烙有深刻的「同化印記」，認為他們深受猶太教改革運動的影響。梅沙約夫因許多猶太人與膚白貌美的俄羅斯「白人」通婚而喟然長歎。儘管俄國新娘會歸信猶太教，但他將她們稱為「金錢皈依者」，指責她們仍忠於其原有宗教，這最終將對其子女產生負面影響。此外，「許多猶太女孩已至適婚年齡，但由於她們同貌美的俄國女孩相比而落於下風，以致沒有猶太男子願意迎娶她們，最終她們不得已而嫁給黃皮膚的中國人。」[30]就俄國白人而言，梅沙約夫寫道，他們渴望回歸沙俄治下的安寧生活，「這猶如猶太男子的習俗。」他還談及俄國猶太人在社區委員會會議室內還留有「沙俄時代的戰旗」。在他們看來，這些戰旗已擺脫被敵人繳獲的厄運，至今仍受到「長久保護，直到它們能夠重回前線而贏得榮譽。」梅沙約夫還注意到上海巴格達猶太社群盛行貝塔（Beitar）民族主義精神，以及以色列地對巴格達猶太社群的巨大影響。

上海俄羅斯猶太社群

　　據說第一位抵達上海的俄羅斯猶太人是一位名為哈莫維奇（Haimovitch）的男子。一八七八年，他定居上海。跟隨他一起來的猶太人還有大型茶葉公司的 W・維斯托斯基（W. Wissotsky）和其他企業的員工代表們。二十世紀初，在經歷了兩波俄羅斯移民潮之後，上海形成了小型的俄國裔猶太社區。第一批俄裔猶太移民在一九〇三

---

30 Meshayoff, p. 108.

年沙俄反猶暴動後的最初十餘年間，以及一九一七年十月革命之後抵達上海。第二批猶太移民是在二十世紀三○年代由滿洲遷移而至。受到日軍侵略，當時滿洲局勢不穩，猶太人的經濟處境每況愈下。這個上海俄國猶太社群被稱為「摩西庇護所」（Ohel Moshe），也是該社群猶太會堂的名稱。這座猶太會堂建於一九○七年，以社群領袖摩西・格林伯格（Moshe Greenberg）命名。二十世紀三○年代，在社群規模鼎盛時期，人口約有六千餘人。與富裕的巴格達塞法爾迪猶太社群不同，俄國猶太人的謀生方式較為簡單，大多數俄國猶太人居住在虹口區，而有些經濟條件較好的則居住在法國租界區。[31]

一九二五年，梅厄拉比成為社群領袖，他是一位阿什肯納茲猶太人，確切來說，是一位倍受巴格達猶太社群尊敬的盧巴維奇哈西迪派領袖。和他們在巴格達社區的猶太同胞一樣，俄國猶太社群也於一九二三年互助籌建了上海義勇隊猶太旅，人數達一百二十人。

一九四一年，當摩西庇護所會堂因為太小而無法滿足整個社群的宗教生活需求時，一座新的、現代的猶太會堂在法國租界區建立。它被稱為「新猶太會堂」，可容納一千名祈禱者。該猶太會堂舉辦豐富的文化活動，如同猶太人早年間在俄國舉辦的活動一樣。

上海俄國猶太社群創辦自己的報紙，名為《我們的生活》。他們還在國際租界區和法國租界區內發行其他報紙，包括英文版月刊《監督》（The Monitor, 1931）、「聖約之子會」（Bnei Brith）組織出版的英文報紙《猶太復國主義評論》（The Zionist Review, 1932）、修正派運動期刊《猶太之聲》（1935）以及錫安工人（Po'alei Zion）運動期刊《塔格爾》（The Tagar, 1946）。

上海俄國猶太社群還創建了一個希伯來福利社會機構和一個能夠

---

31 Eber, p. 8.

為約五十位貧窮猶太人提供暫住處的避難所。他們募集捐款並提供食物、醫療護理、衣物和其他必需品。俄國猶太人傾向於就讀外國學校，例如法國的學院和英國私立學校。[32]

其他的社群組織還包括為商業人士提供貸款服務的以斯拉慈善基金會，以及喪葬協會、獎學金基金會、診所和一所由「聖約之子會」創辦的醫院。宗教服務由另一個名為「綜合社區協會」（Comprehensive Community Association）的當地組織提供並管理。

第二次世界大戰後，上海的俄國猶太人因為中國在國共內戰期間的緊張局勢而離開上海，大多數移居美國、澳大利亞、南非和以色列。

上海歐洲猶太難民社群

上海猶太社群的第三個組成部分是歐洲猶太難民社區。二十世紀三〇年代末，歐洲猶太難民為避難而抵達上海，主要是在逃避納粹德國及其幫兇的反猶主義迫害。其中大部分人在一九三八年水晶之夜後自德國來，以及在德國兼併奧地利後從奧地利來。這批猶太難民大多貧窮，聚居在虹口區，這是一個也有很多日本人聚居的上海郊區。難民社區在上海猶太社群中的規模最大，其人口最多高達兩萬。與另外兩個猶太社群將上海視為其永久居住地相比，對於新近抵滬的歐洲猶太難民而言，上海只是臨時中轉站，猶如暴風雨中的避風港。因此，有人稱上海為候車室，抑或是艱難時刻的避風港。他們夢想最終能夠到美國。[33]

---

32 Rena Krasno, "History of Russian Jews in Shanghai," in *From Kaifeng—to Shanghai: Jews in China*, ed. Roman Malek et al. (Nettetal: Steyler, 2000), pp. 335-336.

33 Eber, p. 30. Shmuel Zigmund and Gertrude Hirschberg, *From Berlin to Shanghai—Letters to the Land of Israel* (Jerusalem: Yad Vashem, 2013), pp. 37, 39.

　　儘管如此，對歐洲猶太難民而言，能夠在上海享有一個臨時的避難社區已經是一個奇蹟。事實上，在那些歐洲猶太人遭受迫害的歲月裡，上海也許是他們難以觸及的避難所，卻是唯一一座無需簽證即允許猶太難民進入的城市。當時，中華民國政府面臨巨大壓力，因為自一九三七年夏，日軍全面侵華戰爭爆發後，包括上海在內，以及部分北方地區或是被日軍佔領，抑或是處在非中國官方政府的管控下。然而，事實證明中國人民是開放友好的主人。更具吸引力的是，上海的經濟繁華地段具有國際化大都市的風采，在包括移民等問題上未實行嚴厲的管制。其實，與一九九二年以中建交後形成的風尚相反，當時除了國民政府之外，日軍佔領當局是允許猶太人進入中國的主要決策者。[34]自一九三九年八月起，日軍佔領當局開始限制猶太難民進入上海，雖然並未完全禁止。顯然，日本人的舉措一方面是因為面臨軸心國同盟施加的壓力，另一方面也緣於上海其他猶太社群的施壓，他們擔憂蜂擁而至的猶太難民會引發緊張的經濟形勢。諷刺的是，在英國和美國等號稱強大而「開明」的國家對猶太難民關上心門和國家大門的時候，正是這個遙遠的陌生城市為受迫害的猶太民族提供了安全的避難所，然而一切卻處在納粹德國盟友——日本的掌控下。一九三八年十二月，一場在東京召開的委員會會議決定允許猶太人進入上海。[35]奧地利的施泰納（Steiner）家族是第一批抵達上海的猶太難民，他們於一九三八年八月抵滬。一九三八年十一月，即「水晶之夜」之後，大批德國猶太難民奔赴上海，還有數百人來自波蘭和捷克斯洛伐克。據中國國家檔案館近期解密檔案，中華民國政府在一九三

---

34 "Introduction, by Guy Meron," in *From Berlin to Shanghai —Letters to the Land of Israel*, p. 18.

35 David Kranzler, "Jewish Refugee Community of Shanghai 1938-1949," in *From Kaifeng — to Shanghai: Jews in China*, ed. Roman Malek et al. (Nettetal: Steyler, 2000), pp. 402-403.

九年提出了一項接納大量歐洲猶太難民的國家計畫，認為這是一種必要的人道主義行為，這個計畫的目標是將受迫害的歐洲猶太難民安置在靠近緬甸邊界的雲南省。此項倡議起草時，正逢日軍向華西地區進攻，同時國民政府處在向內陸撤退的大潰敗中，因此，這項計畫從未實施，卻反映了中國人已對猶太難民迸發的同情心，彰顯出在猶太人危急之時伸出援助之手的意願。當然，這項倡議的背後以更宏觀的、更務實的戰略考量為基礎。

　　儘管上海各猶太社群在具體特徵上有所差異，但是猶太社群之間彼此互助，尤其是巴格達塞法爾迪猶太社群樂於幫助歐洲猶太難民，減輕了他們在融合過程中面臨的負擔。當然，這一過程對於新移民而言並非易事，他們面臨語言障礙、必須適應上海的濕熱氣候，同時還要避免染上流行於亞熱帶的疾病。另外，歐洲猶太難民還面臨經濟困境，只有少數人成功經營生意並過上像樣的生活。[36]有些難民試圖從歐洲進口商品，還有些人經營德國與奧地利風格的咖啡館、小餐館和商店等各類小生意。他們在上海市中心打造了一座「小維也納」。有些難民還參與建造了新式建築，例如在某些區域可以見到包浩斯風格的建築。

　　上海猶太難民區的報業經營堪稱成功，形成了包括德語廣播電臺在內的廣泛的猶太——德國的通信網路。工作之餘，社區成員還發展自己的文化生活，他們創辦了圖書館並資助文藝演出與音樂會。當地的劇院也製作了一系列戲劇。[37]

---

36 Zigmund and Hirschberg, pp. 21-24.
37 Eber, p. 32.

上海猶太社群的沒落

　　直至日軍偷襲珍珠港美軍基地，太平洋戰爭全面爆發之前，上海猶太社群的整體處境相對平穩。當時，上海猶太社群的祥和局面是猶太人團結的典型案例。上海及周邊的老猶太社區為新移民籌集資助性應急資金。美國猶太社群、國際性的美國猶太聯合分配委員會、希伯來移民資助協會（HIAS）、猶太墾殖協會（ICA，後來與 HIAS 合併組成 HICEM）、猶太勞工委員會以及救助委員會（Vaad Ha-Haztalah）等組織都挺身而出。[38]諸如此類的猶太救濟組織機構是向貧弱移民提供應急援助以及發展上海猶太社群福利、教育和健康事業的唯一方式。儘管資助接連不斷，但自太平洋戰爭爆發後，上海猶太社群漸趨衰落。巴格達塞法爾迪社群領袖臣屬於與日軍交戰的大英帝國，他們被日方拘禁，並被迫停止向新猶太社群和貧困者提供緊急援助。而且，由於當時上海與美國之間的聯繫已被切斷，海外募捐戛然而止。一九四三年二月，日軍佔領當局對上海猶太社群強加額外限制，致使猶太人不再像過往享有自由行動權。五月，日佔當局最終劃定一塊名為「上海隔都」的區域，來自歐洲抵滬的無國籍猶太難民被迫遷居。這項法令不適用於此前已形成的巴格達塞法爾迪和俄羅斯猶太社群。與歐洲猶太隔都不同，儘管上海隔都也存在種種限制，但猶太難民並未在此遭受饑餓和疾病造成的大規模死亡。上海隔都不設置柵欄，允許猶太人外出工作。日本安保部隊以相對公平的態度對待社區難民，大部分社區組織不受限制地正常運作。諷刺的是，一九四五年七月，美軍意外轟炸了隔都一角，反而造成上海猶太人的一次最大慘案。此次意外事故共造成三十一位猶太人遇害，二百五十位猶太人受傷，也有

---

38 Kranzler, p. 405.

數百位中國人受傷。

如前所述，二戰結束後，上海猶太人開始移居海外，主要定居在美國、以色列（約一萬人）和香港。一九四九年中華人民共和國成立時，上海只剩下約一千五百名猶太人。至二十世紀五〇年代初，幾乎所有上海猶太人都已離開中國，留守者屈指可數。

在某些情況下，新建立的以色列國允許有犯罪前科的、來自中國的猶太人入境，但依據《回歸法》，他們也有可能被拒絕。例如，某位中國猶太居民曾是位扒手，一九四九年，這名四十餘歲且與基督徒通婚的男子提交移民以色列的請求，由於他的犯罪前科，以色列政府予以回絕。但在二十世紀五〇年代初，當同他工作崗位的所有外籍勞工都被解雇後，以色列又決定允許他入境。另有一案例，天津一名年輕的猶太冶金工人曾因謀害中國搭檔而被判謀殺罪。起初，他被判死刑，最終卻被判處無期徒刑。在他入獄四年之後，中國當局宣稱，若以色列官方允許他入境，將予以釋放。最終，以色列同意接納他，這名男子得以順利移民。[39]

多年後，以色列正式認可上海在二戰期間之於猶太人的重要歷史意義。在以色列獨立六十周年慶祝活動中，以色列駐上海領事館投入大量資金籌辦紀念活動，旨在表達以色列和整個猶太世界長期以來對虹口區老居民的感激之情，感謝他們曾在二十世紀三〇至四〇年代期間接納大批猶太難民。[40]二〇〇七年六月與二〇〇八年一月，以色列人改建上海猶太隔都區的老舊門房和老人活動中心，增設空調、暖氣、體育設施、樂器和圖書館。改建專案的精髓在於創建了電腦資料

---

39 Files of Joshua N. Shai, "List of Special Cases," undated—ca. 1954, Citizenship and Immigration Services, Washington, D.C.

40 Uri Guttman, "General Consul in Shanghai," in a letter to Avner Shalev, Chairman of Yad Vashem Board of Directors, 4 March 2008.

庫，其中包含二戰期間在上海找到容身之處的兩萬名猶太人的個人資料，還包括這個上海老猶太隔都的詳細資訊。[41]

　　二〇〇七年，以色列駐上海領事館也協助上海有關部門翻新摩西庇護所猶太會堂，在其中建立猶太難民博物館。該博物館也紀念一九三八至一九四〇年間擔任中華民國駐維也納總領事的何鳳山（1901-1997），他被以色列政府授予國際義人的榮譽。何鳳山為那些逃離維也納的猶太人簽發前往上海的入境許可，此種將自己及家人置於危難之境的舉措反而從納粹魔爪之下挽救了數百乃至數千名猶太人。二〇〇二年三月，何鳳山的女兒何曼禮牽頭在中國首次為他舉辦紀念儀式。[42]

香港猶太社群

　　十九世紀下半葉，香港已發展為大英帝國的重要商業港口。與上海一樣，巴格達猶太人同樣為尋找商機而來到香港，由此，香港與上海兩地猶太社群維持著密切聯繫。之後，阿什肯納茲猶太人也來到香港，至二戰初期，香港約有七十五戶猶太家庭。一九〇二年，服務於猶太社區的利亞庇護所會堂（Ohel Leah）建立，由雅各・沙遜爵士捐助。七年後，埃利・嘉道理爵士資助修建了一座社區社會活動中心。

　　現今，隨著香港已成為中國的特別行政區，有包括以色列人在內的五千餘名猶太人居住在此，其中絕大多數為商人。香港猶太社區中

---

41 "Unique database commemorating the Jews of Shanghai arouses a wave of global reactions,"來自於以色列駐上海總領事館的資料，2008年6月。

42 Jonathan Goldstein, "China Honors Its Holocaust Rescuer," *Times Georgian* [Georgia] 13 April 2002. "HeFengshan,"*Yadvashem.org.il*, http://www.yadvashem.org/yv/he/righteous/stories/ho.asp?WT.mc_id=wiki 檢索日期：2013年9月。Feng-Shan He, *My Forty Years as a Diplomat* (Pennsylvania: Dorrance Publishing, 2010).

心舉辦各種社會活動，這座城市也有猶太餐館、猶太學校和其他各類社區服務機構。

其他在中國的猶太社群

近年來，猶太人除了在哈爾濱、上海和香港建立社區外，他們也在其他中國城市落腳過，其中大部分猶太人來自俄羅斯。在日軍佔領滿洲期間，猶太人時常遭受騷擾與迫害，甚至被懷疑是蘇聯派來的間諜。當時，內蒙古曾出現過小型猶太社區。十九世紀末，第一批抵達內蒙古的猶太人在身份上還是從屬於沙皇軍隊的士兵，其中大部分猶太人居住在海拉爾和滿洲里，他們與哈爾濱猶太社群維持著密切聯繫。一戰前，這兩座城市都建有猶太會堂，學校和其他社區組織也相繼建立。二戰前夕，內蒙古諸城鎮猶太人總數約一百三十人。此外，一些猶太人也曾居住在呼倫貝爾，但他們在日軍侵佔滿洲後旋即離開。在遼寧省，有猶太人居住在大連和瀋陽。與內蒙猶太社群一樣，遼寧猶太社群的先驅者最初也是以俄羅斯──猶太士兵的身份進駐這些城市，此後猶太商人也隨之前來。至遼寧猶太社群發展的鼎盛時期，大連猶太社區有約一百八十餘名猶太人，而奉天（即今日的瀋陽）則有小型猶太社區。

在華北地區，天津也有一個規模較大的猶太社群。二十世紀三〇年代，在天津猶太社群鼎盛時期，其人口規模約為三千五百人。早在十九世紀六〇至七〇年代，俄羅斯猶太人便來到天津，其中大部分為商人，緊隨其後至此的是隨沙皇軍隊進駐的猶太士兵。一九〇四年，天津猶太社區正式成立，十月革命後，天津猶太社區人口劇增。一九二五年，社區創建了一所猶太學校；一九三七年，社區成立了一家出版俄語與英語報紙的印刷公司。綜觀來說，絕大多數的天津猶太人享有較高的生活水準。

在華東地區，德國猶太人定居在青島。十九世紀末期，當德國人強佔膠州灣時，猶太人跟隨而來落戶青島。其中大多數的猶太人是商人和銀行家。十月革命後，第二批抵達青島的猶太人從俄國趕來。一九二〇年，青島猶太社區建立了一所猶太會堂，同時還建有服務於社區經濟、文化與宗教生活的組織。二戰前，約有兩百餘名猶太人居住在青島。

不符預期的是，落腳北京的猶太人數量很少，而且也從未存在過任何具有組織性的猶太社群。北京也沒有建立過猶太會堂。事實上，在二十世紀初，有若干猶太知識份子在北京多所高校任教。譬如，研究開封猶太人的羅文達（Rudolph Leventhal, 1904-1996）。一九三八年，僅有約一百二十名猶太人居住在北京。[43]

如今，中國出現了以色列人社群，他們長期到中國工作、經商和學習。最具規模的以色列人社群在上海，當然也有數目各異的以色列人居住在其他城市。此外，來自美國和其他國家的猶太人也在中國建立了永久性居所。因此，蜿蜒曲折的歷史進程最終致使那些祖籍混雜的猶太社群發展出一個新的境地，與過往猶太人在中國的境遇已截然不同。現在，猶太人可以保留自己的生活方式，尤其是節日中的祈禱傳統。另外，他們也享有分散在中國各地的哈巴德之家的支援與贊助。

---

43 Fang, "History of the Jews," pp. 270-275.

第一章
早年的反覆嘗試（1948-1955）

　　本章內容涉及以中關係進程中最初七年的歷史，即兩國之間建立外交關係的嘗試期，主要敘述一九四八年五月獨立的以色列國，與一九四九年十月完成革命的共產中國之間，建立外交關係的反覆嘗試。一九四八年五月至一九四九年十月，以色列曾尋求與蔣介石領導的國民政府建立外交關係，國民政府也迅速與耶路撒冷接觸。然而，好景不長，那次的雙邊關係僅持續了一年有餘；因為一九四九年毛澤東領導的中國共產黨建立了共產中國政權，從此以中兩國之間的交際舞又重新登場。一九九二年一月，耶路撒冷與北京之間的外交互動凝結為積極有效的成就，兩國最終實現邦交正常化，這一艱辛歷程足足跨過近半個世紀之久。

　　本章重點分析「錯失的良機」，指在二十世紀五〇年代初期，以中兩國未能及時地創設制度化的互動機制。在探討此問題之前，有必要以概要的形式考察若干重大的歷史進程。這些歷史進程包括十九世紀晚期猶太人與中國的民族主義運動由原初型民族主義（proto-nationalist）階段過渡為成熟的現代民族主義階段；以及兩次世界大戰及戰間期在鞏固兩國民族主義運動與明確其特徵方面發揮的作用。

　　猶太民族和中華民族都屬於世界上最為古老的民族共同體，兩個民族都延續至今，與時俱進地更換了現代性的外表打扮，克服了難以計數的挑戰。兩大民族主義運動各自培育了新生民族國家的幼苗。中國和以色列在民族主義運動的發展上具有許多相似之處，包括經歷過類似的重大歷史事件與歷史進程，也包含兩國自民族主義運動初始整合階段至二十一世紀、乃至當前階段在意識形態演進路徑上的類似。在「國父」孫中山活躍的時代，中國民族主義運動逐漸成形並發展至頂峰。儘管以中兩國的民族主義運動存在某些差異，但由富有遠見的西奧多・赫茨爾（Theodor Herzl, 1860-1904）引領的猶太復國主義運動也經歷了類似的進程。孫中山與赫茨爾屬於同代人（赫茨爾比孫中山逝世早二十餘年），他們的重要活動也始於十九世紀的最後十年。

當時，赫茨爾在歐洲經歷了反猶主義風暴的肆虐。作為記者，他在巴黎親眼見證了德雷福斯冤案（Dreyfus affair）的審判。從此，赫茨爾確信猶太人必須終止流散生活，而要建立一個獨立自主的猶太國。赫茨爾著有闡述其民族主義思想的綱領性著作《猶太國》（*Der Judenstaat*），並廣泛進行政治與外交斡旋，促使一八九七年巴塞爾第一屆猶太復國主義大會的召開，成為猶太復國主義運動創始並付諸實踐的第一個里程碑。沿著這條路徑，猶太人拋棄了原初型民族主義意識形態。赫茨爾闡述的政治猶太復國主義勾勒出一條清晰的行動路線圖，最終指引猶太人實現了他的願景——一九四八年以色列國的建立。

與此同時，孫中山也不知疲倦地為中國的共和革命奔波。例如，他創建了中國最早的民主革命團體興中會。一九〇五年，興中會最終與其他革命主義團體合併在日本成立了同盟會，成為領導十九世紀末二十世紀初現代中國民族主義運動的核心。

在國民黨執政時期，中華民國與新生的猶太國建立了聯繫。基於中華民國對猶太復國主義的支持，以中關係在一九四八年以色列建國後繼續發展。早在二十多年前，即一九二〇年四月二十四日，孫中山給上海猶太復國主義協會創人尼西姆・埃利亞斯・班傑明・以斯拉（Nissim Elias Benjamin Ezra）寫了一封信：

中華民族主義在中國被滿洲異族征服時就已經煙消雲散了，但

是中國並非唯一被征服的國家，猶太民族也失去了他們的故
土……儘管國家被毀，但猶太民族依然延續至今……猶太復國
主義運動是當今世上最偉大的（民族主義）運動之一。所有熱
愛民主的人都不得不傾全力支持，並滿腔熱情地歡迎那個致力
於恢復美妙而古老國家的運動，猶太民族已經對世界文明做出
極大貢獻，理應在世界民族大家庭中贏得光榮的一席之地。[1]

　　毋庸置疑，第一次世界大戰對全球範圍內渴望實現民族主義革命
的國家而言，是一個具有重大且普遍性意義的里程碑事件。藉由這場
大戰，各國民族主義領袖都希望能夠就此實現其奮鬥目標，以致他們
有時會採取援助協約國的方式。就猶太復國主義運動的視角，可以將
英國給予猶太人《貝爾福宣言》（Balfour Declaration）的承諾置於英
國試圖從土耳其人手中奪取巴勒斯坦的宏觀背景下審視，英國人期望
在某些地區性事務中得到當時巴勒斯坦猶太社團（即「伊休夫」）的
支持。的確，巴勒斯坦猶太社團以及散居的猶太社團都盡其所能地協
助英國實現其戰爭目的。猶太旅和錫安騾馬隊（旨在為英軍提供戰時
後勤服務）的成立是落實這些願望的重要事件。

　　一戰後期，中國南北方出現中華民國軍政府與北洋政府分庭抗禮
的局面。一九一七年，當時兩個政府都在相對晚期宣佈參戰。為換取
國家政治聲譽，北洋政府向法國戰場派遣了十萬名勞工（同時也為協
約國軍隊提供後勤援助），希望於戰後的外交進程中，列強能夠回饋
中國對協約國付出的戰時幫助。然而，一九一九年列強達成《凡爾賽
條約》的結果卻讓中華民國政府大失所望：由於對日本的恐懼，協約

1　Jonathan Goldstein, "The Republic of China and Israel," in *China and Israel, 1948-1998: A Fifty-Year Retrospective*, ed. Jonathan Goldstein (London: Praeger, 1999), p. 3.

國未能向中國人表達感激之情，最終協約國沒有幫助中國取消日本在華各項特權。

中國人和猶太人在開展民族主義運動的過程中為列強提供服務是否收獲了應有補償是另一個話題，不在此贅述。但是，當考察這兩大民族主義運動內部的發展進程時，我們不能忽視第一次世界大戰以及兩國各自民族主義運動與協約國之間的聯繫。

由於協約國在巴黎和會上漠視中國的期望與要求，中國國內怨聲載道，五四運動隨之興起。五四運動的訴求之一就是抗議協約國以爭取國權，推動構想並實踐新的中國民族主義。就猶太民族主義運動而言，《貝爾福宣言》以及英國在巴勒斯坦委任統治的建立，意味著猶太人正處在鞏固巴勒斯坦猶太民族家園，進而最終建立獨立國家的基礎性階段。

兩次世界大戰之間的戰間期——二十世紀二〇年代至三〇年代——對兩國民族主義運動的持續發展而言，具有至關重要的意義。二十世紀二〇年代英國委任統治期間，巴勒斯坦猶太社團經濟發展的趨勢較為強勁。矛盾的是，與阿拉伯民族主義的衝突（譬如一九二九年阿拉伯暴亂、一九三六至一九三九年巴勒斯坦人民起義）卻有助於鞏固猶太復國主義運動的開展。此外，二十世紀三〇年代，隨著納粹分子在德國的掌權，歐洲猶太人墜入被迫害的深淵。當納粹德國強化權力與影響力並最終致使歐洲猶太人陷入大毀滅的處境時，全世界逐漸意識到猶太人亟需建立屬於自己的民族國家。

在二十世紀二〇年代的中國，民族主義運動隨著國內兩大派別之間緊張關係的加劇而發展。反對帝國主義是中國民族主義發展的另一大動力，這在謀求中國統一的北伐戰爭中得以清晰呈現。最終，一九二八年十月十日，北伐戰爭的全國統一目標基本完成。由於一九三一年日本發動「九一八事變」，中國民族主義運動在整個二十世紀三〇年代的進展力量有所減弱，中國從此開始被迫準備發起應對鄰國軍國主義全面入侵的國防抗戰。

因此，中國和以色列的民族主義運動似乎都由各自面臨的國內外艱鉅挑戰中獲益。如果不考慮第二次世界大戰與大屠殺的作用，就無法徹底理解以色列國的建立。普遍認同的假設即是，如果國際社會沒有被歐洲猶太人慘遭納粹蹂躪的境遇所震撼，那麼聯合國不會賦予猶太人建國的權利。同理，就中國而言，要準確把握中國共產黨領導下新民主主義革命的興起，則必須留意革命戰爭期間中國人強烈要求的社會經濟改革綱領與抗日民族統一戰線。當然，中國民族精神在抗日戰爭期間的發展，以及中國軍民在一九三七年南京大屠殺之後積極且有組織性抗戰方式的日趨成熟，也為中國共產黨領導下的共產中國的誕生奠定了堅實基礎。

近年來，這些觀點日益得到關注與認可，越來越多的學者將二十世紀猶太復國主義運動與中國民族主義運動進行比較研究，南京大學猶太與以色列研究中心主任徐新教授就撰寫過一篇研究綜述性文章〈納粹屠猶研究在中國〉。在革命戰爭年代以及毛澤東領導的共產中國初期，很少有中國人聽說過猶太大屠殺；充其量而言，此研究課題未能得到應有的重視。[2] 然而，當中國在二十世紀八〇年代對外開放之後，中國學術界開始普遍對猶太研究、尤其是大屠殺研究產生濃厚興趣，中國學者開始且持續就此問題出版相關著作、開設課程並舉辦學術研討會。意料之中的是，徐新還發現猶太大屠殺與南京大屠殺之間存在相似性。他進一步強調德國政府願意承擔納粹政權犯下滔天罪行的全部責任，甚至願意為此道歉並予以賠償；相反歷屆日本政府在

2　當時，中國學界秉持蘇聯共產主義史學理論，不針對大屠殺本身或被害者的民族身份進行重點研究，而是強調致使數百萬人死亡的猶太大屠殺是由法西斯主義，即資本主義的終極形式而造成的毀滅。

看待南京大屠殺時，態度極為惡劣且不願為此妥協。到目前為止，日本政府仍不願意承擔南京大屠殺的全部罪責。徐新高度讚揚猶太人，以及他們從被毀滅的低谷中浴火重生，完成建設新社會的經歷。在此背景下，徐新重點研究與大屠殺相關的哲學與倫理問題，有關人性的善與惡，這也是形塑中國哲學的核心問題。[3]

從歷史發展的視域窺探，以中兩國之間的另一個共同點是兩國在立國時的價值觀都基於社會主義意識形態。中國和以色列都選擇社會主義模式的發展路徑，儘管其社會主義色彩各有不同。

一九四七年十一月二十九日，聯合國大會批准巴勒斯坦分治決議，為以色列在一九四八年五月十四日獨立鋪平了道路。在投票決議前，南京國民政府繼續維持著與猶太復國主義活動家的外交聯繫，中國成為此次歷史性表決投票中選擇棄權票的十個國家之一。歸根結底，中國的棄權票有助於達成為授權在英屬巴勒斯坦委任統治地建立兩個國家所必需的多數票（三分之二）。儘管投出棄權票，但國民政府官方媒體欣然接受了以色列國——猶太民族回歸故土建立的新國家。[4]

如前所述，一九四八至一九四九年間，絕大多數居住在中國各猶太社區的猶太人都移居以色列或其他地方，仍然留居中國的數百名猶太人參與本地與國際性的貿易交往。一九五〇年之後，共產中國政府禁止移民出中國，特別是那些已建立國際貿易關係的個體。[5]一九五六年，作為新加坡第一任首席部長的伊拉克裔猶太人大衛·馬歇爾

3　Xu Xin, "Holocaust Education in China--Discussion paper," The Holocaust and the United Nations Outreach Programme, 2012.

4　Pan Guang, *China and Israel: Analysis on Bilateral Relations, 1948-1992* (New York: The American Jewish Committee, 1999).

5　Aron Shai, *The Fate of British and French Firms in China 1949-1954: Imperialism Imprisoned* (Basingstoke Houndmills: Macmillan in association with St. Antony's College, Oxford, 1996).

（David Marshall）受周恩來邀請赴中國訪問兩個月，藉機向中國政府提出允許約四百名俄國猶太人離開中國的請求。

相互承認與外交關係的建立

　　一九四九年二月底，中華民國常駐聯合國代表與以色列駐美國大使阿巴・埃班取得聯繫。中方表示，在初生的以色列國獲准取得聯合國席位之後，中國將願意正式承認以色列。一九四九年五月十一日，以色列正式成為聯合國第五十九個會員國。然而，中華民國不久後退守臺灣。十月一日，由毛澤東與中國共產黨領導的中華人民共和國在北京宣告成立。百日之後，即一九五〇年一月九日，以色列邁出了驚世駭俗的一步：決定承認新生的中華人民共和國，成為中東地區第一個以及西方陣營第七個承認共產中國的國家。雖然他們擔心部分美國人的憤怒反應，但承認共產中國的電報還是在歷經以色列外交部官員的充分討論之後予以發出。時任（1949-1952）以色列外交部亞洲司司長的雅各・希莫尼（Yaakov Shimoni）主張在承認決議發佈之前提議與華盛頓方面進行商議，但外交部長摩西・夏理特（Moshe Sharett）予以否決，他甚至未通告阿巴・埃班。[6]最終，以色列向正在莫斯科陪同毛澤東主席訪問的周恩來總理發送了承認電報。在冷戰愈演愈烈的時代，以色列斗膽採取違逆美國立場的行為著實不尋常，當時即便是阿拉伯國家也還未承認共產中國。從此，以色列同臺灣當局的關係已降至僅限於在文化與商業領域往來，低層級且非官方的接觸。

　　在以色列建國及其隨後的兩年內，以色列恪守不結盟政策。這主要由於在二戰結束初期，許多猶太人仍散居全球各地，主要分佈在以

6　二〇〇四年九月六日，採訪茲維・索芙特博士。除非另有說明，本書所有引用的訪談均由作者完成。

美蘇為核心的兩大冷戰對峙集團國家內。由此，以色列的外交政策與
公眾輿論要求國家必須在國際政治舞臺嚴守中立性立場，唯此才能建
立跨越雙邊國際政治障礙的廣泛性聯繫機制，從而有助於克服以色列
因以阿衝突而在國際舞臺上陷於政治孤立的窘境。此外，不結盟政策
之於以色列國內的政治穩定也極為重要，畢竟以色列各政黨組成了廣
泛的政治光譜：從鮮明的親西方立場到幾乎完全認同蘇聯集團，各類
政黨應有盡有。[7]儘管如此，各個政黨陣營力量平衡的局面顯然不會
永遠得以延續。「依據杜魯門總統的命令，一九四九年我們能夠從出
口銀行（The Export Bank）獲取用於資助以色列的一億美元，」以色
列駐中國首任大使茲維・索芙特（Ze'ev Suffot）表述道，「這筆錢始
終掌握在英國人手中。我們完全依賴西方，但在那時美國人沒有介
入，也從未講過一句話。」[8]

　　據中國解密檔案，在二十世紀五〇年代初，當中國開始意識到自
己作為新生政權時，密切關注其他國家是如何對它進行身份定位的。
一九五〇年一月，在由北京的中國外交部發往中國駐蘇聯大使館的一
封信件中提出了一個問題：以色列政府是否發送了一封承認中國人民
政府的官方公函？這封信件要求大使館方面儘快確認。[9]在當時的幾
個月內，毛澤東正與幾位中國中央領導人共同訪問莫斯科。訪蘇期
間，毛澤東與史達林商談並接受了他關於進一步行動的建議，因此當
時中國大多數外交信函是經莫斯科傳送的。

　　據此，一九五〇年一月九日，以色列外交部長摩西・夏理特發給
周恩來總理的電報中聲明，以色列國正式承認中華人民共和國。當

7　Aron Shai, "Israeli Communist Party and PRC, 1949-1998," in *China and Israel, 1948-1998: A Fifty-Year Retrospective*, ed. Jonathan Goldstein (London: Praeger, 1999), p. 84.

8　採訪茲維・索芙特。

9　中華人民共和國外交部檔案，1950年1月29日。

然，這意味著以色列承認北京的共產黨政權是中國唯一合法政府，從此以色列不再承認蔣介石在臺灣領導的國民政府。另據中國解密檔案，緊隨共產中國宣告成立而來的是兩國首都之間立即就兩國的彼此承認問題進行公函往來。[10]一九五〇年一月十六日，在以色列發送承認電報的一周後，周恩來根據當時的外交禮儀對以色列的聲明作出正式回應。在認真核實了中方工作人員為周恩來起草的回應電報後，發現在原稿的基礎上出現了幾處更改。例如，添加了幾處熱情洋溢的言辭，其中就某句中文表達予以更改，以免被誤解在向外交層級較低的對象講話。另外若干處補充性話語凸顯個人意義，表達周恩來總埋友好性地回應摩西・夏理特向中國及周恩來本人致以誠摯的問候。[11]然而，周恩來並未言明中國針對以色列的外交意圖與政治立場，基本將以色列的倡議束之高閣。正式而言，北京沒有必要宣佈承認耶路撒冷的以色列政府，畢竟以色列國早已建立且其在國際社會與中國自身（國民政府時期）看來已是既定事實。因此，我們需要質疑的是當時以色列是否應期望在其承認共產中國政府之後獲得某些外交回報。

　　一九五〇年一月下旬，中國外交部向莫斯科轉寄了有關中國與多國政府建立關係的其他電報，電報重點內容基本都涉及各國在外交上對於共產中國的承認，這些國家包括丹麥、阿富汗、芬蘭、瑞典、越南和瑞士。在這些電報中，外交部均請求毛澤東主席親自就此類問題做出指示。[12]

　　數月後，一九五〇年六月二十日，以色列與中國的外交官員在莫

10　以色列外交部檔案，檔案編號：2391/32，於 *Documents on the Foreign Policy of the State of Israel, 1949-1951*, ed. Yemima Rosenthal (Jerusalem: National Archives, 1980, 1988, 1991).

11　中華人民共和國外交部檔案，1950年1月14日、1950年1月16日。

12　中華人民共和國外交部檔案，1950年1月。

斯科進行第一次會晤。[13]中國外交部要求中國駐莫斯科大使館審慎判斷以色列大使的意向，並試探以色列政府就以中兩國互設常駐外交官員的問題持何種意願。[14]

一九五〇年六月，以色列就此次試探作出相關回應，決議與中國建立外交關係，以中關係似乎正要邁入一條彼此友好相處且前景美好的康莊大道。但突然間兩國正式建交的進程卻不得不無期限推遲，因為六月二十五日國際政治舞臺開始了一場改變全球外交關係佈局的矚目熱戰：共產主義的北韓軍隊出擊跨越北緯三十八線，韓戰由此爆發。

一九五〇年七月二日，以色列政府召集內閣會議就如何回應這場戰爭進行討論，決定在此問題上採納聯合國決議，由美國發起的聯合國決議呼籲所有會員國採取集體行動挫敗北韓的入侵行為，這股由紐約聯合國總部發出的旋風立即向以色列提出了如何在關係緊張的美蘇兩大集團之間選邊站的問題。雖然摩西・夏理特與其他內閣部長呼籲向韓國政府提供的支持應僅限於政治與外交方面，但本・古里安卻更進一步地提議派遣以色列士兵與聯合國軍並肩作戰。[15]最終，其他內閣成員一致拒絕本・古里安的提議，替代方案是以色列聲援在北韓作戰的聯合國軍，同時派遣醫療援助隊並提供食品供應。

然而，以色列並未就此對中國置之不理。以色列領導人決定告知北京，以色列政府在原則上有興趣繼續推進與中國建立外交關係的進程。一九五〇年十一月下旬，這則消息通過以色列駐瑞典大使發送給了中國駐瑞典大使。但當時以中關係尚缺乏恰當根基，雙方只是彼此互發若干外交辭令。自此至一九五三年七月韓戰結束時，雙方均緘默不言。

---

13 Shai, "Israeli Communist Party and PRC," p. 84.

14 中華人民共和國外交部檔案，1950年5月31日、1950年6月27日。

15 Michael Brecher, *Israel, the Korean War and China* (Jerusalem: Academic Press, 1974), p. 31.

　　上述事件，自以色列加入在北韓作戰的聯合國軍開始，標誌著以色列不結盟政策的結束。從此，以色列開始依附美國集團。以色列察覺自己已然置身全球衝突的激盪時局中——亞洲的冷戰。

以色列承認中華人民共和國

　　是什麼因素促使以色列政府要與共產中國建立外交關係呢？就在一九五〇年一月之前，當以色列決定承認中華人民共和國時，共產中國受到世界大多數國家、尤其是美國的抵制。彼時的以色列與二十一世紀的以色列在國家性質上截然不同。當時，以色列彰顯獨特且溫和的社會主義特徵，在外交上奉行平衡的不結盟政策。在此期間，引導以色列生存與發展的基本原則是它盡力博取世界大國和其他國家的支持，進而實現自身利益。[16]

　　當以色列國建立時，全球各地流散猶太社群表露出美好希望，其中大多數猶太人選擇移居被赫茨爾稱為「新故土」的以色列。很多中國猶太人，其中包括那些早年間來自白俄（譯者注：指俄國革命和蘇俄國內革命戰爭爆發後離開俄羅斯的俄裔居民。大多數白俄移民在一九一七至一九二〇年間離開俄國）、中歐與其他地區的猶太難民也期望能尋找到一個永久性家園，而不是在臨時避難所苟全性命。對許多猶太人而言，以色列地是極具吸引力的移民目的地，不過美國、澳大利亞、紐西蘭以及其他西方發達國家也向居住在中國的猶太人敞開大門。從以色列政府的官方立場來看，得到中國政府的友好態度是一切工作的重中之重，之前是中華民國政府，現在則是中華人民共和國政

---

16 Uri Bialer, "Ben Gurion and the Question of Israel's International Orientation, 1948-1956," *Katedra* vol. 3 (Nissan 5747).

府。以色列政府認為這是確保中國政府允許猶太人離開中國並移民以色列的唯一途徑。

　　儘管以色列渴望與東西方兩大集團的國家都發展並維持友好合作的關係，但據官方檔案，英國、美國和其他西方國家的資本主義當權派以懷疑的眼光審視在以色列發展的新生社會以及其強烈的社會主義意識形態。新生的以色列社會不僅支持平權思想，而且也秉持社會主義和社會民主的意識形態。西方世界的懷疑姿態深植於其畏懼左翼經濟思潮的自由主義價值觀，而且這在冷戰氛圍下愈演愈烈。此外，阿拉伯國家是明確的反共政權，因此在西方世界看來，阿拉伯國家才是更可靠且更有利用價值的戰略資產。[17]

　　就耶路撒冷的角度來看，以色列對北京共產中國政權的承認是自然恰當且合乎時宜，這促使以色列贏得東方陣營的認可。倘若以西方視角來加以審視，以色列的此類舉動無疑是挑釁行為。儘管英國也是首批承認共產中國的國家之一，但其舉措能夠為西方陣營所理解與包容，畢竟英國涉華政策主要出於經濟動機。英國極為重視其在中國運營的巨額資金，預計能夠以此汲取高額利潤，抑或是至少能維持之前幾十年投資的價值。如果倫敦忽視或是觸怒了共產中國，那麼英國在華企業的利益將在頃刻之間受到創傷，乃至面臨滅頂之災。然而，至少可以說，英國社會不存在支援社會主義的意識形態基礎。

　　當大衛・本－古里安被問及以色列如此之早地承認中華人民共和國的動機時，他強調中國共產黨已經取得並成功駕馭國家政權，世界各國必須認清這一事實。他還強調，共產中國理應享有被國際社會接納為合法成員並獲取相應待遇的合法權益。[18]

---

17 Aron Shai, "China and Israel--Strange Bedfellows 1948-2006," in *China and Antiterrorism*, ed. Simon Shen (New York: Nova Science Publishers, 2007), pp. 149-150.

18 Brecher, p. 31.

　　然而，當韓戰爆發後，以色列採取的第一個也是最重要的戰略步驟，即是拋棄先前秉持的不結盟政策。以色列決定協助聯合國軍應對北韓的戰爭行為時，最終在耶路撒冷與北京之間萌芽的外交關係中埋下了轉捩點。總而言之，韓戰迫使以中兩國在建立雙邊外交關係的問題上重新洗牌，甚至退回至起跑線上，只能以新的方式重啟建交進程。

　　然而，儘管以色列決定終止不結盟政策，卻繼續奉行與此前相一致的對華政策。例如，一九五〇年九月十九日，以色列常駐聯合國代表投票支持給予中華人民共和國正式的會員國席位，同時支持將臺灣的國民黨代表趕出聯合國。在此議題上，以色列事實上加入了支持賦予共產中國完全合法聯合國會員國身份的十五國集團。外交部長摩西・夏理特表示，儘管以色列在民主概念上的認知與北京政權相異，但忽視中國的政治現實，並允許在中國大陸失去統治權的國民政府依然在聯合國佔據一個席位，顯然是錯誤之舉。[19]自此，幾乎每年的聯合國大會均會出現關於中國席位投票的議題，投票結果也象徵著中國與各國之間的關係究竟是處在飛速發展的進程，或者是停留不前的窘境。

　　然而，在一九五四年的聯合國大會投票表決中，以色列常駐聯合國代表沒有延續支持北京的一貫立場，但在其餘的所有投票表決中，耶路撒冷都有意維護中華人民共和國在聯合國大會和安理會理應取得的合法席位與合法權益。這是以色列政府的官方政策，而不僅僅是因為如以色列共產黨、聖地正義與和平委員會等組織宣導的為推進實現中國利益的意識形態立場。[20]也就是說，以色列採取了與印度等國相

---

19 Shai, "Strange Bedfellows," p. 150.

20 例如，我們從聖地正義與和平委員會（the Committee for Justice and Peace in the Holy Land）於一九五四年九月九日致摩西・夏理特和以色列常駐聯合國代表的信中得知，他們呼籲支持中華人民共和國恢復在聯合國的合法席位。參見Yad Tabenkin Archives, section 15, Israel Bar Yehuda series, file 26d.

類似的政治立場，在支持美國的北韓政策，與在國際政治舞臺上支持中華人民共和國取代中華民國的兩者之間分得很開。以色列代表在一九五四年聯合國大會上的反對投票著實是個例外，以色列甚至在一九五五年初對中國政府致以歉意。經官方解釋，以色列原本無意與美國及其盟友一致投出反對票，但所犯錯誤已予以糾正。[21]一九六五年，以色列在此問題上改變了策略。

以色列在發展與中華人民共和國關係的進程中，採用了一些能展現創造性思維的先驗性戰略手段。據以色列外交部解密檔案，這些策略基於全面的國際視野，這背離了以色列傳統上奉行以歐洲為中心的戰略方式。以色列認為打造與中國的邦交關係是鞏固這個年輕國家國際地位的有效方式。二十世紀五〇年代，以色列試圖盡可能地收獲任何潛在合作夥伴的支持，無論是蘇聯、印度、美國，還是中國。[22]當時，中國還不被外界深入瞭解，封閉甚至落後的國家，但對以色列外交部而言，中國能為以色列提供與其他亞洲國家積極聯絡的可能性，這促使以色列政府啟用創造性甚至開創性的方式打通與中國的交往管道。縱觀以色列外交史，與比起以色列政治家在絕大多數時間內傾向於奉行以歐洲為中心的外交策略相反，在這一階段的以色列外交工作中，多元化概念才佔據主導地位，強調將亞洲及其未來的重要性置於以色列外交格局的適當位置。

---

21 大衛・哈科恩和姚仲明之間的對話，來自中華人民共和國外交部檔案，1955年1月26日。

22 一九七五年，以色列之聲廣播電臺製作了一檔名為「聯繫中國」（The China Connection）的節目，出席此節目的嘉賓包括：兩位專家施羅默・阿維內里（Shlomo Avineri）教授（1976-1977年任外交部主任）和梅龍・麥吉尼（Meron Medzini）博士；以及當時影響謀畫、決策發展以中關係的當事人，例如阿巴・埃班（時任以色列駐美國大使）、大衛・哈科恩（時任以色列駐緬甸特使）、雅各・希莫尼（時任外交部亞洲事務司主任），其他以色列訪華代表團成員，例如梅厄・德沙利特（Meir De-Shalit）和優素福・札青（Yosef Zarchin）。

當時，已從以色列總工會（Histadrut）和議會辭職的大衛·哈科恩（David Hacohen）表示，有興趣擔任以色列首任駐緬甸特使。他就此解釋，任命他擔任此職將有助於以色列與那些尚未開始與其接觸的國家建立關係，其中多數是根本還未承認以色列的亞洲新獨立國家。哈科恩表示，儘管他可以選擇在羅馬或巴黎此類養尊處優之地從事外交工作，但他認為遙遠的緬甸是以色列打通與其他亞洲國家關係的潛在橋樑。與其他亞洲國家相比，緬甸略微開放且具備社會主義傾向。哈科恩的視角是以色列全新外交觀念的反映，即不僅要在實現預期經濟發展的現實背景下與西方合作，而且還要在基於以色列熟悉的意識形態框架下與東方國家發展夥伴關係。

就在一九五三年十二月以色列正式任命哈科恩為駐緬特使之前，摩西·夏理特與哈科恩本人曾先後訪問緬甸。緬甸接待方表示，他們就與耶路撒冷建立外交關係的問題懷有濃厚興趣，並對緬以雙邊關係進行了展望。哈科恩以獨特視角對此進行了詮釋：「他們想要一位真正的大使，而不僅僅是某位可以與他們共飲威士忌的人。」[23]哈科恩認為，通過發展與緬甸的關係，增強了他對與中國建立關係的意願與渴望。跟隨哈科恩的足跡，其他以色列外交部官員也到訪緬甸，包括總幹事沃爾特·伊坦（Walter Eitan）和亞洲司負責人丹尼爾·萊文（Daniel Levin），其中萊文在韓戰結束後打通了與中國的交往道路。萊文要求以色列駐多個歐洲國家（斯德哥爾摩、布拉格、華沙、布加勒斯特和索菲亞）的大使與中國駐相應國家大使進行接觸，以此試探中國對以色列持何立場。中國駐上述各國大使一致表示，中國政府已明確準備討論與以色列建立正式的外交關係，但他們卻將這個外交皮球踢回給了以色列。

---

23 "The China Connection," Hacohen.

早年的關係

　　一九五三年十二月三十一日，中國駐緬甸大使姚仲明向北京發送了一封標題為《以色列有意與我們建立商業關係》的電報，匯報了他與哈科恩的交談內容。在電報中，他表示哈科恩有意通過緬甸與中國建立直接或間接的商業聯繫。化學肥料是兩人討論的以色列最主要商品，但姚大使報告稱哈科恩也表示以色列願意供給其他產品。兩周後，中國以非常熱情的口吻予以正式回應。一言以蔽之，以中兩國都對發展雙邊貿易興趣濃厚。哈科恩提供了一份列有以色列出口產品的清單，包括新鮮與儲存的水果與蔬菜、紡織品、電子產品、醫藥用品與疫苗、化妝品、化肥與磷酸鹽、水泥、玻璃、農業技術，甚至還包括車輛。哈科恩曾在以色列總工會旗下的科爾（Koor）公司工作過，他對以色列的市場潛力以及產品瞭若指掌。此外，哈科恩還提議向中國派遣商業代表團。但是，中國方面僅對其倡議表示極高熱情，上級要求姚大使進一步探究此問題。[24]

　　據其他檔案，姚仲明指出儘管以色列是一個小國，但與其建立友好關係對兩國而言都很重要。他報告稱以色列即將與泰國和日本建交，同時以方希望接待中國代表。此外，他還陳述，由於美國的官方反華立場，美國已建議以色列政府不要派遣訪華商業代表團。據姚大使敘述，以色列總理堅稱這是以色列內政事務，華盛頓對此進行干預著實欠妥。至於商業議題而言，姚大使強調儘管以色列是小國，但擁有先進的工業和技藝精湛的工程師。哈科恩就此闡釋稱，以色列可以使工農業生產適應中國所需，願意簽署一項為期六年的貿易協定。姚仲明補充道，以色列可充當聯通西歐製造商與中國消費者之間的橋樑。[25]

24　中華人民共和國外交部檔案，1953年12月31日。

25　中華人民共和國外交部檔案，1955年1月26日。

　　哈科恩與姚仲明之間的私人關係繼續深化。兩人在以中兩國加強發展雙邊關係的進程中均發揮著核心作用，這在很大程度上得益於他們在各自國家的外交事務工作中佔據著重要地位。在匯報工作中，姚仲明始終描述以色列的積極方面，列舉以色列的各類優勢，指明中國能夠從其與以色列的關係中收獲利益。

　　一九五四年四月七日，姚仲明再次向中國發送一封電報，說明以色列有意派遣訪華商業代表團。這封電報的收件人名單冗長，包括中共高層領導，甚至毛主席本人。姚還報告稱，以色列代表曾拜訪過他，但他遵循官方指示而行事。在電報中，他寫道，哈科恩詢問為何中國還未就接待以色列代表團的議題而有所回覆。姚大使希望中方能儘快落實此事，最好趕在關於討論朝鮮半島未來局勢的日內瓦會議召開期間甚至之前。「這將是對美國的制勝一擊，」姚在試圖說服上級的電報中斷言，「眾所周知，以色列是親美國家。中國與以色列舉行協商會議將是在美國的棺材上釘上另一顆釘子。以方希望儘快得到答覆，並立即開始談判……以色列如此熱情的原因……它與阿拉伯國家集團的關係日益惡化。」[26]姚大使認為，以色列計畫通過商務代表團以打破它當時正遭遇的孤立狀態。最後，姚大使寫道，他將繼續遵循上級指示而見機行事。他計畫將回應以色列的事情推至日內瓦會議結束之後，屆時還要依據具體情況而定。

　　中國政府考慮同以色列建立外交關係的動機是什麼呢？姚仲明在向北京發送的電報中陳述到，與以色列的密切關係將是「美國棺材上的一顆釘子」，而且還談及以色列因被阿拉伯國家孤立而深感憂慮。由此可以認為，當時，中國人分析的時局狀況是，作為一個先進的社會主義政權，儘管以色列同美國維持著外交關係，但它卻可以為中國

---

26 中華人民共和國外交部檔案，1954年4月7日。

提供某些有利因素，而且它已經表達出同中國建立外交關係的興趣。儘管以色列為彈丸之地，卻因位於中東地區而具有特殊且重要的地緣政治意義。一九五〇年，北京顯然還沒有找到與阿拉伯國家建交的適當機遇：法魯克王朝的埃及、費薩爾國王治下的伊拉克、伊本・沙烏地國王領導下的沙烏地阿拉伯，還包括由雜湊姆・阿塔西和阿迪卜・施捨克裡等保守派領導的敘利亞，以及阿卜杜拉國王統治的約旦。當時，在北京看來，以色列是中東地區唯一散發著希望的國家。[27]

以色列外交部亞洲司主任雅各・希莫尼認為，以色列對中國而言很重要，中國希望得到以色列的承認以及建立以中互惠關係。他聲稱，當時，中華人民共和國有興趣盡可能多地與許多國家建立外交關係。事實上，以色列作為第一個非共產主義世界中承認共產中國的國家，這對中國而言大有裨益。儘管如此，中國顯然還在猶豫是否要突破某些界限，譬如是否向以色列派駐正式外交代表，因為許多國家避免做出類似舉措。[28]

經濟利益是促成中國加強發展與以色列關係的另一個動機。韓戰結束後，北京的領導層認為中國必須竭力拓展與世界各國之間的聯繫。美國針對中國施加的全面封鎖沉重地打擊了中國經濟，因此中國人試圖尋找規避甚至克服經濟封鎖的途徑。雖然中方主要將尋求解除封鎖的突破口聚焦在亞洲國家，但同時也留意其他目的地。新生的以色列國在諸多方面給中國決策層留下了深刻印象，例如技術創新能力；快速發展的經濟；一九五二年它與聯邦德國簽署的賠款協定；除此之外，最為重要的是以色列已是聯繫美國與西方國家的紐帶。中國認為同以色列接觸將有助於他們更容易地從美國和德國購買商品，甚

---

27 "The China Connection," Mezdini.

28 "The China Connection," Mezdini. Shimoni.

至還可以間接藉由穿越蘇聯的西伯利亞大鐵路購買。[29]

中國外交部解密檔案證實了此類意圖。涉及該議題的電報接收人列表清晰表明問題的重要程度，包括周恩來、劉少奇、鄧小平，甚至是毛澤東等黨和國家高層領導都出現在電報接收人名單上。

因此，中國與以色列在一九五四年建立外交關係似乎還是可行的。九月二十三日，時任中國總理周恩來在第一屆全國人民代表大會第一次會議上透露，北京與耶路撒冷之間正在接觸。周恩來的聲明出人意料，因為他事先並未通告以色列。[30]強硬的反共主義者、美國國務卿約翰‧福斯特‧杜勒斯強烈反對此種發展態勢，同時向以色列施壓要求其取消所有旨在加強發展與中國關係的外交舉措。這一壓力主要是在向北京發出明確信號，即以色列依附於美國。[31]一九五五年四月前後，以中兩國剛剛萌芽的關係隨即陷入冷卻期，隨後中國中止了就以色列議題提出相關的積極倡議。

在同北京進行協商談判的同時，耶路撒冷也同緬甸、蘇聯和印度三國進行加強雙邊關係的會談。以色列與這三個國家之間形成的外交聯繫有助於在未來促進以中關係的發展，儘管當時以中兩國還不具備建立正式關係的充分條件。

緬甸、蘇聯與印度幫助彼此初步接觸

一九四九年，以色列外交部亞洲司成立。至一九五二年，雅各‧

29　"The China Connection," Mezdini.

30　"The China Connection," Mezdini. Shimoni。

31　更多關於以色列在東西方兩大陣營之間的位置，參見：Uri Bialer, *Between East and West--Israel's Foreign Policy Orientation 1948-1956* (Cambridge: Cambridge University Press, 1990).

希莫尼一直擔任亞洲司主任,他見證並記錄了期間外交部工作略微向亞洲傾斜的趨勢,並指出以色列對此區域的興趣日益濃厚。[32]

韓戰結束之後,即一九五三年末,以色列在仰光開設外交代表處。如前所述,這為中國駐緬甸大使與其以色列同行大衛·哈科恩之間建立聯繫提供了便利。以色列代表認為他們被派駐仰光將有助於以色列同亞洲各國建立正常的外交關係,尤其將推動與中國的貿易往來。[33]哈科恩將推動建立與中國的商業與經濟聯繫視為其工作的重中之重,同時也重視向亞洲人民傳遞關於猶太文化、以阿衝突以及以色列在全球舞臺扮演何種角色的相關資訊。姚仲明在與哈科恩進行聯繫時謹遵北京給予避免引爆接觸點的指示,僅對以色列的提議進行回應即可。與此同時,上級要求姚仲明繼續試探以色列代表,但同時也要禮貌地試探他在仰光的埃及同行。[34]

當周恩來抵達仰光進行國事訪問時,他邀請哈科恩與其會面。在中方舉辦的外交招待會上,哈科恩是唯一的西方代表。招待會結束後,周恩來與他舉行了私人會談。據哈科恩所述,在這次會晤中,周恩來就處在發展中的兩國關係感到滿意,並邀請他以官方嘉賓的身份訪問中國。儘管周恩來沒有提及建立兩國正式關係的議題,但哈科恩察覺到北京之於發展以中關係流露出與日俱增的興趣。[35]在整個會談過程中,哈科恩就以色列與中國建立關係的議題表現出誠摯的熱情。儘管存在某些障礙,但他仍然堅信中國人抱有與以色列建立關係的真誠意願。他熱情的工作態度感動了他在以色列外交部、議會甚至以色

---

32 "The China Connection," Shimoni.

33 David Hacohen, *Burma Diary: Memoirs of a Diplomatic Mission, 1953-1955* (Tel Aviv: Am Oved, 1963).

34 中華人民共和國外交檔案,1953年12月8日,由姚仲明向其政府發送的電報。

35 "The China Connection," Hacohen.

列總工會的同事。[36]一九五五年一月下旬，以色列代表團訪問中國，哈科恩終於夢想成真。

隨後，哈科恩在緬甸的職位由雅各・希莫尼繼任，但希莫尼並未像哈科恩一樣對以中關係抱持熱情與樂觀的工作態度。希莫尼指出，作為職權範圍內理應負責的一部分工作，他不得不履行哈科恩用「熱情與個人魅力」為以中關係所做出的相關承諾，但這些並非都得到官方的支持。其中某些承諾影響深遠，但卻對未來兩國關係的發展帶有消極影響。[37]無論如何，緬甸充當了驅動以中關係發展的外交聯絡工作的主軸。

一九五三年十二月，姚仲明與中國外交部之間密集的往來電報表明，姚本人與哈科恩之間會談與討論的次數也相對較多。姚仲明一再向中國政府強調，哈科恩對兩國之間的貿易問題深感興趣，無論經由緬甸中轉，抑或是開展直接貿易，都可接受。[38]受商貿聯繫商討的鼓舞，政治性試探也卓有成效。哈科恩預計，以中兩國在外交領域的討論將基於商貿問題的協議。

在以色列與中國雙邊初步接觸的關係破裂之前，緬甸始終是兩國接觸的重要紐帶。一九五五年初，在以色列貿易代表團訪華期間，緬甸也是雙方外交溝通的一個重要樞紐。在中國看來，以中兩國之間的關係應分為兩個階段漸趨形成。第一階段已然成熟，即以色列派遣訪華代表團。第二階段尚未落實，這將是企圖簽署一系列外交協議和建立正式雙邊外交關係的試水溫階段。據中國政府的相關指示，計畫中的具體步驟應由兩國駐緬甸代表來推進。[39]

---

36 Shai, "Strange Bedfellows," p. 151.

37 "The China Connection," Shimoni.

38 參見：中華人民共和國外交部檔案，1953年12月8日。

39 中華人民共和國外交部檔案，1955年2月26日。

但是,甚至在以色列駐緬甸外交辦事處運行之前,以中兩國已經在莫斯科的駐蘇聯大使館開始進行初步接觸。一九五○年五月,中國外交部要求駐蘇聯大使王稼祥與其阿富汗和以色列同行進行商議,以查明他們各自國家是否有向北京派遣外交代表的計畫。王稼祥向上級請示,要求就如何回覆兩國外交官給出明確指示,以回應他們可能要詢問有關中國的問題。一九五一年九月,王稼祥匯報了他在莫斯科與以色列駐蘇聯大使會談的內容。王大使指出,由於財政狀況吃緊,以色列外交部決定不向中國派遣任何級別的外交代表,以中之間的外交事務將暫時交出兩國各自的駐蘇聯大使商討。[40]也許,以色列政府的考慮與當時正在進行中的韓戰有關,擔憂美國會反對耶路撒冷與北京的緊密關係。

緬甸是以色列加強發展與亞洲國家關係的絕佳平臺,但在緬甸之後,以色列外交部也開始在亞洲大陸尋求其他潛在的合作夥伴。中國未必是焦點,大衛‧哈科恩指出在他上任以色列駐緬甸特使之前收到的外交部工作令,沒有將中國標記為明確的外交目標。當時,以色列的外交目標為緬甸和印度。至於印度,以色列打算將所謂「我們在孟買可憐的領事館」轉為拓展與其他國家外交關係的重要媒介。哈科恩進一步表示,正是他與中國駐緬甸大使之間的接觸,將中國推向了以色列在亞洲尋求建交目標國家的清單之首位。

由於印度是以色列尋求與亞洲國家建立外交關係的首選目標,它充當了以色列與中國的關係發展走向的判斷參考物。一九六三年,本－古里安預言中國和印度將成為世界上最強大的國家,以色列應當優先考慮與它們建立聯繫。

就印度政府而言,它面臨的主要問題是需要避免疏遠穆斯林公

---

40 中華人民共和國外交部檔案,1950年5月31日、1951年9月10日。

民，甚至還需要安撫他們，這主要由於喀什米爾問題。當時，阿巴‧埃班正就以色列與印度建立外交關係與尼赫魯總理的姐姐維賈雅‧拉克希米‧潘迪特（Vijaya Lakshmi Pandit）女士舉行會談。　埃班透露，雖然她最初持樂觀態度，但她很快就不得不承認她在推動建交進程時要面臨的障礙——主要是穆斯林部長可以就此倡議投否決票。因此，潘迪特認為以色列必須滿足印度對其建國的承認，而不可能更進一步在印度開設大使館。

以色列商貿代表團來華

　　一九五五年一月，以色列派遣了一支訪華商業代表團，標誌著大衛‧哈科恩在緬甸的工作取得了部分成功。約在九個月之前，即一九五四年三月，中國外交部曾致電駐緬大使姚仲明，告知他中國在原則上同意接待來自以色列的代表團。然而，外交部還指出，必須考慮是否存在激怒埃及和其他阿拉伯國家的可能性，因為它們「反對美帝國主義勢力在中東組建防衛組織和軍事同盟」。因此，當時以色列派遣訪華代表團的時機並不理想。中國外交部提議推遲與以色列進行商業談判，並表示「當前雙方可進行貿易往來的商品種類與數量較少」。換言之，中國認為，儘管存在微弱的刺激性因素，但與以色列關係的升溫將可能會損害他們在中東地區的整體政治利益。中國外交部進一步指出，只有在一九五四年七月日內瓦會議結束後才對是否接待以色列訪華代表團做出最終決定。他們認為那時韓戰將會結束。在此期間，中國還計畫完成與埃及建交的議題。然而，中國外交部指示駐緬大使在與其以色列同行就赴華代表團的議題進行商討時，保持模棱兩可的態度，此外，它還要求姚大使避免塑造一個中國政府對以中關係完全不感興趣的印象。顯然，當時中國試圖在兩個彼此對立的關係——以色列與阿拉伯世界的埃及——當中維持平衡。

因此，在日內瓦會議結束後幾個月，周恩來總理提議中國政府招待一支以色列商貿代表團。然而，他也強調，中方與以色列代表團的商談內容只能聚焦商業議題。中方不與這支代表團探討外交關係的相關事宜，外交議題將推至「下一階段」。同時，周總理還指出中國與阿拉伯世界的聯繫，表明中國與以色列的外交關係可能會在其與阿拉伯國家之間建立關係時產生障礙。[41]

一九五四年十月至十一月，中國駐緬甸大使館與北京的外交部高層之間進行了頻繁的電報往來，包括姚大使和外交部相關官員在內的中國外交官都積極參與以色列和中國建立關係的議題。上級要求他們謹慎行事，進而促使哈科恩從以色列訪華商貿代表團的狂熱中平靜下來。此指令一方面目標是在維持雙方已建立的聯繫，但另一方面也是為避免使用諸如「邀請」和「客人」等相對客氣的詞語。而且，它再次重申，兩國之間的討論議題僅限於商貿領域。在哈科恩提出倡議時，他期望能與姚大使討論外交關係的相關問題。如果哈科恩提出此議題，中國外交部期望姚仲明可以向他傳達這樣一條資訊，即只有在以色列代表團抵達北京後才可以著手探討以中雙邊外交關係的相關議題。中國外交部還要求姚仲明盡可能地獲取以方代表團成員的相關資訊，例如其黨派歸屬，以及他們在訪華期間可能提出的議題。此外，北京高層還指示姚仲明要熟悉以色列的外交政策。

一九五四年十一月十七日，姚仲明收到一條中方要求他查明代表團成員身份的消息。此外，中國外交部還指示姚仲明要密切關注以色列外交部長摩西·夏理特計畫在議會進行的外交政策演講內容。十二月七日，北京發送給姚大使的電報中，重申了中國雙管齊下的外交策

---

41 中華人民共和國外交部檔案，1954年3月25日、1954年8月29日。

略，同時再次表明以色列實際上只有數量有限的商品可出口中國，並質疑以色列的訪問計畫是否具備合理性。儘管如此，這封電報的確同意以色列代表團的訪華之旅，甚至認可兩國在某些條件下進行的接觸。此外，它還提及以色列可以向中國出口優質的硫酸鹽。[42]

在以中兩國最終確定訪問成行之後，哈科恩迫不及待地開始預定日期。他寫道，摩西・夏理特希望中國代表團能夠訪問以色列進而實現兩國互訪：「由於商貿訪問團是在其他領域構建雙邊關係的奠基石，我們由衷希望中國不要與世隔絕，期望中國能夠與所有國家建立外交關係。」在以色列代表團訪華期間，代表團成員正式邀請中國商貿代表團訪問以色列，旨在簽署一項雙邊商業協議。[43]

姚仲明認為哈科恩極力推動訪問事宜的急切，是他對中方拖延為以色列代表團訪華選定日期的反應。顯然，哈科恩認為，中國有意放緩的態度與以色列在一九五四年第九屆聯合國大會投票反對中國恢復會員國資格之間具有密不可分的邏輯關係。據姚仲明所述，哈科恩懷疑中國有可能改變針對以色列及其訪華代表團的相關政策。據此相關的一系列事件，夏理特和哈科恩都強調中國被世界孤立的處境，意在鼓勵中國就以色列訪華事宜給予積極的回應。

至於中國代表團回訪以色列，中國外交部要求姚大使向以色列外交官傳達周總理的意願，他希望在以色列代表團完成訪華行程後，中方向以色列派遣中國訪問團。十二月，中國外交部向駐緬甸大使館發出指示，希望以色列代表團「就兩國間開展貿易的可能性與中方交換意見與想法，但雙方將不會討論具體的商業議題，也不會簽署貿易協定。」[44]十二月底，訪問行程確定。北京再次對代表團及其成員構

42　中華人民共和國外交部檔案，1954年10月-12月。

43　中華人民共和國外交部檔案，1954年12月8日。"The China Connection," Zarchin.

44　中華人民共和國外交部檔案，1954年12月8日、1954年12月24日、1954年12月31日。

成表現出極大興趣。中方官員在深入瞭解以色列代表團成員的情況之後著實感到驚訝，譬如有人會講多種語言，他們在訪華前就竭盡全力地瞭解中國，以及他們在外交和國際關係工作中積累了豐富的經驗。

中國方面建議代表團前往香港，並經由深圳進入中國。一九五五年一月二十六日，以色列代表團的六名成員終於踏上了中國土地，並抵達廣州。[45]

以色列方面熱情高漲。因擔憂美國會有過激反應，阿巴・埃班如同往常一樣告誡以色列代表團切忌向中國提議過多。但在此次訪華的二十年後，埃班在「聯繫中國」的電視節目中宣稱他支持此倡議，甚至還試圖賦予代表團某些政治使命。的確，在一九五五年一月初，即代表團訪華兩周之前，埃班向以色列外交部發送了一封電報，內容如下：「發展與中國的關係可能會加強以色列的國際地位，因此事不宜遲。我認為美國會認可此行為，甚至可能從中獲益。以色列有能力軟化美國的消極反應。儘管美國人反對，但我認為他們現在不會過於專注此事。我們必須效仿荷蘭人的嘗試。荷蘭人告訴我，與中國建立關係並未長期地損害荷美關係。由於這一先例，我對我國在發展同中國的關係時只聚焦商業關係而不涉及外交關係的做法深表遺憾。」[46]茲維・索芙特將埃班的聲明視為他已轉變立場的部分反映，他的「蛻變」始於一九五四年秋季。[47]

就中國方面而言，已經列出以色列代表團為期三周的訪華遊覽行程，以及為期一周的商貿洽談日程。中國外交部、外貿辦公室以及中央外事工作委員會都已將排程和相關指示下發至各地區與分支機構，這些指示涵蓋以色列代表團在各訪問城市的住宿安排以及他們往來各

---

45 參見：中華人民共和國外交部檔案，1955年1月26日。

46 "The China Connection," Eban.

47 採訪茲維・索芙特。

城市之間的交通問題。接待儀式要溫馨貼切，但切忌鋪張浪費。[48]

　　以色列代表團由廣州前往北京、天津、瀋陽和鞍山等地訪問。[49]
他們參觀了東北地區的重工業車間、鋼鐵廠、紡織廠以及若干農村。
儘管中國人還尚未習慣於接待外國訪問團，但他們卻表現得務實且
高效。

　　二月二十一日，代表團按照進入中國訪問的同一路線離境。以色
列代表團與由外貿部副部長雷任民領導的中方官員進行會談，會後簽
署了一份缺乏書面承諾的備忘錄，並發表了一些內容主要包含良好願
望的獨特性聲明。[50]

　　儘管訪華代表團未能就拓展以中關係取得突破，但此次訪問基本
上具有重要意義。此外，代表團的兩名成員與中國公司進行過洽談——
工業與貿易部的優素福・札青，以及以色列商貿與製造商協會代表摩
西・貝耶諾。他們察覺到要與中方達成最終協議，必須與位於北京的
準官方歐洲代理商（義大利或荷蘭）合作。這些代理商通常經由那些
與以色列有聯繫的本國私營企業開展業務。如此一來，中國能夠以間
接管道購買以色列商品。[51]

　　中國駐緬甸大使仍是中國發展與以色列關係的積極促進因素之
一。姚仲明指出，摩西・夏理特允許代表團成員大衛・哈科恩和丹尼
爾・萊文與中方討論商業領域之外的話題，直接與以中建立外交關係

---

48 中華人民共和國外交部檔案，1955年2月4日。

49 代表團成員包括：大衛・哈科恩及其妻子；丹尼爾・萊文（以色列外交部亞洲司主
　　任）、梅厄・德沙利特（外交部與總理辦公室高級官員）、摩西・貝耶諾（Moshe
　　Bejerano，駐莫斯科以色列經濟專員，以色列商貿與製造商協會代表）和優素福・札
　　青（Yosef Zarchin，工業與貿易部出口辦公部門主管）。

50 Moshe Yegar, *The Long Journey to Asia: A Chapter in Israel's Diplomatic History* (Haifa:
　　Haifa University Publishing, 2004), p. 245.

51 "The China Connection," Zarchin. 中華人民共和國外交部檔案，1955年2月26日。

有關。姚大使補充說，兩人希望與周恩來會面[52]，但卻始終未能如願。在以色列代表團結束訪華的幾天之後，北京向駐緬甸、印度和印尼的中國大使分別發送了一份機密電報。電報內容表明，以色列代表團訪華期間，以中雙方就建立外交與商業關係進行了一般性討論。

以中雙方的確就此議題展開過討論，以方代表是哈科恩和萊文，中方代表則是外交副部長章漢夫與外交部長助理陳家康。陳家康還與萊文進行單獨會談，萊文意在打探當前中國在發展與以色列的關係時處在何種境地，以及以色列是否可以期望兩國在有限的時間內互開使館。陳助理的回應較為含糊。他迴避了萊文的直接提問，僅重複貿易優先、外交其次的「兩個階段計畫」的口號，意味著中國政府將開始與以色列進行非正式接觸。換言之，中國只有在亞非萬隆會議結束之後才會就重大正式議題做出決定，屆時，中國才會討論派遣赴以色列進行回訪的代表團，進而探討建立正式外交關係以及其他重大事宜。[53]

中國外交部報導稱，以色列代表團成員對其訪華之旅頗為滿意。[54]然而，有一位成員略顯失落，即曾擔任代表團秘書的以色列外交部官員梅爾・德－沙利特。他對以中關係的未來有所憂慮。他希望有朝一日中國會明示自己的意圖，決定採納他曾與大衛・哈科恩議定的主張。的確，就訪華之旅是否成功而言，代表團成員的觀點略顯分歧：與德－沙利特的悲觀態度不同，大衛・哈科恩持樂觀態度。德－沙利特注意訪問期間發生的瑣事，他認為中方在與以色列建交的議題上缺乏適當的認真態度。例如，代表團成員有興趣與中國政府各部長進行會談，但他們卻未被授權，儘管大衛・哈科恩曾在緬甸接受過周恩來總理的邀請而與其會談。此外，德－沙利特還指出，代表團成員將翻

---

52 中華人民共和國外交部檔案，1955年1月26日。

53 中華人民共和國外交部檔案，1955年2月26日。

54 同前註。

譯為希伯來語的毛澤東著作視為禮物而攜至中國。他們本希望親自遞交給周總理，以便遵照公認的外交禮儀與其握手合影。但中國政府不允許如此，聲稱總理日理萬機，主張由其助手稍後轉交禮物。另據德－沙利特敘述，代表團在上海訪問期間，曾提出互設外交使節的話題，中國隨從官員根本沒有任何回應，而只是驚愕地凝視著以色列代表。[55]

歸根結底，自萬隆會議結束後，北京與耶路撒冷之間剛萌芽的關係卻逐漸冷卻，甚至走向低谷，因此德－沙利特的評估確實合理。這一次，是中方有所掣肘。

一個錯失的歷史機遇？

在印尼萬隆舉辦的亞非會議，目的是在推動亞非國家之間的經濟與文化合作。會議抵制以色列、韓國與臺灣當局，未邀請他們赴會。儘管與會各國擁護不結盟和互不干涉別國內政的原則，但許多參會國都發聲譴責以色列，堅持鼓舞並支持阿拉伯國家的立場。此外，會議期間，與會各國一致通過決議，要求以色列撤回聯合國在一九四七年分治決議時畫定的以巴邊界線。只有印度和緬甸要求補充該決議的文本，指出所有大會決議必須以和平方式執行。中國就此議題保持中立。在萬隆會議結束後的若干年，隨著亞非國家之間的關係趨於團結，中國加強了同阿拉伯國家、尤其是埃及之間的聯繫。因此，這在很大程度上迅速中止了中國與以色列之間關係的發展。

中國對以色列政策的真正轉捩點是什麼？確切地講，以中兩國之間建立全面外交關係的機遇之窗究竟在何時被關閉了？萬隆會議是主要原因嗎？

---

55 "The China Connection," De-Shalit.

如上文所述，有學者認為，早在一九五四年十二月，看似發展勢頭強勁的以中關係實質上已經出現了明顯的退潮趨勢。當時，萬隆會議籌備會議在印尼茂物舉辦。在此次會議上，緬甸代表團團長武努（U Nu）嘗試邀請以色列參會的意願落空。由於以埃及為代表的阿拉伯國家的立場佔據了支配性地位，以色列未被邀請。[56]然而，此次低谷過後，在一九五五年一至二月——茂物會議與萬隆會議間歇期，以色列貿易代表團赴中國訪問。儘管如此，一九五四年十一至十二月，以中兩國之間趨於冷淡的關係較為明顯，以色列訪華代表團絲毫不具備任何改善雙邊關係的能力。

萬隆會議結束之後約十八個月，即一九五六年第二次中東戰爭期間，以色列與兩個沒落的殖民主義列強英法兩國合力攻擊埃及，中國採取明確的反以立場，指責以色列充當帝國主義的工具。自此，以中關係進入長期冰凍期，有關內容將在下文探討。

再次拋出假設性的歷史問題：如果以色列在以中關係開始惡化之前即採取更大膽抑或是更具想像力的行動，是否會產生更好的結果？以色列對接受中國提出建立關係的倡議猶豫不決，以色列政府是否也應承擔歷史性失誤，這是引發多種反應的棘手議題。

在以中關係問題上，大衛·哈科恩一貫秉持樂觀態度，他批評以色列政府以及夏理特在一九五四至一九五五年領導的外交部採取的舉措表。據哈科恩所述，以色列發展與中國關係將釀成的不利後果被過於誇大了，畢竟諸如英國、荷蘭、挪威等國都位處類似立場，卻毫不猶豫地主動強化與中國的關係。當夏理特詢問他是否有意願繼續擔任駐緬甸大使時，哈科恩向上級施壓要求任命他為駐中國代表，儘管

---

56 Ze'ev Sufott, "Israel's China Policy, 1950-1992," in *The Foreign Ministry--The First 50 Years*, ed. Moshe Yegar et al. (Jerusalem: Keter, 2002), pp. 583-585.

他渴望回到以色列工作，但依然願意面對適應外國文化與難懂語言的挑戰。

　　哈科恩毫不留情地批評夏理特的同僚，即那些影響他對中國決策的內閣部長。他聲稱，臨到萬隆會議時，他曾成功說服夏理特相信他看待中國的立場是正確的，但最終夏理特令他大失所望。他把夏理特的拒絕歸咎於「兩位在馬帕伊黨內具有重要決策權的內閣部長」──平哈斯·拉馮（Pinchas Lavon）和札爾曼·阿蘭（Zalman Aran）。哈科恩認為以色列可以動用德國賠款以推進以中關係，但其建議未被採納。他還警告，拖延與北京的外交進程意味著之前在此領域的所有努力都將煙消雲散。[57]不幸的是，他竟一語成讖。

　　哈科恩攻訐的其他目標還包括時任以色列駐美國大使阿巴·埃班，辭去摩薩德局長職務而被任命為以色列駐美國大使館政治特使的魯文·希洛（Reuven Shiloah），以及本·古里安派駐華盛頓的代表泰迪·科勒克（Teddy Kolleck）。在當時分析整體局勢期間，這三位充當美國喉舌的外交官告誡，以中關係的發展將會招致一場不幸的災禍，他們擔憂以色列的不結盟政策將對以美關係造成前所未有的傷害。哈科恩指責以色列駐美大使助理盲目追隨「美國國務院的小職員」，譴責他們屈從於美國街頭巷尾與猶太社區內部充溢的冷戰氛圍。[58]最後，這三人堅持的論點在內閣激辯中獲勝，以色列從此摒棄了獨立自主的外交策略。

　　針對哈科恩認為以中關係錯失歷史機遇這一觀點，阿巴·埃班強調，若耶路撒冷在一九五四年與北京簽署雙邊協議將可能會是一個可怕的錯誤。華盛頓也許會將此視為敵對行為，可能有損美國對以色列

---

57 Yegar, pp. 249-251.

58 "The China Connection," Hacohen.

的經濟與道義支持。「在中國籌建以色列大使館之類不可靠的恣意妄為」是否有意義？就此事而言，本－古里安所持立場與埃班相近。

埃班還辯稱，儘管他批判了哈科恩勸諫的策略，但他認為在一九五五年華盛頓立場軟化之後，對以色列勇於追隨荷蘭和挪威的腳步與中國建交而言是一個歷史機遇。如前所述，埃班在事發二十餘年後強調了這一新策略，指出他甚至試圖說服內閣成員與外交部採取新立場。如果非要言明錯失了歷史機遇，那是在一九五五年，而非一九五四年。[59]

以色列首任駐華大使茲維・索芙特在其著作《中國日記》以及採訪中，均支持並捍衛埃班的立場與觀點。[60]在他看來，將以中關係開創時期的失敗歸咎於埃班有失公允。事實上，埃班支持以色列拓展與中國的關係，相信這將加強以色列的國際地位並認為沒有理由將以色列訪華商貿代表團的出訪任務僅限定於商業領域。[61]但顯然，索芙特的說辭不準確，因為代表團成員有機會與中方探討外交議題。索芙特只是講述代表團的官方授權，似乎沒有意識到政府也為他們開通了絕對保密性的行動綠燈。

以色列前總理果爾達・梅厄在自傳中寫道，以色列在以中建交方面竭盡全力，但中國未能就以色列的倡議予以回應，甚至對以色列與中國建交的願望有所忽略。[62]雅各・希莫尼也贊成埃班的策略。實際上，他指責摩西・夏理特及其保守立場。然而，他認為即便夏理特有所失誤，但也僅是歷史長河中的一小段過失，因為中國在一九五五年四月的態度已有明顯改變，因此任何有關以中關係的積極性發展嘗試

---

59 "The China Connection," Eban.

60 採訪茲維・索芙特，2013年12月10日。

61 Ze'ev Sufott, *A China Diary* (London: Frank Cass, 1997).

62 Yegar, pp. 253-254.

都被埋葬。[63]

　　回顧過往，哈科恩陣營與埃班陣營之間有關「錯失機遇」的爭論似乎被縮小為機遇視窗大小的分歧──換言之，這是一個關於挽救以中關係的機遇延續至何時的問題，但它從一開始就很脆弱。

　　自一九五五年起，中國對阿拉伯國家的認識日益深化，而阿拉伯國家正經歷重大政治變革。埃及已成為共和國，正積極尋求與第三世界國家的接觸以提高其國際地位；英國已拋棄中東，同時也開始謀畫爭奪蘇伊士運河的控制權。在共產中國革命政權建立以及以色列建國期間，中國與阿拉伯國家各自認同的政治意識形態在根本上千差萬別。在北京，共產中國很關切埃及的對華態度。埃及是中國構築與阿拉伯世界潛在關係體系的基石，也是不結盟集團的支柱之一。埃及已承認緬甸政權，並正在考慮向臺灣派遣經濟代表團。就中國而言，與從亞非世界獲取政治利益相比，冷卻與以色列的關係抑或是不與以色列發展關係似乎無關緊要。此外，中國人懷疑以色列究竟是否是向中國出口產品的合適供應商。

　　如前所述，一九五五年一至二月，中國對發展與以色列關係的熱情業已降溫。以色列訪華貿易代表團成員無法兌現摩西・夏理特授予他們的「普通支票」（open check）。畢竟，當時身兼總理與外交部長的夏理特已允許他們除了同中方洽談經濟與貿易事務之外，還可以探討外交與政治議題。

　　在代表團返回以色列後，丹尼爾・萊文努力維持他與中國外交部長助理陳家康的微妙關係，但無濟於事。他試圖促使其中國同行對猶太民族的歷史與文化產生興趣，但並未奏效。他還敦促中方在夏季結束前就以中關係的進展意願予以回應。然而，據中國外交部解密檔案，

---

63 "The China Connection," Shimoni.

儘管萊文在此事務上傾其全力，盛讚中國的角色，甚至強調只有北京才能決定以中關係的發展處於何種級別，但中國人最初的熱情已逐漸退卻，他們不再打算將有關以色列的倡議付諸實踐。陳家康是唯一仍然保持與耶路撒冷進行秘密會談的中方官員，但他也沒有真正的迴旋餘地。他只是依上級授權而重申，原則上中國將與以色列建立關係，但仍未選定日期。當以色列駐蘇聯大使優素福・阿維達爾（Yosef Avidar）以及他在緬甸和芬蘭的同事就以中建交一事進行調查時，未獲得任何回應。[64]一九五五年，阿維達爾甚至對中國進行過私人訪問，但毫無成效。事實上，據中國解密檔案，他的到訪著實令北京略顯尷尬，中國官方擔心以色列外交官的來訪可能與納賽爾的訪華日程重疊。[65]儘管阿維達爾會晤了中國外交部副部長章漢夫，但此次會議無果而終。

中國充分意識到以色列就建立以中關係充滿熱情，但中方內部卻強調，因為萬隆會議，必須「暫時凍結此事」。這主要由於中國與阿拉伯國家的外交進程，畢竟中方期待與他們建立聯繫。因此，中國政府在北京接待了由敘利亞、黎巴嫩和約旦等國代表組成的訪問團。

致力於發展以中關係問題的阿巴・埃班以及相關的以方代表認為，歸根結底，以中雙邊關係議題純屬空談。此論點認為，即便以中之間發展出適宜的關係，並且兩國互派代表，一旦六日戰爭爆發，北京會旋即召回駐以外交官，如同除羅馬尼亞以外所有社會主義陣營國家採取的措施一樣。但可能與此相反的是，中國會效仿羅馬尼亞齊奧塞斯庫政府的行動舉措，即不會自動遵從來自莫斯科的指示。事實上，自從與蘇聯決裂後，中國經常試圖在國際舞臺展現獨立自主的外

---

64 中華人民共和國外交部檔案，1955年7月17日、1955年8月11日、1955年9月2日。

65 中華人民共和國外交部檔案，1955年6月2日。

交風格。如果中國與以色列在一九五四至一九六七年保持著積極緊密的外交關係，同時在農業、技術與軍事等領域保持著業已存在的強力合作的話（一九九二年以後確實發生了），那麼以中之間由此而生的相互理解與尊重也許只會導致暫時的斷交（正如蘇聯那樣）。在此情況下，兩國之間已搭建的建交基礎將有助於未來的雙邊合作。也許，在努力證明自身獨立於意識形態之母蘇聯的掌控之外時，中國會採取類似羅馬尼亞的做法，從而擺脫來自莫斯科的任何壓力。按此方式，駐以色列的中國代表依然將處於工作狀態。

　　耶路撒冷的決策者難以承認自身錯失了機遇，抑或是不肯承認在嘗試與中國建立適當關係時，因犯下明顯錯誤而陷於困境。他們傾向於將外交進程的失敗歸咎於第三世界的聯盟，尤其是抵制以色列的亞非集團。的確，由於六日戰爭，以色列與非洲國家的關係也陷於低谷。本－古里安曾一語中的，認為以色列在國際舞臺上不存在天然盟友，[66]而且以色列也很難找到與其他國家的共同特徵。[67]

66　"The China Connection," Avineri.

67　Statements made on 5 July 1955, Archives of the Prime Minister's Office, 7/5565/C.

第二章
摩西與雅各
——在中國的兩位猶太人物

　　速覽近現代兩位猶太傳奇人物——摩西・科亨（Moshe Cohen）（亦稱「雙槍莫里斯」，Morris Two-Gun）和雅各・羅森菲爾德（Jacob Rosenfeld，中文名為羅生特）——的中國生活閱歷，可以此來探究以中關係的歷史淵源。這兩位傳奇人物既沒有深入參與那些在中國有組織的猶太社團生活，也不是塑造以中兩個古老且新興國家官方關係的組成部分。然而，兩人的中國故事絢麗非凡且獨具特色，即便未能被中國近現代正史所記錄，他們的故事也口耳相傳了數十年，甚至也有人撰文予以記載。有時，兩人的經歷與簡介可見諸於地方志當中，他們彷彿就像是地下劇場的候補演員或無聲演員。當以某種神秘抑或是象徵性方式描述科亨和羅生特時，人們會追憶與他們同名的聖經人物，也就是摩西和雅各。毋庸置疑，兩位赴華猶太先驅擁有與眾不同的才能，使他們至少有資格立足於中國歷史舞臺的邊緣地帶。

摩西・莫里斯・科亨（Moshe〔Morris〕Cohen）

　　摩西・（莫里斯）・亞伯拉罕・科亨於一八八七年出生在波蘭一個虔誠的大家庭。[1]莫里斯（又名莫伊舍，Moishe）年幼時舉家移居英

1　四十餘年以來，有關摩西・科亨傳記的研究主要基於一九五四年由查理斯・德拉吉（Charles Drage）與莫里斯・科亨合著的《雙槍科亨》（*Two-Gun Cohen*）。一九九七年，丹尼爾・S・萊維（Daniel S. Levy）出版了一本符合學術規範、觀點客觀中立

格蘭。在倫敦，他從惡如崩，很快蛻化為家族的害群之馬。儘管他受過很嚴苛的宗教家庭教育薰陶，但他從未乖巧地端坐於宗教學校內，反倒是偏愛遊蕩街頭，喜愛結交非猶太流氓，屢次參與街頭群毆，並且多次犯有扒竊偷盜等小規模罪行。最終，他被遣送至未成年犯罪看守所。束手無策之時，科亨父親將他送至加拿大西部，安排在家族朋友的農場中工作。即便如此，科亨依然屢教不改，最終被冠以耍賴贏錢、招搖撞騙、拈花惹草、持槍做歹等醜惡名聲。他在農場工作約一年後，開始在加拿大西部城鎮周邊遊蕩。他靠扒竊、賭博以及街頭拉客等各類雜亂卑微的工作謀生，屢次因為詐騙謀生而被監禁。據傳言，在薩斯克徹溫省（Saskatchewan），科亨曾赤手空拳地擺平了一場針對他正在進餐的中餐館的持槍搶劫案。當時，一位行俠仗義搭救中國人的歐洲人，實屬罕見的慷慨義舉。為報答解救之恩，感激之情溢於言表的中餐館老闆向朋友介紹了科亨，科亨由此與華人社區的若干活躍分子發展出特殊關係。數名中國人向這位年輕的猶太冒險家講述了有關同盟會的具體情況，甚至竭力將其吸納為會員。

最終，科亨涉足房地產業，使他的經濟狀況略有起色。科亨巧舌

的同名著作。萊維的著作基於多年的廣泛研究，引人入勝。如萊維所述，先前有關科亨的大部分著作在敘述方面都有違史實。在二十世紀二〇年代，當科亨已在中國政治界家喻戶曉並吸引各路記者的注意時，他能夠隨心所欲地塑造自己的人生故事，其中捏造的諸多內容皆達到令人信服的地步。但是，科亨的真實事蹟果真與其本人所描述的內容相一致嗎？他真的是中國歷史上的主導力量之一嗎？歷經多年的研究之後，萊維給予了否定性回答：「我不得不忽視德拉吉所撰述的所有內容，」他強調並斷言，「他的著作實則是歷史小說。」（第263-264頁）例如，科亨聲稱他曾在加拿大邂逅當時正在為革命運動籌款的孫中山，這無疑是子虛烏有，因為科亨當時正處於監禁狀態。此外，科亨還謊稱他曾在一戰時在歐洲戰場負傷，同時還虛報軍銜。有關科亨的著作，按出版順序，參見Charles Drage, *Two-Gun Cohen* (London: Jonathan Cape, 1954). Julian Portman and Jean Kipfer, *Shadow over China* (New York: Paperjacks, Redux Books, 1988). Daniel S. Levy, *Two-Gun Cohen: A Biography* (New York: St. Martin's Press, 1997).

如簧，不僅藉此達成多筆欺詐性交易，而且也使他在生意談判時游刃
有餘。二十二歲時，科亨已有能力在英格蘭城鎮的舒適社區為父母購
置新房產。

　　第一次世界大戰爆發前，科亨在加拿大華人社區內開辦經營著一
家房地產公司。隨後，加拿大的經濟形勢迅速惡化，就業機會幾乎都
沒了，許多人只能別無選擇地自願從軍，科亨工作的房地產公司也不
得已關閉。也許是由於科亨童年時期萌芽忠心熱愛英國的愛國主義
情感，他自願加入了英屬加拿大軍隊。但是，即便身為士兵，科亨也
並未摒棄他投機式的謀生手段。與其他士兵一樣，甚至如同那些由他
以中士身份指揮下的士兵類似，科亨也遭受到員警盤問，多次因言語
粗魯與非法酗酒而被拘捕。但在軍事法庭上，他卻總能想方設法地脫
罪。[2]一九一七年，科亨所在兵團併入加拿大鐵路部隊（Corps of
Canadian Railway Troops），隨後被派駐歐洲，最終加入到另一個兵
團。科亨利用部隊的休整間歇期間，前往英格蘭拜訪家人，並在當地
招妓嫖娼。當科亨返回部隊後，他察覺自己為了週末娛樂付出了極高
的代價──感染了淋病，導致無法回歸前線部隊。由此，他的中士軍
銜也被剝奪。不過科亨的軍銜最終又被他拿了回來，並且由於他與中
國人的友好關係，而被派前往擁有一百七十多名勞工的中國支援部隊
開展合作工作。科亨宣稱他是唯一懂得如何與中國人打交道的人。語
言障礙、歐洲人之於亞洲人的優越感以及文化差異時常致使外國人在
與中國人進行交往時出現不自在的情形──但科亨都能處之泰然。在
一戰行將結束之時，科亨擅離職守長達兩周，聲稱他之於軍隊的職責
僅限於戰爭期間。作為處罰，他再次被降級為列兵。[3]

2　Levy, pp. 86-94.

3　Levy, p. 104.

　　一戰結束後，科亨返回加拿大，定居埃德蒙頓。在與當地民眾交流時，科亨自稱下士，興高采烈地宣佈他將重新回到當地市長身邊。在科亨正式退伍後，同盟會邀請他擔任組織發言人，同時協助他們進行宣傳活動。最終，他擔任了同盟會的英文秘書。當時，加拿大報紙記錄了科亨強大的社區影響力，報導稱他甚至能影響當地華人社區的選舉投票意向。科亨擔任選票計票人，與當地候選人均達成協議。隨著他在中國人間的聲望日益深厚，他在埃德蒙頓的政治地位也日趨提升。他當選一戰退伍軍人協會成員，試圖利用其地位提升加拿大華人社區的權利。他還經常與中華民國高級官員接觸。當國民黨加拿大支部秘書長陳淑仁抵達埃德蒙頓訪問時，科亨是陪同他遊覽此地的隨行人員之一。

　　一九二二年，科亨開啟了一場新冒險。他乘船抵達中國與孫中山商談鐵路生意。他訪華的第一站是上海，這是一座歐洲人在中國的罪惡之城，也就是在由非中國管轄的外國租界內，歐洲人可以為所欲為。當時，上海的城市特質與科亨的個性與抱負極為契合。[4]在上海，通過為孫中山工作的美國記者喬治・索科爾斯基（George Sokolsky）的引薦，科亨實現了與孫先生的會晤。此次會晤算是成功的，儘管經科亨後來證實，在會談期間他始終盯著總理的夫人宋慶齡女士。之後，科亨得到了他心儀的職位──孫中山及其隨身侍從的貼身侍衛。他彆腳的粵語並非障礙，因為許多中國領導人都可以講流利的英語。

　　孫中山授予科亨副官一職，即侍從武官。不久，他被授予了兩個中文名字：郭漢（Kuo Han），發音類似其英文名；馬坤（Ma Kon），此名伴隨其餘生。孫中山與科亨性情相投，兩人最終醞釀出兄弟情誼：兩人在彼此家鄉都是異鄉人，也都是徹底改造了自己過去人生的傑出

4　Levy, p. 118.

人物。受孫中山救贖民族的夢想感召，科亨轉向了改造自身意識形態
的行動，進而避免做出上海許多外國同胞所表現的不誠實惡劣行為。

　　一九二二至一九二五年，科亨客居在孫宅中。一九二三年二月，
孫中山率代表團前往廣州，與共產黨代表會晤，以促成國共兩黨的革
命聯盟。科亨被分派到孫中山私人保鏢團的高層任職，幫助訓練孫中
山的其他侍衛。他通曉搏擊之道，要求其他侍衛在動用手槍之前，要
先懂得運用拳頭。一九二三年三月，當孫中山就任軍政府海陸軍大元
帥時，科亨緊挨著領袖站立。在一場戰鬥中，科亨從敵方的綁架企圖
中解救出孫中山。在這起知名事件中，科亨被機槍子彈擊中左臂，孫
中山親自為他包紮。這次事件後，科亨開始練習用左手射擊，謹防下
次右臂受傷。自此，他總是隨身攜帶兩支槍，左右手各持一槍，人們
因此都稱他為「雙槍科亨」。[5]

　　科亨收入不菲，但他經常將薪水揮霍浪費在賭博、女人以及其他
物質享樂等方面。他也時常講述一些誇大其辭的故事，此外，還自稱
自己是「將軍」。

　　一九二五年三月，科亨訪問加拿大，廣受讚譽。但同時，科亨收
到了孫中山患肝癌去世的消息，從此他在中國政壇上逐漸沒落。[6]當
時，中國南方局勢混亂，共產黨與國民黨轉為相互交惡。有些西方人
甚至認為科亨能成為中國的真正領袖。[7]與此同時，科亨通過軍火貿
易賺得盆滿缽盈。在此次商業冒險的歷程中，他擁有像是宋子文、孫
科、李濟深、陳濟棠等國民黨領導人的保護。然而，科亨並未獲取當
時國民黨實權領袖蔣介石的支持。此後，科亨被提拔為准將，後來晉
升為少將。[8]

5　Levy, p. 125.

6　Levy, p. 139.

7　Levy, p. 153.

8　Levy, p. 187.

一九三五年，科亨因父親生病而前往英格蘭探望家人。探訪期間，科亨父親去世。他盡其所能地幫助家人，在情感和經濟上支援他們。一九三七年抗日戰爭爆發後，科恩給予宋慶齡支持，為宋慶齡的慈善項目提供幫助，宋慶齡也回饋科恩的努力。此時，他在香港安家，在那裡幫助前往中國的猶太人，特別是目的地主要是上海的猶太難民。一九四一年，日軍佔據香港後，他仍留守於此。日本人將科亨關進赤柱拘留營，他備受審訊與拷打，但仍然感覺到自己的命運與中國血脈相連而且依然效忠於這個國家。據曾經同樣被關押於拘留營的同行者講述，科亨平易近人，多行善舉。一九四三年，戰俘交換協定罕見地在戰爭期間實現，科亨最終被釋放了。他回到加拿大，與一位猶太女子結了婚，但他繼續沉醉於漂泊不定、淫蕩糜爛的生活方式，最終於一九五六年離婚。

在晚年，科亨回顧往昔時光，杜撰了諸多有關他在中國生活期間的神話，他的名字也被虛構到與共產中國的建立有著某種關係的程度。作為猶太人，他支持猶太復國主義事業。有人聲稱當中華民國政府駐聯合國代表計畫投票反對以色列建國的聯合國分治決議時，科亨說服他們改變立場並在聯合國大會上投出棄權票，有助於達成聯合國批准分治決議所必需的多數票。二十世紀六〇年代末，科亨訪問以色列，根據各類見證者的看法，他對猶太復國主義事業取得的成就感到震驚。科亨出席了一場由伊札克・曼格（Itzik Manger）導演的意第緒話劇表演。但他的這次訪問對以中關係沒有任何影響。

在人生的最後歲月裡，科亨移居曼徹斯特郊區的謝菲爾德。他定期訪問中國。由於他的名字與國父孫中山先生之間的聯繫，他被允許在中國大陸和臺灣之間自由往來，這僅是一個為少數名流保留的特權，有傳言稱科亨甚至嘗試促成國共敵對陣營之間達成協議。他還曾為在中國運營的公司擔任顧問。一九六六年，也就是在文化大革命前夕，科亨以周恩來總理客人的身份最後一次到訪中國。一九七〇年九月七日，科亨去世，葬於曼徹斯特的布萊克利（Blakely）猶太公墓。他的墓碑上刻有英語、希伯來語和漢語墓誌銘。[9]

　　此前研究科亨生平的學者從未能全面解讀他的性格特徵，而歷史現實與幻想神話之間的差距可能永遠不會消失。項美麗（Emily Han）在她於一九八八年出版有關科亨的著作引言中描述了這種差距。項美麗談及在她撰寫《宋氏姐妹》（Soong Sisters）時與科亨相識。宋慶齡派科亨前去向項美麗表達其憤慨，因為書中將宋慶齡定性為「共產主義者」，對此她委婉地要求項美麗變更用詞。就科亨而言，項美麗在書中寫道：「我真的看過他配戴雙槍了嗎？並沒有喔。他平常甚至根本沒穿制服。但無論如何我們都還是叫他『雙槍』，以免他真的在寬大外套下藏著那對冷酷的槍。」[10]

雅各・羅森菲爾德（Jacob Rosenfeld）

　　雅各・羅森菲爾德（譯者注：以下皆稱羅生特）醫生是另一位值得在此細緻敘述的猶太人，因為他比摩西・科亨在共產中國歷史上留下的印記更為鮮明。羅生特生於一九〇三年一月十一日。他享年不到五十歲，葬於臺拉維夫掃羅區（Kiryat Shaul）墓地。表面上看，羅生特是一位著實普通的猶太人，但他墓穴的大理石墓碑下，隱藏著具有非凡傳奇色彩的故事，卻很少有猶太史學者洞悉這當中的奧秘。對以

9　Joe King, "Two-Gun Cohen," *The Museum of the Jewish Soldier in World War II*, http://www.jwmww2.org/vf/ib_items/1480/Two%20Gun%20Cohen.pdf. Uri Katzir, "The Chinese General Moshe Cohen," Aplaton blog by Uri Katzir, 1 May 2012, http://www. aplaton.co.il/story_103. 檢索日期：2014年10月。

10　Portman and Kipfer, pp. 1-2.

色列讀者而言，羅生特的傳記比摩西・科亨以及將要在下文提及的掃羅・艾森貝格（Shaul Eisenberg）的更具異國情懷且更為與眾不同。

羅生特生於當時尚屬奧匈帝國領土的倫貝格（Lemberg，今烏克蘭的利維夫）。一九二八年，二十五歲的羅生特在維也納大學完成醫學專業的學習，當時他專攻泌尿外科與婦科。羅生特支持社會主義理想，加入了奧地利的社會民主黨。[11]他為此付出了沉重代價，後來因涉嫌參與「顛覆」活動而被捕。一九三八年，當納粹德國入侵奧地利，也就是德奧合併後不久，羅生特被蓋世太保逮捕並送至達赫奧（Dachau）與布痕瓦爾德（Buchenwald）死亡集中營。歷史學家並不知曉他是否在被捕前就已經熟讀馬克思主義經典著作，但毋庸置疑的是，當他在集中營期間與被共同關押的馬克思主義者交往時，的確接觸過馬克思主義著作。[12]後來中國人會強調羅生特傳奇故事中的反法西斯主義方面。羅生特的同胞獄友記錄了他勇敢且自願為他們提供急需的醫療救助，即便在羅生特自己面臨生死攸關之時依然如此。這些史實也收錄在多年後編纂記錄有關羅生特的其他文獻中。[13]

羅生特被拘押在集中營約一年後，納粹當局做出令人驚喜的決定，認為他罪行輕微，予以有條件釋放，蓋世太保限定他於十四天內離開奧地利。據未公開的報告，羅生特是在獲得中華民國駐維也納總領事何鳳山博士的幫助下才得以逃離。何鳳山常被稱為「中國辛德勒」，他幫助過許多他親眼所見、正在遭納粹迫害的維也納猶太人。據何鳳山女兒陳述，一九三八至一九四〇年，他向猶太人發放了數百張、甚至是上千張移民上海的簽證（後來稱為「生命簽證」），拯救了

---

11 Gerd Kaminski, *General Luo Genannt Langnase*(Wien: Löcker Verlag, 1993), p. 28.
　　Kaminski 亦著有*Ich kannte sie alle*, (Vienna, 2002)，其中包含羅生特的戰時日記。
12 Kaminski, p. 48.
13 同前註。

許多生命。由於在那個人性冷酷的年代中極為罕見的人道主義行為，
以色列國於數十年後授予何鳳山「國際義人」（Righteous Among the
Nations）的榮譽。[14]

　　一九三九年六月，羅生特離開維也納，遠渡重洋後抵達上海，在
上海國際公共租界區開設了一家私人診所。儘管羅生特可以通過行醫
賺取不菲收入，但他卻做出了意料之外的人生抉擇──加入了正致力
於在中國創造深刻社會經濟變革，並打倒日本帝國主義的共產革命團
隊。在上海期間，羅生特終日目睹戰爭慘烈與民生淒慘的悲慘景象，
這也許是驅使他選擇為共產主義奮鬥終身的原因。據熟悉羅生特且旅
居上海的奧地利猶太畫家弗里德里希・席夫（Friedrich Schiff）所
言，羅生特無法容忍在他所處的社會中親眼目睹的巨大社會鴻溝。外
國人在配備有現代化的集中供暖、空調和游泳池的豪宅中尋歡作樂，
而中國家庭卻無法解決基本的溫飽問題，貧窮的「苦力」更是在夏季
濕熱、冬季嚴寒的城市街道上流浪。在目睹致命的饑餓、貧窮與潦倒
的慘澹景象後，羅生特發自內心地感覺到，他無法再保持沉默。他認
為有必要邁出勇敢的一步，發表坦率且堅毅的政治聲明。他決意幫助
身處淒慘與壓迫境地的勞苦大眾。

　　一九四〇年初，在熙攘的上海，羅生特與一位化名為漢斯・希
伯（Heinz Shippe）的德國共產黨人（真名為葛列格里・格拉茲布
（Gregory Grzyb））邂逅。自二十世紀二〇年代起，希伯一直與中國
共產黨保持著密切聯繫。在希伯上海的家中，羅生特結識了新四軍

---

14 "Dr. Feng Shan Ho & Jewish Refugees–From Viennato Shanghai," 上海猶太難民博物館
　　網站（檢索日期：2011年8月26日）：http://www.shanghaijews.org.cn/english/article/?
　　aid=64. 在2018年4月6日給筆者的信中，Kaminski argues that "just a few visas [Ho
　　issued] could be traced. He adds that after all 'visas were not necessary for going to Shan-
　　ghai'…and that a few refugees used Ho's visas to flee to other places than Shanghai."

「衛生處長」沈其震（1906-1993）博士。沈其震能講德語，兩人結下深厚友誼。羅生特與沈其震就意識形態問題、人性本質的哲思、中國革命，以及卡爾·奧古斯特·魏特夫（Karl August Wittfogel, 1896-1988，漢名魏復古）的理論進行深入交談。[15]魏特夫不僅是一位大名鼎鼎的學者，也是德國共產黨人。他在其著作《東方專制主義》中概述了諸如中國和印度等大帝國歷史發展的起源理論。他敘述了這些社會的農業生產方式，並分析了其獨特性。魏特夫總結，這些社會的性質由他們對勞動密集型的水利工程和官僚管理結構的需求所決定。他認為，這些國家因為龐雜的水利基礎建設形成了「水利文化」。魏特夫將這一論點擴展為引人入勝的結論。除了探討魏特夫的理論之外，羅生特還與沈其震就醫學問題進行了長久交談，而且沈先生也許訪問過羅生特的診所。

當時，羅生特的弟弟約施（Joschi）也居住在上海。兄弟二人曾嘗試開展中國絲綢的國際貿易，但最終創業失敗。羅生特日漸著迷於激進派浪漫主義的意識形態。伴隨日本全面侵華戰爭的推進，以及日軍對上海及其周邊地區實施殘暴行徑的日漸升級，羅生特的政治觀點也愈發激進。一方面，蔣介石未能及時地補救災難局勢；另一方面，蔣介石又嚴厲鎮壓被許多中國人認為是抗日愛國分子的共產黨人，致使蔣介石民族領袖的光環有所黯淡。羅生特憤怒地反對蔣介石領導的國民黨，而局面已定：羅生特意識到他別無選擇，只能在日常生活中與沈其震博士共同探討思想活動與醫學研究，進而將自身置於共產主義事業的奮鬥中。最終，這位奧地利裔猶太醫生出走上海。一九四一年三月，他加入共產黨，與侵華日軍作戰，擔任戰鬥團的軍事醫生。

羅生特抵達長江北岸的江蘇省鹽城，這座城市使他想起奧地利的

---

15 Kaminski, p. 49.

「鹽城」薩爾茨堡。新四軍在鹽城的一座古寺中設立臨時總部。羅生特在此與劉少奇和陳毅相識，就此而言，他已成為中國共產主義運動的骨幹分子之一。羅生特耗費大量時間處理傷患，他夜以繼日且無私奉獻的工作狀態給人留下深刻印象。他同樣為普通市民、淳樸村民以及勞苦大眾提供醫療服務。作為婦科醫生，他關懷照料中國婦女，尤其是在嚴峻戰時環境中，要求終止妊娠意外懷孕的女性。當有農民向羅生特詢問為何其妻子沒有足夠的生育能力時，他迅速引用一句古老的中國歇後語以闡明道理：「老頭兒扛布袋，進門兒就倒。」[16]羅生特在缺乏良好醫療條件的情況下進行手術工作，甚或有時在新四軍與日軍進行殊死搏鬥的野外戰場上救死扶傷。

　　一九四一年七月二十二日，鹽城淪陷。日軍利用強降雨後暴漲的河水，出動小型機動艇進行攻擊。羅生特及其醫療隊共同撤退至昆明，之後隨部隊在鄉間開展游擊戰。持續的游擊致使醫療隊疲憊不堪。羅生特分得一匹歸自己使用的坐騎，但在崎嶇的鄉間小路騎馬異常困難，因而他通常步行並用馬來運送醫療隊的設備。

　　最終，羅生特被調派八路軍駐滬辦事處工作；抗日戰爭結束後，他被派往東北人民解放軍工作，擔任革命臨時軍事政府衛生部長助理一職。羅生特服役期間，他周轉華北與東北各地。在東北野戰軍工作期間，他成為萬毅將軍部下的醫療指揮官兼衛生部長。[17]萬毅將軍對羅生特的奉獻精神印象深刻，鼎力贊成他在服役期間晉升軍銜。最終，這位猶太醫生是中國革命軍隊中所獲正規軍最高軍銜的外國人。

　　歷經近十年的戰鬥，羅生特被授予與上將地位相仿的軍銜，成為中國共產主義革命事業的英雄之一，與傳奇的加拿大醫生諾曼・白求恩齊名。一九四五年，日本帝國崩潰，但中國共產黨領導的革命鬥爭

---

16 老頭扛布袋，進門兒就倒 lǎotóukángbùdài, jìnmén er jiùdào
17 Kaminski, p. 141.

並未結束——中國爆發了殘酷的內戰。共產黨軍隊與蔣介石及國民黨
領導下的國民政府軍決裂，開始發動接管全國主要城鎮並建立共產中
國的最後進攻。

　　羅生特認為自己是一位真正的中國人。中國已成為他的新祖國，
相反他對屈於納粹德國、並迫害他本人及其同胞的祖國奧地利心生失
望。羅生特致力於反抗日本侵略，與蔣介石領導下的國民黨政府統
治。抗日戰爭期間，羅生特申請加入中國共產黨，因為他真心誠意讚
賞共產黨的獨特價值觀與宗旨，同時也將其尊奉為自身的價值觀與人
生觀。他尖銳地批判蘇聯實踐的列寧主義。在他看來，中國革命軍隊
堪稱人道待遇操守中的楷模，即便面對日本戰俘亦是如此，而且中國
軍人尊奉純粹的民主價值觀而行事。

　　鮮有記載羅生特在中國軍隊服役期間的獨特經歷，及其與眾不同
的生活。唯一能夠揭示羅生特中國故事的學術研究是出自格爾德・卡
明斯基（Gerd Kaminski）的著作，[18]記錄了羅生特在中國留下、前所
未有、無私奉獻的英雄事蹟，他為那個自己並不通曉其語言的民族奉
獻，儘管危及自身也在所不惜。羅生特在極端惡劣的條件下為軍人與
民眾行醫，這些條件甚至相對於其他戰地情況也是難以忍受的。受益
於羅生特專業醫療服務的中國共產黨人用愛與溫情來回饋他，在極端
缺乏食物的艱難時期，他們將麵包屑、小片雞肉以及罕見的少量珍饈
贈予他。但在這片充滿愛的海洋中，羅生特卻倍感孤獨。他身邊只有
一兩人會講德語，他的漢語僅維持在基本水準，而且他會講的那些少
量漢語還是耗時多年與歷經艱難才掌握的。他時常需要克服想與家人
團聚的強烈嚮往，他尤其思念自己的姐妹斯蒂芬妮（Stefanie），希望
她能夠赴華協助他。有一次，心存感激的中國人試圖為羅生特安排一

---

18 Kaminski, p. 141.

門合適的親事。在中國人看來，一位「好」妻子意味著她要為丈夫生育一個兒子，他們將此視為人類的理想成就。但羅生特拒絕媒人的建議，堅稱他沒有養家餬口的足夠財富。除此之外，如果他在中國女性中有擇偶目標，他堅信更喜歡帶有天花疤痕的不幸女子，而不是那些貌美迷人的女子。

　　羅生特與最終擔任中華人民共和國主席的新四軍政委劉少奇關係密切，抗日戰爭結束後至他離開中國前的這段時期，羅生特協助新四軍在其管轄區域內建設大型醫院，並在共產中國開展推廣現代醫學的工作。

　　一九四九年十月，羅生特前往歐洲，於十一月抵達維也納。他計畫在奧地利探尋家人，短暫停留後返回中國。他希望在醫療崗位上任職，因為在軍隊服役期間他已經在此崗位上展現出應有的職業素養。他還在內心盤算著未來能夠在北京就任某個倍受尊敬的奧地利駐中國外交代表的職位。

　　在維也納，羅生特得知母親在前往特雷津集中營（Theresienstadt）的途中病逝。但他高興地發現手足傑羅姆（Jerome）和斯蒂芬妮還倖存於世。然而，羅生特卻已嚴重抑鬱，健康狀況開始衰退至危險程度。他發現自己也患有嚴重的心臟疾病，只好專注於照顧自己。他試圖撰寫一本回憶錄，但無法找到一家願意為出版本書所需承擔財務風險的出版商。在戰後歐洲的瘋狂時代，人們對中國的興趣很低。及至韓戰爆發後，中國與大多數聯合國會員國對抗，歐洲逐漸喪失了對中國歷史與文化的同理。此外，羅生特還遇到更感受到挫折的事情，因為當時已經出版過兩本奧地利醫生在中國服務的相關著作，所以在出版社看來，沒有必要再就相同主題出版第三本著作。

　　羅生特認為返回中國是他治癒疾病的唯一希望——但他的夢想從未實現。時任中國駐東德大使，即此前羅生特在新四軍服役時期的同事，沒有轉寄羅生特請求再次加入中國軍隊的信件，也許是因為他不想承擔這個責任。儘管這位猶太醫生為中國革命事業的成功提供了外國人力能所及、前所未有的幫助，但據推測，某部分的中國人並不歡迎外國人，尤其是那些有興趣成為共產中國公民並在此定居的外國人。即便那時其實和現在一樣，中華民族的多元一體性是中國的立國之本。儘管羅生特的健康狀況欠佳，但他還是持續為獲取進入並定居中國的入境許可證而努力。他無數次地被中國駐東德大使館拒簽。他甚至表示願意再次參軍，這次是以戰地醫生的身份協助在韓戰中參戰的中國志願軍，以抗擊當時代表聯合國的西方帝國主義軍隊。

羅生特被這個他十多年來稱之為家鄉的國家的代表所背棄。甚至包括沈其震博士在內的中國朋友，也都無法協助他。他們也許擔心對抗當局，其中包括無疑參與拒絕羅生特入境申請的特勤局。

由於無家可歸以及與其祖國奧地利的疏遠（即便奧地利屬於共產主義陣營，卻也置於蘇聯影響下，這對羅生特而言是不可接受的），這位猶太醫生孤苦伶仃、無親無故、心如死灰。他申請前往美國的庇護請求也未得到答覆。在二戰後的美國，誰會歡迎一位熱衷於支持共產中國政權且向共產主義事業伸出援助之手的入境者呢？當時，美國的麥卡錫主義者正忙於指控那些疑似同情「赤色分子」的本國公民，那麼毫無疑問地，歐洲的共產主義者在美國更沒有任何容身之地。

留給羅生特的預設選項是以色列，一九五一年七月下旬，他抵達臺拉維夫，受到弟弟約施（Joschi）和弟媳的歡迎。當時，他的另一位兄弟諾伯特（Norbert）正前往加拿大。起初，羅生特在以色列的生活看似充滿希望，他在各地尋找醫療服務或小鎮醫生的工作。最終，他在臺拉維夫的阿蘇塔（Assuta）醫院得到一份工作。求職期間，他繼續試圖獲得前往美國的入境許可與簽證，認為可能會在那裡找到治癒疾病的良方──但無濟於事。一九五一年，他前往瑞士，試圖再次向中國求助。他聯繫了中國駐伯恩領事館，但再次時運不濟。他接受了一系列的心臟檢查，醫生果斷判定──他急需心臟手術，但極其危險。此時，羅生特仍未獲取中國方面的答覆。此後，從瑞士出發，他先後輾轉博洛尼亞、佛羅倫斯和蘇黎世等地，最終返回以色列。這一次，以色列是羅生特人生之路的終點站。一九五二年三月，羅生特心臟病發作並昏迷，入住工作過的阿蘇塔醫院。四月二十二日，羅生特去世，葬於掃羅區墓地。

時至今日，中國人敬仰這位「羅大鼻子」將軍，這是他在軍隊服役期間的稱呼。但在文化大革命期間，當他的老友劉少奇和陳毅相繼失去令人敬仰的地位後，他也被遺忘。但在自由的改革開放經濟政策出臺後，中國人開始緬懷他並將視其為民族英雄。中國人通過以羅生特的名字為醫院命名的方式表達他們的敬意，一九九二年，山東省莒南縣醫院門前豎立起一座羅生特雕像。此外，中國人對羅生特的紀念還以革命歌曲的方式表現，以及在緊鄰毛主席紀念堂的國家博物館中舉辦相關展覽。

二〇〇三年，正值羅生特逝世一百周年之際，奧地利──中國友好協會、中國友誼促進會、山東省友誼促進會在天安門廣場的中國國家博物館聯合舉辦了一場紀念羅生特的特別展覽。展覽品包括講述其在中國生活故事的日記。為紀念這位革命朋友，北京郵局特別發行了三枚系列郵票。稍早，一九九九年間，臺拉維夫大學的猶太大流散博物館（Beit Hatfutsot）舉辦了一場紀念羅生特的展覽。此次展覽由格爾德·卡明斯基博士以及中國和奧地利駐以色列大使牽頭創辦。二〇〇六年十月，維也納猶太博物館舉辦了一場羅生特生活展覽。二〇〇八年，華盛頓特區舉辦了另一場展覽，羅生特侄女安·瑪格麗特·羅森菲爾德－弗里亞（Ann Margaret Rosenfeld-Frija）出席開幕式。

在中國駐以色列大使館啟動運營之後，到訪臺拉維夫的中國遊客也前往羅生特墓前瞻仰。據以色列──中國友好協會秘書長杜夫·米爾金（Dov Mirkin）講述，以色列人不知道羅生特葬於距他們近在咫尺的臺拉維夫。這件事在前中國駐美國大使韓敘訪問以色列期間，提出拜謁羅生特的墓地時才使眾人皆知。羅生特的墳墓早已疏於照料，但奧地利──中國友好協會和以色列原居中國猶太人協會應韓敘的到訪，予以清理，並確保它將獲得與中國代表團成員所稱「中華民族英雄」身分相襯的管理。[19]最後，滿懷崇敬之情的遊客向這位死後無嗣的特殊偉人致敬，直至今日他們依然銘記他的貢獻。諷刺的是，奧地利政府宣稱羅生特象徵著中國與奧地利之間真正的友誼關係。他的兄弟阿道夫（Adolph）曾聲稱羅生特時常告訴他，他永遠不會考慮在奧地利行醫，因為他擔心可能不得不為有些手上沾滿猶太人鮮血的病人治療。[20]由於過去納粹統治以及戰後的歷史特殊性，逃離奧地利的羅生特堅決否認他與祖國奧地利之間的任何聯繫；但在他去世後，曾拒絕返回奧地利居住的羅生特卻成了奧地利與中國友好關係的象徵。

---

19 Shira Immerglick, "The Chinese People's Hero Buried in Tel Aviv," *Ma'ariv* 18 January 1995.

20 Kaminski, p. 180.

第三章
私下接觸（1948-1956）

　　多年以來，儘管以中兩國之間正式關係的鐘擺由一個極端搖擺至另一個極端，但與此同時，以中兩國邦交關係發展的幕後也上演著一場類似的情境。以色列各類政治組織與在野黨主要通過訪問中國的方式，想在鞏固中國與以色列兩國社會的緊密關係中一試身手。這些以色列訪華代表主要來自左翼社會主義政黨和以色列共產黨，他們時常對中國表露出幾乎是盲目的高度熱情通常主要基於欽佩革命的成功，以及讚頌共產中國取得的成就。但有些人也保留著異常清醒的認識，能分辨出某些散佈於中國各地令人失望的現象。毋庸置疑，這些以色列訪華代表的記錄與回憶錄，為學者進行歷史敘述性研究打開了一扇額外且寶貴的窗口。

　　這種對中華人民共和國的讚賞，甚至是欽佩之情，不僅僅只限於以色列共產主義運動，也是二十世紀五○年代以色列基布茲成員普遍具備的特徵。亞德・塔本金（Yad Tabenkin）檔案館的文件清晰顯示以色列國民與中國人之間維持著非正式友好關係，以及以色列人對中國事務具有的濃厚興趣。這些文件可使我們躍出正式的官方外交維度來審視以中關係，它們呈現出當時以色列各類群體在心靈、思想與想像中都對中國致以崇高敬意的史實。

　　本書第一章聚焦自一九四八年以色列建國至一九五六年蘇伊士運河危機期間，以中兩國關係在正式的官方層面上的發展與變遷。本章則著重探討不同情境下以色列民間組織與中國社會之間的關係演變。

在這一層面上，中國採取「民間」策略，其獨特性在於，它有時能用以抵消許多國家針對以色列進行聯合抵制的消極影響。

以色列左翼政黨成員訪問中國

二十世紀五〇年代，以色列政治版圖的左翼成員赴中國參加了若干會議。這些以色列代表對共產中國表露出樂觀甚至是欽佩的態度。然而，他們也對中國政府承認並與阿拉伯國家進行交往，同時忽略以色列的外交抉擇表達了失望。以色列左翼政黨究竟在以色列對華政策方面發揮了何種作用？以中兩國共產黨關係的本質是什麼？他們是否影響了一九九二年以中正式外交關係的建立？

早在一九四九年，以色列共產黨（ICP，希伯來語首字母縮略詞為「Maki」）就高度稱讚中國共產黨的崛起，正如在由毛澤東主席宣告中華人民共和國成立的宣言時所展現。直到一九六〇年，以色列共產黨與中國共產黨之間都維持著緊密聯繫。後來，意識形態的分歧迫使兩黨之間的關係走向決裂，由於以色列共產黨堅定支持「正統形式」的俄國共產主義，他們自然拒絕認可中國共產黨所奉行的獨特且自主的黨綱理念。

一九四九年十月，以色列共產黨邀請中國共產黨派代表團赴以色列參加第十一屆以共代表大會，即以色列建國以來的第一屆代表大會。毛主席就此屆大會向以共表達了祝賀，且遺憾地聲稱此時派遣中共代表團赴會還為時尚早。儘管中國代表未能參加此次以色列共產黨代表大會，但會議氣氛充溢著中國共產黨取得革命成功的勝利精神。在大會發言中，長期（1948-1973）擔任以色列國會議員的以共代表什穆埃爾·米庫尼斯（Shmuel Mikunis）稱讚中國革命是在東亞取得的一場針對帝國主義陰謀的勝利。另一位以共代表梅厄·維爾納（Meir

Vilner）則強調中國革命與蘇維埃革命之間的深刻聯繫，聲稱中國在史達林的指導下達到了蘇聯標準。他還引用毛澤東本人的話語進行闡述，若沒有蘇聯的支持，共產主義革命永遠無法在中國實現勝利。[1]

對以色列共產黨而言，中國是一個值得效仿的榜樣。他們對中國革命寄予厚望，認為中國是引領亞洲其他國家開展革命的先驅。他們認為中國共產黨已經開闢了一條嶄新的發展道路，不僅適用於未開發國家，而且也適用於以色列這類發達國家。以色列人將中國少數民族與占主體地位的漢民族之間的和睦共處，視為族群間和平解決衝突的一個範例，以色列人希望他們也能夠踐行這種模式。中國開創的其他施政，例如農業與教育改革，也被視為年輕的以色列國在發展轉型時期應效仿的藍本。由於建國後數次湧入的移民潮，以色列面臨著嚴峻的社會挑戰，各種經濟與社會問題迫在眉睫。因此，無需訝異於以色列共產黨報刊《人民之聲》（*Kol Ha'Am*）會如此詳細報導各種中國事務，諸如中國的掃盲計畫、全民所有制的轉變，以及頒佈進步性的一九五四年憲法等內容。《人民之聲》每期發行五萬份。[2]這些都是鼓舞人心的報導，視角單純且不加批判，針對發生在那個遙遠國度的事務進行近乎理想化的報導。除蘇聯以外，中國政府及中國共產黨未能在其他共產主義政權，得到類似以色列共產黨發言人及其刊物那般，會對中國事務進行充滿溢美之詞的詳細報導。

一九五〇年一月，以色列共產黨代表對中國進行首次訪問，當時路得・盧比茨（Ruth Lubitz）在北京參加亞洲婦女代表會議。她在北京會晤了中共中央委員並與他們進行了非正式會談。她順理成章地闡述了以色列共產黨在以阿衝突問題上的立場，並對中國以及以色列的

1　Shai, "Israeli Communist Party and PRC," p. 87.

2　同前註。

社會與經濟形勢等問題發表了看法。一月十五日，盧比茨在全體會議上宣稱西方帝國主義是以阿持續衝突的根源。她還補充道，按照公認的社會主義推進路線，當社會主義在以色列的地位得到加強時，以色列與中國的關係將會相應地提升至新高度。

盧比茨在其著作中將這次訪華描述為一次歷史性訪問。事實上，這是第一個訪問中國的以色列代表團，且與會代表察覺到共產黨領導下的共產中國開啟了新時代。大會慶典期間，以色列代表榮幸應邀出席了印象深刻的招待會，出席招待會的有政府官員以及包括婦女與青年團體在內多個社會團體的代表，手持彩旗與鮮花的兒童為招待會增添了特別喜慶與絢麗的色彩。然而，令盧比茨失望的是毛主席未能出席開幕式（當時他正忙於出席紀念史達林七十歲生日的慶祝活動）。盧比茨以樂觀的語調概括了此次大會歡聚一堂的體驗，譜寫了一篇典型的共產主義宣傳片段。她的描述呈現了樂觀且自信的婦女形象，彼此忘情地擁抱歡呼。她的文章充滿社會主義性質的措辭，表達了對全球範圍內終結帝國主義的期待。

盧比茨的著述表明，當時世界範圍內的新老共產主義與社會主義實體受共產中國鼓舞而熱情高漲。盧比茨及其同行者，把在中國目睹的艱苦景象──貧窮拮据的生活條件、童工盛行以及內戰留下滿目瘡痍的背景──視為是資本主義剝削、佃農耕種、帝國主義奴役等過往時代的歷史殘餘。盧比茨有條不紊地為共產中國辯護，且避免抨擊共產黨政權，認為共產黨已然引領中國人民擺脫了奴役而走向自由。盧比茨還愉悅地敘述了「為在新時代精神下教育兒童而準備」的幼兒園，指出兒童正在接受快樂與幸福的教育。在她看來，就整個中華民族而言，中國革命是一個充滿希望的必要進程。[3]

3　Ruth Lubitz, *I Chose to Live in Struggle* (Tel Aviv: Shachar Publishing, 1985), pp. 320-329.

　　盧比茨沒有在著作中提及以色列與中國的關係問題，且她是否在
中國進行會談討論時提出此話題有待商榷。但另一方面，她撰寫了許
多有關蘇聯與中國關係的文章。據她分析，莫斯科是「中國最偉大的
朋友」，若未得其襄助，中國將永遠也不會恢復元氣，她的根據是蘇
聯代表在北京婦女大會上被致以熱烈的掌聲。與其他與會人員一樣，
盧比茨也大肆抨擊蔣介石以及那些曾幫助摧毀國家的「中國資產階
級」。她也敘述了所耳聞的在大革命前國民黨代表與共產黨代表之間
對抗與鬥爭的故事，她寫道，有案例表明，工廠勞工與親共產黨的農
民曾運用適當話語說服，而不是訴諸暴力的方式將敵對分子團結在革
命的反抗大旗之下。顯然，盧比茨相信這類傳言，因為她似乎傾向於
這種內部略帶和平性質的意識形態鬥爭模式，甚至認為在世界其他地
方也可以利用此種模式來取代流血衝突。

　　盧比茨還讚賞中國的土地改革，並與其他與會者相呼應，聲稱土
地改革的道路不僅能提高人民生活水準與婦女地位，同樣也將有助於
改善人民的教育與醫療衛生水準。[4]

　　一九五〇年十月，以色列共產黨代表什穆埃爾·米庫尼斯赴華
沙會晤了中國駐波蘭大使。此外，在莫斯科、東歐和北京召開的數次
會議上，均有來自以色列的共產主義者與各級中國官員進行會面。[5]

　　一九五四年，以色列左翼領導人亞伊爾·札班（Yair Zaban）退
出統一工人黨（馬帕姆，Mapam），加入以色列共產黨。同年，札班
訪問中國，他記述了留下深刻印象的西伯利亞大鐵路之旅。他注意到
在莫斯科火車站時，廣播站用俄語播放官方鐵路之歌〈莫斯科－北
京〉；當列車抵達滿洲里火車站時，則響起中文版的〈莫斯科－北

4　Avraham Vagman, "Agricultural Reform in China--Chronicles of a Visit," Davar, Yad
　　Tabenkin Archives, 15-138/10/09.

5　Shai, "Israeli Communist Party and PRC," p. 88.

京〉。札班在其二十五年後發表的一篇文章中引用過一句諺語，「兄弟情誼將永遠持續下去」。但事實上，中蘇「兄弟情誼」並未得以延續。一九六〇年，中蘇交惡，象徵著天真無邪的中蘇關係以及兩大社會主義國家將永世團結的信念已煙消雲散。

年輕的札班在北京出席了一場傳統的京劇表演。據札班的陪同翻譯，一位來自國家外國語學院的青年英語教師介紹，中國已創造了一種將文化價值觀與傳統文化創造性表達，以及新的人生觀與社會觀相結合的獨特形式。他所觀看的演出離現實並非遙遠。此部戲劇改編自中國古典文學名著《水滸傳》中的一回。[6]小說刻畫了那些落草為寇的羅賓漢式的英雄人物，但先前因被視為顛覆思想而長期被列入禁書。但由於中國共產黨政府的認可與肯定，這部著作再次獲得民眾的喜愛。當這位中方陪同人員發現札班煙癮深重且接連吸煙時，他向這位以色列客人透露道在毛主席責令人民停止嗜煙如命的不良喜好之後，他本人已經戒煙。在親眼目睹中國人民對他們的領袖表現出的深厚欽佩與感激之情時，札班也為之動容。中國人民表達出的這種情感似乎並非是虛偽與偽裝的違心所飾。據札班所言，從未在世上見過人民如此地流露出盲目追隨其領袖的意願。[7]

二十世紀五〇年代，除了札班的訪華活動，中國共產黨與以色列共產黨之間還通過其他管道建立了聯繫。一九五四年，若干名以色列青年代表赴北京參加民主青年聯合會代表會議。[8]中國工人聯合會邀請以色列共產黨代表團訪華，這是全亞洲工聯組織成立的標誌性事

---

6 《水滸傳》，中國四大名著之一，成書於明朝，作者施耐庵（1296-1372），但後期可能由另一位作者續寫。該小說講述羅賓漢式的英雄故事，主要內容是一百零八條落草為寇的好漢聚義梁山泊。

7 Yair Zaban, "Confucianization of Marx?", *Ha'Aretz*, 1971.

8 Protocol of the meeting of the United Kibbutz Movement secretariat, 13 June 1954, Yad Tabenkin Archives, 2-4/11/3.

件。據《人民之聲》報導，以色列代表與會議主辦方代表探討了以中關係問題，[9]但此次會談並沒有就打算進一步提升以中關係或改變兩國關係現狀而交換意見。兩國共產黨採用了資訊分割的交流策略，旨在將以中雙邊關係的官方層面與兩黨之間的合議關係予以區別。在其他事務的關係上，兩黨也恪守此特定原則。

對以色列共產黨而言，一九五六年是其外交活動成果相對豐富的一年，他們有幸接觸了諸多人物。四月，第二十屆蘇聯共產黨代表大會在莫斯科召開，什穆埃爾‧米庫尼斯在會議期間與中國共產黨參會代表探討了以中關係。[10]同月，路得‧盧比次再次訪問北京，出席國際民主婦女聯合會成立十周年的紀念大會，共有來自四十八個國家的一百八十三名代表出席。[11]九月，恰巧在蘇伊士危機爆發之前，以色列共產黨高層領導大衛‧薩沙‧赫寧（David Sasha Khenin）、福阿德‧扈利（Fuad Huri）和梅厄‧維爾納在中國共產黨第八次全國代表大會上會晤了中共領導。在維爾納的大會發言談及蘇伊士運河危機時，他站在埃及的立場為其伸張正義。在他看來，埃及人的舉措勢必削弱帝國主義在中東的存在。維爾納高度讚揚中國政府取得的成就，稱讚中國共產黨在適應中國特殊國情的基礎上成功地實踐馬克思列寧主義。他的言語意味著「毛澤東思想」實則是連接馬列主義理論與中國特殊國情的橋樑。[12]至於鞏固以色列與中國的關係，維爾納表明以色列共產黨在此議題上投入了諸多努力。同時，他坦言以中兩國建立全面外交關係的時機並未成熟。周恩來以及其他中共高層領導均出席

9　*Kol Ha-Am*, 10 December 1954.

10　Shai, "Israeli Communist Party and PRC," pp. 89-90.

11　Yad Tabenkin Archives, 15-36/3/1.

12　Franz Schurmann, *Ideology and Organization in Communist China* (Berkeley: University of California Press, 1968).

了維爾納的演講，演講結束時全場報以熱烈掌聲。[13]九月二十五日，周恩來與維爾納會晤，雙方進行了廣泛交流，期間他們談論了以中兩國的關係問題。[14]在此階段，以色列共產黨無條件且自然而然地支持中國政府的每一個立場及其啟動的每一個進程。因此，以色列共產黨認為，北京方面在考慮與以色列建立全面外交關係時表現出猶豫不決的立場是合理之舉，這實在意料之中。

但是，以色列共產黨員與中國共產黨進行的數次會談並沒有取得任何實質性成果。在很大程度上，這些是非正式交往形式下以色列人多次與中國進行接觸的最初努力——最終都未能成功。

訪問中國的其他以色列代表

以色列共產黨代表並非唯一訪問過中國的以色列團體。儘管缺乏支撐以中兩國關係的正式框架，但依然存在與中國交往的其他以色列政黨。兩位以色列民主婦女組織的代表隨同路得・盧比茨參加過國際婦女大會：一位是勞工聯合會（Labor Federation）的約哈文德・巴塔－拉結（Yocheved Bat-Rachel），另一位是出自統一工人黨的艾瑪・塔米－萊文（Emma Talmi-Levine）。三位以色列婦女在萬隆會議一周年後訪問中國，這被認為是特別重要的訪華活動。如上所述，這次訪華之旅在以中關係史上堪稱一個基礎性但並非具有促進意義的事件。

巴塔－拉結在其著作《在我行走的路上》（*In the Path I Walked*）中描述了她此次訪華之旅的經歷。[15]她回憶了參會人員對於以色列的

---

13 參見：本書作者於中國大使薩維安家中，與梅厄・維爾納的訪問，1995年9月28日。

14 Shai, "Israeli Communist Party and PRC," pp. 89-90.

15 Yocheved Bat-Rachel, *In the Path I Walked: Memoirs and Realms of Activity* (Efal: Tabenkin Institute for Research and Kibbutz Studies and United Kibbutz Movement Publishers, 5741/1981).

態度，並詳述了會議討論中提出的各種政治問題，其中主要內容與萬
隆會議提出的問題有關。與會代表認同亞非（萬隆）會議的精神，他
們譴責以色列，同時表現出鼓勵並支持阿拉伯國家的立場，此種態度
在已出版的大會報告中得到體現。中國與會代表是時任衛生部長，巴
塔－拉結將她描述為「一位聰慧的女性……她在（中國的）公共與政
治生活中佔有重要地位」。這位中國衛生部長試圖就關於和平的普世
願望提出和解方案。這項提案反對「巴格達條約組織」（亦稱「中東
條約組織」），支援萬隆會議十項原則。這將促使阿拉伯國家集團獲取
外界支持的壓倒性優勢。與此同時，中國代表未曾號召與會各國採納
萬隆會議的所有決議，也沒有將某些決議列入大會報告，例如主張巴
勒斯坦難民有權返回他們在一九四八年以色列國邊界內的家園。毋庸
置疑，從中國和亞非國家的視角來看，萬隆會議在其制定外交政策的
道路上具有核心里程碑式的意義。巴塔－拉結在參會時深深體會到當
時中國的外交偏好，他們極力爭取阿拉伯國家的支持，但對以色列代
表卻幾乎毫無興趣。當時，在亞洲國家或是第三世界看來，以色列是
一茬生長在中東的異質性植株。[16]

以色列與會代表參觀了北京的國家自然歷史博物館，巴塔－拉結
向博物館館長贈送了禮物——艾因哈樂德藝術學院（the Ein Harod
Institute of Arts）的相冊集。她試圖向中方倡議搭建兩國藝術機構之
間的聯繫，包括藝術品互換展覽等，但中方博物館館長委婉地拒絕
了。正如巴塔－拉結在書中寫道：「我知道他需要在得到人民政府文
化部的批准後才能著手與外方建立聯繫。」[17]

中國的五一國際勞動節慶典給巴塔－拉結和塔勒米－萊文留下

---

16 Bat-Rachel, *In the Path I Walked*, pp. 270-275。

17 Yocheved Bat-Rachel, "On Chinese Soil, 1956," Yad Tabenkin Archives, 15-36/3/1.

了深刻印象。巴塔－拉結生動地記述了她在慶典中的所見所聞，她被人民發自內心地表達對毛主席忠誠的場面所深深震撼。[18]此後，兩人繼續南下訪問上海，除觀賞到色彩斑斕的迷人景象之外，她們也目睹了當時中國普遍存在的物資短缺與生活貧困。巴塔－拉結將此歸咎於殖民主義。在一次參會代表的全體大會上，她們會見了孫中山先生的遺孀宋慶齡女士，宋慶齡的優雅氣質與廣博學識為她倆留下了深刻印象。在這次活動中，巴塔－拉結察覺到這位前第一夫人將注意力聚焦在了阿拉伯代表身上。例如，埃及代表被單獨列為一桌，其代表團領隊被安排與宋慶齡以及蘇聯代表團成員同坐一桌。[19]

訪華結束後，巴塔－拉結在為政黨同仁撰寫的訪問總結報告中指出，以色列代表取得的部分成功表現為他們促成起草了緩和的大會最終決議案。[20]這表現在以色列並未被以批評的口吻單獨提及。此外，她們還籌畫創設一個旨在探討以色列折衷提案的委員會。但是，大會組織方拒絕接受巴塔－拉結的演講草稿，因為它突出了以色列與阿拉伯國家之間的分歧，同時也高度強調以色列的優點。此外，塔勒米－萊文不認同其他兩位以色列隨行代表的觀點。[21]這三位以色列婦女代表在當時正好代表了以色列國內三個不同的政治流派。因此，觀點紛爭的複雜局面不僅存在於中國人與以色列人之間，而且也同樣存在於這三位代表內部。

大衛・哈科恩的第二任妻子布拉哈・哈巴斯（Bracha Habas）以德沃拉・巴塔－以色列（Devora Bat-Ysrael）為筆名，她也對以色列

---

18 Yocheved Bat-Rachel, "Impressions from Peking on May 1st," Yad Tabenkin Archives, 15-36/3/1.

19 同前註。

20 Yad Tabenkin Archives, 10-11/11/3.

21 Yocheved Bat-Rachel, "Trip to the Congress of the International Democratic Women's Federation," Yad Tabenkin Archives, 15-36/3/1.

與亞洲整體關係，尤其是以色列與中國的關係深感興趣。哈巴斯是一位極具影響力的作家、記者和教育家。一九五四至一九五五年，她自遙遠的緬甸向以色列的《演說》（*Davar*）和《一周演說》（*Davar Ha-Shavua*）兩大期刊寄發文章。她被迫使用筆名，因為以色列政府明令禁止外交官夫人就政府事務發表個人觀點，以避免與官方政策抵觸。儘管如此，作為陪伴其伴侶參與以色列訪華商務代表團中的唯一一位女性成員，哈巴斯無疑為此次出訪活動做出了重大貢獻。[22]隨後，她還以觀察員和記者的身份參加了在北京舉辦、有以色列代表參加的國際民主婦女聯合會代表大會，也參加過作家協會代表會議。她在報導中描繪了一幅共產中國與中國社會的理想主義藍圖，在她看來，中華民族是「掌握自己生活與命運」的主人。哈巴斯認為中國婦女「自由」且享有「社會平等權利」。然而，她也就中國的某些歷史現象予以批判，例如在當時中國婦女被普遍要求身著制服，以及強制要求全民一律以履行義務的方式尊重毛主席。因此，她質疑這是否是中國婦女乃至中國人實現自由全面發展的正確方式。[23]

　　無論是其自身還是作為一位外交官配偶，哈巴斯的獨特身份與地位以及她對中國的態度清晰地勾勒出以色列國在二十世紀五〇年代面臨的雙重困境。一方面，左翼政黨代表深感有義務贊成以色列官方在發展公共關係時所持的立場；另一方面，他們也堅定地秉持自己獨立的觀點，但這卻偏離官方的政治路線。無論如何，這些黨派代表對以中關係的發展僅具有微弱的影響。

---

22 Hacohen, *Burma Diary*, p. 271.

23 Dvora Bat-Yisrael, "With Leaders and Writers--Chronicles of a Journey in the People's Republic of China," Davar, Yad Tabenkin Archives, 15-138/10/09.

以色列議會陣線

就議會陣線而言，以色列共產黨幾乎被普羅大眾和議會內其他黨派完全視為的棄兒。儘管如此，他們卻在如何看待共產中國的問題上秉持溫和的積極態度。統一工人黨成員以及執政黨以色列工人黨（Mapai）中的小部分黨員奉行共產主義立場，反對以色列政府在發展同中國關係時猶豫不決的態度，批評政府屈於美國壓力之下，尤其是以色列政府關於韓戰所表達的立場。[24]在他們看來，美國的施壓應被視為一種理應予以譴責的帝國主義干預形式。由此，以色列共產黨採取應對措施以阻止以色列投票通過將中國視為北韓侵略者的聯合國決議案，且建議對中國實施制裁。但在此議題上，他們的努力只是徒勞無功。[25]

一九五四年七月十五日，統一工人黨議員亞伯拉罕・貝爾曼（Avraham Berman）呼籲建立以中外交關係。他深信此進程將提升以色列的國際地位，同時也將為以色列營造一個良好的經濟前景。然而，絕大多數議員予以反對。投票贊成此提案的以色列共產黨議員與統一工人黨議員人數微弱。兩個月後，以色列共產黨再次要求議會責令政府與中國建交，但此動議再次失敗。[26]

一九五五年一月十三日，以色列共產黨秘書長梅厄・維爾納再次在議會提及與中國建交的問題。他聲稱以色列政府所實施的政策正釀成嚴重的破壞性後果，極可能使以色列完全與亞洲大陸斷絕關係。維爾納強調，在亞洲，中國被視為反抗殖民主義鬥爭的英雄，也是亞洲各國人民爭取民族獨立的推動者。他還指出，自以色列承認共產中國

---

24 Shai, "Israeli Communist Party and PRC," p. 86.

25 同前註。

26 *Kol Ha-Am*, 18 July 1954.

以來已逾五年，自周恩來總理授權兩國之間就關係正常化進行談判也
幾乎時過四個月[27]，但仍未取得積極成果。同時，他還批評以色列駐
聯合國代表在一九五四年追隨美國的立場，在聯合國大會中投票反對
討論共產中國的聯合國合法席位的議題。據維爾納所言，這一舉措延
緩了共產中國努力在國際組織獲取合法席位的長期努力。以色列共產
黨持明確立場：中國大陸的中國共產黨政權是該國唯一合法政府，應
恢復在聯合國的合法席位，即共產中國理應在聯合國大會與安全理事
會享有合法席位。以色列共產黨將一切企圖否認中國共產黨政權在國
際社會擁有合法權利的行為，視為帝國主義唆使的陰謀。在維爾納看
來，華盛頓的對華政策僅僅是希特勒在第二次世界大戰爆發後對蘇聯
態度的複製。

　　就維爾納的言論予以回應，外交部長摩西・夏理特表示，以色列
政府希望即將離開中國的訪華商務代表團會促成耶路撒冷與北京之間
取得突破性關係。但是，議會再次否決了以色列共產黨的提議。[28]儘
管在一九五四至一九五五年間，以色列政府與外交部的中國政策並未
完全地反對以色列共產黨或統一工人黨在議會中所持立場，但在公開
表達，尤其是議會討論中，執政黨代表築起了抵制以色列共產黨立場
的堅固屏障。他們希望在中國事務上取得進展的同時，也盡力避免可
能因以色列與美國關係的惡化而釀成不良的公眾反響。

　　在一九五四年聯合國大會，以色列就是否確定恢復共產中國合法
席位的問題進行表決時投出了不尋常的反對票，由統一工人黨成員
（包括梅厄・亞艾瑞〔Meir Ya'ari〕和以色列・巴爾－耶胡達〔Israel
Bar-Yehuda〕）和以色列共產黨成員（例如陶菲克・圖比〔Tawfik

---

27 一九五四年九月二十三日，周恩來宣布就與以色列建立外交關係進行接觸，詳見第
　一章。

28 Shai, "Israeli Communist Party and PRC," pp. 86-88.

Toubi〕）領導的以色列全國和平委員會對此予以抗議。九月二十四日，該委員會致函摩西・夏理特以及以色列駐聯合國大會代表，呼籲為中華人民共和國爭取聯合國合法席位而給予明確的支持。[29]他們抗議，聲稱阻撓像中國這樣一個大國在國際組織中派駐代表，堪稱創造出了一個「違背人道且非法」的情境。他們質問道，怎麼可能允許國民政府（臺灣）在聯合國中代表中華民族呢？

　　總體而言，面對涉及中國內政與外交領域的所有議題，以色列共產黨都竭誠奉行國際共產主義路線。就中國內政而言，它呼籲不干預政策，把臺灣問題與西藏問題都看成是中國的內政問題。就臺灣問題而論，以色列共產黨認為一九四三年開羅會議以及此後的德黑蘭會議和波茨坦會議的協議均議定臺灣是中國不可分割的一部分。至於西藏，以色列共產黨認為，一九五〇年中國政府派軍隊入藏絕非佔領行為，而是中央政府針對叛亂地區恢復合法的治理秩序。歸根結底，以色列共產黨指責英國、日本以及其他帝國主義列強在中國劃分勢力範圍，而西藏正是這種政策的受害者，北京政權有義務將此地區納入中央政府的管轄範圍之內，有必要在西藏建立內部秩序。在以色列共產黨看來，北京政權不妨嘗試將革命資訊傳播至包括西藏在內的邊疆區域，因為那裡存在著剝削人民的「寄生型宗教僧侶階級」。[30]

　　以色列共產黨鼓吹中國的亞洲政策，《人民之聲》盛讚中國與印度和北韓簽署的協議，特別是其中涉及食品供應的相關條款。以色列共產黨滿意地指出，共產中國正日益受到國際組織的認可。

　　如前所述，韓戰終止了以色列的不結盟政策，致使以中建交協定的簽署推遲了數十年。當中國積極且公開介入朝鮮半島的軍事衝突時，以色列政壇的左翼在野黨認為，「美國的戰爭機器」純粹是一個

29　Yad Tabenkin Archives, 15-31/26/3.

30　Shai, "Israeli Communist Party and PRC," p. 88.

利用北韓危機並顛覆中國革命政權的陰謀手段，以傾覆共產中國在社會與經濟領域取得的成就。杜魯門總統與美軍將領的聲明強化了此種感覺，也就是美國在北韓的反革命進程是與臺灣當局領導人磋商下制定的計畫。以色列共產黨認為，在本質上，中國參與韓戰與西班牙內戰期間，國際反法西斯縱隊奔赴西班牙的步調趨向一致。[31]

　　韓戰結束後，以色列共產黨與其他左翼政黨試圖調轉方向，在東西方兩大集團之間奉行平衡政策。多年之後，議員梅厄・維爾納在一次訪談中強調，他的目的是避免中國問題在以色列的政治議程中銷聲匿跡——要「保留它的生命力」。[32]在這方面，以色列共產黨取得了成功。

　　一九五六年後，當以中兩國之間相互接觸的所有希望已煙消雲散時，以色列共產黨卻將活動重點聚集在加強它與中國共產黨之間的聯繫。然而，以色列共產黨未能實現此目標。儘管兩黨關係並未完全斷絕，並在以中關係凍結期間繼續發展，但最終中國的大躍進終止了兩黨接觸。與世界上絕大多數共產黨一樣，以色列共產黨將這一史無前例的極左運動，包括對毛澤東的個人崇拜，視為是對共產主義的偏離。毋庸置疑，大躍進被證明是一次痛苦的覺醒。

---

31 Shai, "Israeli Communist Party and PRC," pp. 88-89。

32 Shai, "Israeli Communist Party and PRC," p. 87。

第四章
不接觸、不聯絡（1955-1978）

　　本章將重申伊加爾・阿隆（Yigal Alon）在二十世紀七〇年代晚期的觀點，即「在以色列看來，亞洲大陸的形勢是非常不確定的」。本章主要引用公開檔案和新的一手資料和史實證據。[1]相關探討內容的時間段較長，這段期間以中兩國之間幾乎不存在任何交往。最終，以中關係在一九七八年取得歷史性突破，重新實現了兩國企業之間的對話與交流。

　　本章所探討的以中關係發展史始於一九五五年四月二十四日，當天萬隆會議結束，會議指出必須承認「巴勒斯坦人民的權利」，卻沒有提及以色列國。此後，北京與耶路撒冷之間的關係跌至冰點。與此同時，中國開啟了與阿拉伯國家、尤其是埃及的友好邦交時代。在蘇伊士危機前夕，即一九五六年五月，由賈曼勒・阿卜杜勒・納賽爾領導的埃及正式承認中華人民共和國。第二次中東戰爭期間，中國將埃及為捍衛蘇伊士運河而與英法聯軍的戰鬥，視為它與帝國主義列強及其僕從以色列之間的鬥爭。

　　若干因素致使中國對以色列進行言辭日趨嚴厲的批評：一九六〇年中蘇交惡；國際社會冷戰局面的延續；二十世紀六〇年代起，主要在詹森總統執政期間，以色列開始與美國形成日趨緊密的特殊關係。就以色列而言，它放棄了盡可能爭取共產中國支持的嘗試。此時，以

1　參見：由Reudor Manor代表希伯來大學戴維斯國際關係中心與伊加爾・阿隆於以色列吉諾薩爾基布茲進行的訪問，1979年8月26日。

色列不可能再忽視由阿巴・埃班為首的以色列駐美國外交代表向耶路撒冷發出的清楚訊息。這類資訊明確表明，以色列再也不可能像之前作為一個不結盟國家那般，提出獨立自主的外交倡議，尤其在涉及中國議題時。[2]

二十世紀六〇至七〇年代，中蘇交惡強化了北京提升自身在整個亞非地區，尤其是阿拉伯世界影響力的期待。此時，中國優先考慮在國際外交舞臺上將蘇聯排擠至邊遠角落，而且建構一個由中國自身領導的第三世界。在這數十年間，中國試圖加強其在亞洲、非洲以及拉丁美洲國家的影響力，並繼續對以色列政府持嚴厲批評的立場。中國拒不接受以色列的無理立場，也就是以色列針對阿拉伯鄰國的報復行動，以方宣稱是為了預防巴勒斯坦人對以色列的非法滲透。此外，中國將一九六四年巴勒斯坦解放組織的成立，視為一個推進自身戰略目標的絕佳機遇。不出所料，中國也成為了第一個承認巴解組織的非阿拉伯國家。這段期間，中國也嘗試開創另一場未邀請蘇聯的亞非會議。再次，正如周恩來所強調的，中國樂於將巴勒斯坦視為阿拉伯世界不可或缺的一部分──這樣更有助於推動實現中國自身的利益。

中國與巴勒斯坦解放組織關係的重要里程碑事件，是巴解組織主席艾哈邁德・舒凱里（Ahmad al-Shukeiri）在一九六五年三月二十二日開始的訪華活動。以色列人意識到這是一個重大時機，為回應舒凱里此次訪華，以色列駐聯合國代表改變了他們一般的投票意向。如前所述，在此之前，以色列代表團通常投票支持中華人民共和國獲取聯合國席位，但以色列在一九六五年的投票卻改為支持臺灣的中華民國政府。以色列代表團原本打算繼續進行例行性的投票，支持中華人民共和國，但這次，新近加入代表團的年輕堅毅的外交官莫迪凱・阿貝

2　Shai, "Strange Bedfellows," pp. 149-150.

爾（Mordechai Arbel）堅稱，現在是時候向中國人挑明，他們持續熱情支持巴解組織的後果，必然招致以色列合理的報復。阿貝爾將其觀點向時任外交部長果爾達‧梅厄匯報，並獲得認可，由此以色列宣佈此次聯大投票將支持臺灣。是年，臺灣因些微險勝的票數贏得了聯合國大會的投票表決。多年之後，阿貝爾在接受採訪時講到，「臺灣代表站立起來，擁抱著我說道，『你們拯救了我們』。」[3]缺乏相關資料說明中國人當時對以色列的投票有什麼反應──可以肯定的是，從外交視域看來，兩國關係繼續漸行漸遠。

　　二十世紀七〇年代初，中共中央副主席林彪向黎巴嫩報紙《日報》（*Al-Nahar*）發表聲明，這是當時中國人民正與巴勒斯坦人接近的另一個典型事例。由中央發號施令在中國媒體刊載的正式文章，均反覆強調中國將幫助巴勒斯坦人重新奪回他們的全部故土。此聲明暗示了北京根本拒絕接受以色列國存在的事實，在本質上甚至是呼籲將以色列從地圖上抹去。中國人將巴解組織與其他巴勒斯坦組織視作國際自由主義運動的有機組成，為消除殖民主義與帝國主義枷鎖而鬥爭。中國將巴勒斯坦人的鬥爭定位為合法與正義，類似第二次世界大戰結束後第三世界國家爭取民族解放運動的鬥爭。因此，自一九六六至一九六九年，中國向巴勒斯坦組織，主要是巴解組織和法塔赫提供了廣泛援助，包括在中國為他們建立軍事訓練基地（例如在南京軍事學院），並為他們提供輕型武器和醫療設備。儘管如此，物資援助的成效有限，部分原因在於向目的地運輸的過程中頻繁出現後勤保障問題。事實上，中國援助物資的通達程度取決於是否得到那些必須途徑

3　參見：本書作者於臺拉維夫與莫迪凱‧阿貝爾進行的電話訪問，2013年6月；以色列代表團在聯合國的投票情況，外交部文件。此外，請參閱《以中關係的地理位置》，Tjong-Alvares（線上文件）。

的阿拉伯國家的授權，而它們深受蘇聯的強勢影響。這對中國而言是一個棘手的政治問題，當時北京正處在與莫斯科火車對撞的軌道上。

在中國舉行的各類重大活動，例如支持巴勒斯坦事業的政治集會，以及中華人民共和國成立二十周年慶典上，中方均正式接待巴勒斯坦各類組織的領導人。一九六五年，巴解組織在北京設立享有外交機構待遇的辦事處。毋庸置疑，中國支持巴勒斯坦事業的意願並非單純地由於共產主義意識形態，畢竟這些巴勒斯坦組織絕大多數抱持著民族主義立場，並不認同中國所代表的共產主義模式。值得關注的是，中國卻僅給予由喬治·哈巴什（George Habash）領導的馬克思主義組織解放巴勒斯坦人民陣線（簡稱「人陣」，PFLP），以及由納瓦夫·哈瓦梅（Naef Hawatmeh）領導的人民民主陣線等組織有限的資助。中國批評這兩個邊緣性的巴勒斯坦組織具有親蘇傾向。北京甚至譴責「人陣」曾炮製的飛機劫持事件，這起「衝動行為」發生於一九七○年約旦的紮爾卡（Zarka）機場。[4]

一九六七年六月，六日戰爭爆發，北京舉行了大規模聲援阿拉伯國家的群眾示威遊行。中國仍然奉行不承認以色列對其領土範圍內任何部分的權益要求，甚至包括一九六七年以前邊界內的領土。顯然，中國並未深入地認識有關問題，它讚揚「巴勒斯坦人在被占領土——臺拉維夫、海法、埃拉特和耶路撒冷的英勇行為」。在文化大革命期間，這些聲明源於中國對中東現狀認知的缺失，而未必是一種受過系統教育且思緒縝密之人拒絕以色列國存在的有意表述。

二十世紀七○年代，埃及與蘇聯之間爆發外交危機，並且當蘇聯駐埃及大使被驅逐出開羅時達到高潮，中國對此表示支持埃及。中國政府將阿拉伯國家視為一支反抗他們稱之為「美國帝國主義」和「蘇

4　訪問莫迪凱·阿貝爾。

聯霸權主義」的革命力量。當時，中國政府傾向於將這兩個措辭捆綁在一起。中國針對蘇聯霸權主義的抨擊產生自一個複雜的方法論和意識形態難題：透過純粹的馬克思主義視角來審視，社會主義國家不可能是所謂的「帝國主義」。從理論上講，這一問題具有內在的矛盾性，畢竟帝國主義源自資本主義體系。因此，當一個社會主義國家的行徑與資本主義－帝國主義國家相類似時，它就被視為「霸權主義」。隨著中國的反蘇鬥爭愈演愈烈，「蘇聯霸權主義」術語就愈發地廣為流傳。

　　以色列的對華立場與過往一致。以色列依舊希望與共產中國建立全面的外交關係，認同它在全中國、包括西藏與臺灣擁有唯一合法的治權。以色列駐聯合國代表通常會繼續投票贊成北京政權享有作為中國駐聯合國唯一代表的合法權益。但中國並未回饋以色列的支持——它繼續奉行反以政策。當一九七三年爆發阿拉伯國家突襲以色列的贖罪日戰爭時，北京也仍然沒有明確反應。中國支持阿拉伯國家，但它們就是否拒絕由美蘇兩個超級大國商定的停火協議而爭論不休。戰後，中國支持若干阿拉伯國家針對美國與英國的石油禁運，試圖對這些大國施加壓力以終止它們對以色列的支持。中國也贊成批准巴解組織成為聯合國觀察員，並且支持聯合國大會三三七九號決議，也就是聯大判定「猶太復國主義是種族主義和種族歧視的一種形式」。[5]

　　最終，三大事件促成以中關係發生重大轉折：第一，一九七九年中國對越南自衛反擊戰；第二，毛澤東去世後「對外開放」政策的實施；第三，一九八九年蘇聯社會主義陣營的瓦解。此後，以中兩國開啟了秘密的軍事與技術合作，以色列商人掃羅・艾森貝格在兩國間牽線搭橋。下一章將深入探討此段歷史。

5　一九九一年，當聯合國大會就撤銷三三七九號決議進行投票表決（四六八六號決議）時，中國缺席了此次投票環節。

以色列共產黨與中國共產黨雙方關係的大躍退

　　儘管兩國關係停滯不前，但中國與以色列之間尚存一條彼此聯繫的道路：以色列共產黨與中國共產黨之間的聯絡。以中兩國共產黨之間關係的本質是什麼？兩黨在多大程度上影響了兩國在一九九二年初建立的正式外交關係？以色列共產黨對中國共產黨及其意識形態的波動與實踐，以及大躍進（1958-1961）和文化大革命（1966-1976）帶有何種態度與立場呢？

　　一九四九年，以色列共產黨稱讚中國共產黨成功掌握了國家政權，且宣告成立了由毛主席領導的人民共和國。正如第三章所述，直到一九六〇年，以色列共產黨與中國共產黨始終保持著密切聯繫。但此後，由於以色列共產黨堅定擁護蘇聯正統形式的共產主義，而勉強認同中國共產黨獨特、革命性且高度獨立自主的政策，兩黨關係開始在意識形態上出現裂痕。以色列共產黨認為大躍進是狂妄、虛幻無實的意識形態，並且是對真實共產主義的偏離。此外，它也拒斥由個人崇拜而釀成的文化大革命。

　　如前所述，一九五六年是以色列共產黨涉外工作取得成果相對豐碩的一年，以色列共產黨代表參加了諸多國際會議，例如蘇聯共產黨第二十次代表大會。這次歷史性大會標誌著去史達林化進程的開啟。會議期間，什穆埃爾・米庫尼斯與中國共產黨參會代表探討了以中關係。[6] 在此，我們可回想路得・盧比茨的第二次訪華之旅[7]，以及大衛・薩沙・赫寧、福阿德・扈利和梅厄・維爾納三人與中共代表在北京召開的中國共產黨第八次全國代表大會上會晤（維爾納第一次訪華

6　Shai, "Israeli Communist Party and PRC," p. 89-90.

7　Yad Tabenkin Archives, 15-36/3/1.

期間）。[8]

　　當時，赫寧擔任臺拉維夫大區的以色列共產黨秘書長。在一次個人訪談中，他講述了在蘇伊士危機之前到訪中國的「意識形態」之旅，[9]並且回顧了參加一九五四年世界民主青年聯合會大會的以色列青年代表團。代表團成員包括亞伊爾‧札班（Yair Zaban）和喬治‧圖比（George Tubi，陶菲克的兄弟）。一九五六至一九六〇年，陶菲克‧圖比、薩米亞‧阿爾卡松（Samih al-Qasim）和茲維‧貝恩施泰因（Zvi Bernstein）還進行過若干次訪華。一九五九年，貝恩施泰因正式訪華參加共產主義革命（the Communist Revolution）勝利十周年慶典。所有訪華代表都經由莫斯科抵達中國，據亞伊爾‧札班記述，這可確保以色列共產黨員在莫斯科與蘇聯共產黨高官會晤。赫寧認為以色列共產黨的兩位高級領導人摩西‧斯內（Moshe Sneh）和什穆埃爾‧米庫尼斯未能訪華並非緊要之事。他解釋，這兩位領導都忙於其他更為緊要的事務。一九五七年，米庫尼斯在莫斯科的世界共產黨領導人集會上與毛澤東舉行過會談。後來，據米庫尼斯報告聲稱，毛澤東熟悉猶太人在中國的歷史，但除此之外，兩國之間的關係問題未能在會晤期間取得任何進展。赫寧曾試圖說服毛澤東在俄羅斯猶太人的問題上與赫魯雪夫交涉。但這一倡議是否取得成效有待考證。[10]

　　一九六〇年，大衛‧赫寧再次訪問中國，這次是以以色列共產黨書記處及中央領導要員的身份訪華。他的訪問日程原本計畫為整整一個月，但最終卻意外縮短至兩周。據他講述，他認為已經沒有必要再繼續訪華之旅。像其同事維爾納一樣，赫寧不認同大躍進時期的各種

8　參見：本書作者於中國大使薩維安家中，與梅厄‧維爾納的訪問內容，1995年9月28日。

9　參見：本書作者與大衛‧薩沙‧赫寧進行的訪問，1995年7月17日。

10　同前註。

舉措，他認為，大踏步地跳躍式進入烏托邦社會的理念是錯誤的，更為糟糕的是，這完全違背了社會主義。依據馬克思主義理論，以恰當的步幅邁向理想的社會主義社會極其重要。因此，維爾納和赫寧都認為「大躍進」是一場嚴重倒退的冒進運動。最終，兩人對文化大革命進行了嚴厲批判，並且是徹底的否定。此外，在訪華期間，他們也無法忽略中國政府針對以色列的各種批評之聲。

就在赫寧訪華之前，米庫尼斯從羅馬尼亞共產黨代表大會上返回，他在大會上直言不諱地批評毛澤東的觀念與立場。當時，以色列共產黨明確地奉行蘇聯路徑。以色列共產黨反對中國共產黨的戰略步驟，認為它是一種在意識形態上對共產主義遺產的偏離。不久之後，兩黨之間的關係陷入長久冰凍期。

一九六五年，以色列共產黨分裂。那些最終繼續沿用以色列共產黨標籤的造反派將其對手，即新共產主義名單（New Communist List）視為親中派。但這一指控荒謬可笑，《真理報》（*Pravada*）甚至在稍後的報導中對其予以糾正。[11]在針對赫寧、維爾納和圖比的觀點持反對立場的陣營中，亞伊爾・札班最終承認，將黨內分裂與有關親蘇或親中立場的爭論聯繫起來的企圖，是以色列共產黨「完全誇大事實的」行動。事實上，這是以色列共產黨精心設計的策略，用以玷污新共產主義名單。由母黨以色列共產黨脫胎而出的兩股政治流派的目標，都是想得到莫斯科方面的認可。[12]

事實上，兩個以色列共產黨都不支持中國的路線。在一九六〇年代中期，大多數以色列人認為與中國建立聯繫，在意識形態上看來是很有問題的，即使在共產主義圈內也是如此判定。多年後的文化大革

---

11 《真理報》是一份著名的蘇聯報紙，表達蘇聯共產黨的觀點。參見：本書作者與大衛・薩沙・赫寧進行的訪問，1995年7月17日。

12 參見：本書作者於臺拉維夫大學與亞伊爾・札班進行的訪問，2011年7月7日。

命期間，以色列共產黨和以色列國家解放陣線都拒絕支持中國走的意識形態道路。以色列的這些黨派甚都明確表態反對中國對毛澤東的個人崇拜，以及中國許多與正統共產主義背道而馳的意識形態。

以色列共產黨對其中國姊妹政黨採取的政策，並不是單方面的。從那時起，中國共產黨也拒絕接待以色列代表，即便他們是共產主義政黨的代表。一九六二年，世界民主青年聯合會在華沙舉行。據札班所述，當時，中國代表在阿拉伯代表與以色列共產黨聯合代表團之間突發的政治爭論中離席，並拒絕參加相關會議。

自二十世紀五〇年代至七〇年代，以色列共產黨報刊《人民之聲》充當中國作家與詩人展示其作品的罕見文化平臺。毋庸置疑，此期刊是在以色列可資閱讀並研究這些稀有作品的少數管道之一。此外，以色列共產黨還與中國科學院取得聯繫，並在以色列組織了包括來自中國、以色列、東歐共產主義青年與運動員參加的會議。[13]儘管如此，此類舉辦過的半正式訪問與討論會並沒有產生任何具體的成果。因此，兩國共產黨之間的聯繫既沒有充當接通耶路撒冷與北京之間的橋樑，也沒有發展出能補救耶路撒冷與北京之間斷絕官方聯繫的替代交往管道。自十年文化大革命（1966-1976）開始直至一九七八年，以中之間的交流聯繫沒有走向原本期待的程度。當時，中國與蘇聯集團以外的廣大區域之間並未展開對話與交往。

據赫寧所言，以色列對發展與中國關係的議題不感興趣。與其同事維爾納一樣，赫寧不確定他們的活動在兩國關係的發展中會產生任何顯著的影響。正如維爾納明確闡釋的那樣，以色列共產黨的成功極其有限，充其量只是能夠允許他們偶爾在議會提出中國問題。[14]自一

---

13 Shai, "Israeli Communist Party and PRC," p. 90.

14 Shai, "Israeli Communist Party and PRC," p. 87。

九五五年起，以色列共產黨在正式的議會活動中明顯減少了提及有關中國議題的次數，而只將活動重點聚焦在維持與中國共產黨的關係上。

展望：走出高牆

考察以色列外交部檔案，可知以色列人密切關注中國事務。曾在一九七三至一九七五年擔任以色列駐香港領事的艾瑪紐埃爾・蓋爾伯（Emmanuel Gelber）是向耶路撒冷發送相關資訊的一個管道。中國嘗試開發能源資源是一個重要話題，因為這些事務「多年來仍對西方國家保密」。以色列還密切關注中國與蘇聯的關係，以及中蘇交惡對中國形勢的影響。蓋爾伯彙編並提交了包含詳細資訊的報告，並且總是附帶一些基於估算而不是經過證實的大量資料的說明。

例如，關於能源問題，一九七四年十月普遍流行的假設是「中國正成為一個石油大國」。在此背景下，蓋爾伯考察了中國自中東國家進口石油的情況，他還研究了中國與美國、新加坡、日本、挪威、丹麥等國就技術與設備進口等問題進行的相關談判。蓋爾伯表示中國人做生意的方式極具競爭力。他認為，即便已經簽署了交易協定，中國也不會同意將外國企業納入能源資源開發的合作夥伴。他預計中國將只會允許以色列購得相關知識，但同時保留自己在石油領域專營性的監督權與管理權。蓋爾伯還向以色列發送了講座與備忘錄摘要，這些內容均由和他相識之人撰寫，其中包括歷史學家、外交官、親華人士，以及那些他認為能提供相關資訊進而說明破解過去與未來中國之謎的人物。他本人也撰寫各類人物的綜合性報導。至於毛澤東主席的領導，蓋爾伯早在一九七四年十月就指出，毛主席應該為自己離開政治舞臺後事做相關準備，甚至預見了後毛主席時代的事態發展。[15]

　　蓋爾伯繼續追蹤在中國發生的各種熱點議題，例如毛主席繼任者（於他去世前兩年）可能人選的爭論，以及關於此問題的猜測——提名人選包括周恩來和江青。蓋爾伯指出此議題以及黨內其他問題尚未得到妥善解決。黨內達成某種暫時妥協，但直到毛主席去世後才明確了後繼人選。一九七四年十一月，在喬冠華接替姬鵬飛任外交部長後，蓋爾伯立即向以色列外交部亞太司發送了一份關於新部長的報告。在報告中，他強調喬冠華對西方的立場較為溫和，也表達了中國與西方關係能夠有所改善的願望。[16]一九七四年一月，他還報導了中國軍方的人員變動情況。他表明，此番公告是「典型的中國方式——採用一種軍隊領導在公眾集會上露面的方式。這就是中國政府如何宣告軍隊領導進行人員更替的方式，這也是自一九七一年林彪叛逃事件失敗後，有史以來波及範圍最廣的指揮官變動。」蓋爾伯分析了此番人員變動，將之歸因於中央領導試圖謹慎地撤銷他們認為已攫取過多權力的地方指揮官職務。[17]

　　蓋爾伯對中國各地正發生的熱點問題有著深刻理解。他深入關注北京與臺灣和香港之間的關係，[18]以及一些文化問題（例如，他在1973年「批林批孔」運動中撰寫的評論）。[19]他甚至還著述評論了中國針對以色列與猶太人的政策。就在中國媒體廣泛報導的贖罪日戰爭結束之後，蓋爾伯立即向耶路撒冷發送了一份詳細報告，論述這場戰爭對以中關係的影響。

---

15 From the collected correspondence of Emmanuel Gelber, personal copy: "Sources of Energy in the PRC," Israel Foreign Ministry, 16 October 1974.

16 Gelber, "Chinese Foreign Minister is Replaced," 19 November 1974.

17 Gelber, "Personnel Changes in the Chinese Military," 16 January 1974.

18 Gelber, "China and Hong Kong," 25 November 1973.

19 Gelber, "Anti-Confucius Campaign," 27 November 1973.

　　總而言之，蓋爾伯認為以色列對中國而言並非具有重大意義，中國只對以色列保持著微不足道的關注。由於中國幾乎不存在猶太社區，加上中國在歷史上也未對猶太民族和以色列國犯下什麼罪行，因此中國與以色列之間的關係在二十世紀七〇年代顯得無足輕重。儘管整個中東地區石油資源儲藏豐富，但當時中國並未將中東地區置於其全球戰略的重要位置。北京在中東地區的主要動機是關切第三世界，並藉此博取東南亞地區穆斯林的支援。中國與蘇聯之間的裂痕已持續十五年之久，但這也是中國全球戰略的一部分。正如歷次中東戰爭所呈現的那樣，阿拉伯國家極度依賴蘇聯，中國對此頗感驚訝。這向中國挑明了一個事實，要想領導第三世界依然任重道遠。[20]

　　蓋爾伯認為，頗具諷刺意味的是，中國對以色列國持續存在所產生的興趣，是因為以色列是蘇聯想主導中東事務時的重大障礙。然而，他認為以色列不可能期待北京對耶路撒冷的消極態度，會突然發生一個巨大轉變，因為中國想全面且充分實現自身與阿拉伯國家之間的關係。[21]中國的官方立場是指責以色列發動戰爭，認為以色列的動機主要是渴望征服額外領土。中國指出蘇聯通過允許其境內的猶太人移居以色列，向這個猶太國家注入了急需的人力資源，由此「增援了以色列的戰爭力量」。戰爭停火之後，中國媒體在中東地區的報導興趣陡然下跌。[22]

　　在蓋爾伯的請求下，支持以色列的美國猶太人在訪問中國時也收集到某些資訊。他們留意關於以色列、猶太人以及猶太復國主義事業

---

20 Leo Goodstadt, "The Middle East Backlash," *Far Eastern Economic Review* Vol. 82 (12 Nov. 1973). 蓋爾伯參考了Goodstadt的這篇文章。

21 Gelber, "China and the War in the Middle East," 27 November 1973.

22 同前註。Gelber, "The Yom Kippur War in the Media of the PRC," Ministry of Foreign Affairs of Israel, 26 November 1973.

的民眾輿論。這些非官方印象清楚地表明，中國人將猶太復國主義事業視為一支帝國主義力量，這正是中國媒體所刻畫的形象。此類民意主要是「刻板印象且備受擺佈的」。媒體反覆論述以色列是一個侵略性的佔領國，認為它「與種族主義的葡萄牙和南非是一路貨色」。毋庸置疑，在當時，只有少數中國人瞭解猶太人的歷史及其遭遇。蓋爾伯的總體態度是以色列應該繼續嘗試著影響中國並鞏固與它的關係，甚至要採取非常規方式。例如，他提議應通過那些既與中國保持友好關係，同時也是以色列朋友的美國人來「接觸中國人」，抑或是通過那些對以色列態度公正的普通中國公民來打開與中國交往的人門。在蓋爾伯的整個職業生涯中，他希望以色列有朝一日能夠成功「走出困境，但願不再會出現阻礙那些試圖為我們的利益而行事的猶太朋友到訪以色列的事情」。[23]

　　在一次對伊加爾・阿隆的個人採訪中，提及了亞洲對以色列而言所具有的重要性[24]，阿隆強調：「由於眾所周知的原因，這個大陸在有關以色列國生存狀況的外交政策中，可能已經退到微不足道的地位了。」他批評了這種忽視亞洲的態度，同時也不認同以色列終止駐南越、寮國、柬埔寨等國大使館活動的決定。另一方面，阿隆也指出日本、韓國和菲律賓在涉及與以色列建立關係的問題時表現得故意拖延和猶豫不決。儘管阿隆沒有直接提及中國，但他想起當時中國已發現若干超大油田，希望如果中國成為日本的主要石油供應商，那麼中國將不再擔憂阿拉伯國家的反應，就應該與以色列建立公開的外交和商業關係。阿隆認為，如果以色列開通了通往亞洲的道路，這將彌補因

23　同前註。"Israel's Image in Communist China," Ministry of Foreign Affairs of Israel, 3 October 1974.

24　參見：由Reudor Manor代表希伯來大學戴維斯國際關係中心與伊加爾・阿隆於以色列吉諾薩爾基布茲進行的訪問，1979年8月26日。

一九七三年戰爭而招致以色列與其他共產主義國家關係破裂的外交損失。例如，他回憶了以色列與臺灣當局的「特殊關係」。儘管以色列在二十世紀五○年代已承認北京政權，但臺灣當局仍希望以色列能夠在國際政治舞臺上支援它反對中華人民共和國。

一九七四年，在阿隆被任命為外交部長後，他在以色列議會發表了一場演講，首次公開提到中國，表明以色列有興趣與中國建立雙邊關係。他期望中國能改變對以色列的立場。當年阿隆還在臺拉維夫大學希洛（Shiloah）研究院開辦了一場講座，進一步闡述道以色列恢復與蘇聯的關係，可能會在未來對以中關係的發展產生破壞性影響。一九七五年，阿隆在數次公開演說中七次提及中國問題，暗示以中兩國均懷有明顯改善雙邊關係的基本願望。儘管如此，他認為耶路撒冷與莫斯科的關係較耶路撒冷與北京的關係更具價值。由此而生的問題即是：敵人的敵人能夠成為我的朋友嗎？以中兩國都與蘇聯有所衝突，中國和以色列是否會因此開始和解？因為中國不存在類似歐洲的基督教反猶主義傳統，受此有利的歷史與現實狀況鼓舞，阿隆認為就長期而言，這是一個可以促進以中關係的重要機遇。

阿隆回憶了他與大衛·哈科恩的會面，強調他曾同意哈科恩關於發展以色列與中國關係的倡議。也許在有關以色列錯失與中國發展關係的機遇問題上（參見第一章），阿隆也會與哈科恩的立場相一致。為了推動與中國的關係，阿隆得到了他所動員的若干人物的襄助，例如亨利·季辛吉、參議員休伯特·韓弗理（Hubert Humphrey），以及與駐美中國代表保持密切關係的其他美國高級官員。羅馬尼亞國家元首尼古拉·齊奧塞斯庫（Nicolae Ceauşescu）以及羅馬尼亞外交部長喬治·馬科維斯庫（George Macovescu）在意識形態方面與中國維持著良好關係，阿隆也請求他們提供幫助。阿隆還聲稱他也與這些名流取得聯繫，譬如態度親以色列且身份為記者與中國專家的愛德格·斯諾遺孀；一位許諾為他在中國安排一場會晤的美國商人；許諾為他提供幫助的英國社會主義左派政黨代表。阿隆還提及西蒙・佩雷斯曾試圖利用他與弗朗茨・約瑟夫・施特勞斯（Franz Josef Strauss）的關係來促進以中關係，即在施特勞斯訪華期間令其在以色列問題上向中國人發出試探。據阿隆所言，季辛吉要求他保持耐心，因為以中關係的突破不可能純粹是建立在華盛頓與北京外交關係確立的基礎上。相反，以色列必須耐心等待中美關係的全面正常化。

檢視這一時期的以中關係，的確在表面上顯現出積極的跡象。例如，中國國防部長在中國軍事學院的一次講話中，稱讚以色列為軍事強國。最後，二十世紀七〇年代後期，在猶太商人掃羅・艾森貝格的介入與協助下，以色列與中國開始進行非正式的秘密接觸。最終，艾森貝格在以色列軍工產業與中國軍事企業之間搭建了聯繫。此類事態的進展發生於中越邊境自衛還擊戰的背景之下，當時中國軍隊在戰爭初期面臨著失敗的考驗。

總而言之，在一九五五至一九七八年，中國與以色列之間幾乎完全缺乏聯繫。雙方存在的任何聯繫也都只是機緣巧合，並未促成兩國關係取得突破性進展。兩國共產黨也未能成功充當聯通兩國關係的臨時橋樑。在數次論壇與會晤的機遇中，兩黨代表之間的對話未能取得積極成果——顯然，雙方在意識形態上的親近並不夠。具有諷刺意味的是，在國際舞臺的政治版圖上，意識形態彼此對立的中美兩國之間的接觸，在尼克森總統執政期間開始陸續展開。作為一位明顯的右翼領袖，尼克森卻是那個鋪設通向中國道路的人，但那些中國的讚賞者以及意識形態持自由左翼觀點的美國人，卻反而被拋之在後。

第五章

秘密接觸
──掃羅・艾森貝格在中國

　　掃羅・尼希米・艾森貝格（Shaul Nehemiah Eisenberg）是一位具有神秘色彩和超凡能力的人物。這種風采在艾森貝格參加的大型會議和招待會上皆展現得淋漓盡致，以至在他去世後那些接受訪談的人也如此評價他。即便是某些只與他有過一面之緣的人，或是道聽塗說之人都成為他的崇拜者。

　　一九二一年，艾森貝格出生於慕尼黑，他在索菲（Sophie）與大衛・艾森貝格夫婦的六個子女中排行第五。[1]他的母親來自克拉科夫，父親來自華沙，父母兩人都在年輕時移居德國，他們在家中用德語交談。掃羅有三個兄弟姐妹出生在慕尼黑。其中一個兄弟名為拉斐爾（Raphael），被授予拉比職位。掃羅也接受過宗教教育，並且在家中接受傳統氛圍的薰陶。

　　在一九三八年末爆發的「水晶之夜」（Kristallnacht，編修者注：乃指一九三八年十一月九日至十日凌晨，納粹黨員與衝鋒隊暴力攻擊德國全境的猶太人的事件，被認為是對猶太人有組織的屠殺的開始）後，當時年僅十七歲的掃羅與家人被驅逐到波蘭與德國邊境的無人區。[2]二十歲時，艾森貝格逃難至瑞士，在那裡做過十天推運蘋果車的零工。在第十一天，他因沒有適當的正式文件而被拘捕。因緣際

1　"The Business Empire of a Global Mystery Man," *Business Week* 16 November 1981.
2　Eleazar Levin, "The Man Who Buys and Sells Everything," *Ha'Aretz* 6 January 1978.

會，艾森貝格在這個安逸又多山的國家開始了他人生中的第一筆生意。首先，他找到急需文件的其他逃難者。然後，他前往巴拉圭領事館，找到工作人員，為客戶代辦文件。他與領事二人平分了每位客戶交付的一百瑞士法郎。[3]最終，艾森貝格利用這筆積蓄幫助父母移居上海，他本人則在旅居瑞士的文件到期後徒步越過邊境進入法國。然後，他途徑盧森堡抵達比利時與荷蘭。[4]終其一生，艾森貝格都因瑞士的猶太社區領導人未能對他本人及其他難民提供任何避難居所和幫助而口誅筆伐。當掃羅逗留安特衛普期間，他在一家蔬菜店工作，每週薪資僅六十比利時法郎，生計捉襟見肘以致被迫以偷竊食物為生。[5]

由於再次缺乏適當的入境文件，艾森貝格在荷蘭被邊防員警抓獲。警察局帶艾森貝格查明身份後，將他送入難民營，拘禁六個星期。一九四〇年五月，艾森貝格被准許出國遠航。他登上一艘英國貨船，經新加坡短期停留後，最終抵達國際大都市上海，他的父母和其中的一位手足正居住在此。[6]艾森貝格的船票由與他邂逅的非猶太家庭支付，恰巧他們是這家船運公司的股東。[7]儘管在茫茫大洋中漂泊，但艾森貝格卻開始重操他在陸地上的舊業——做生意。這次，他與一位經營船舶商店的英國人合作。艾森貝格向船上的中國乘客出售威士忌和香煙，事後兩人平分利潤。[8]在抵達遙遠的上海後，他很快意識到找工作絕非易事。他拒絕依賴猶太社區的慈善組織，因此，他前往由日本扶持的傀儡政權偽滿洲國，經此航行至日出之地——日本。

3　Levin, "The Man Who Buys and Sells Everything."

4　同前註。

5　Yishayahu Ben-Porat, "I Nicked Vegetables So that I Could Eat," first article in the series "Conversations with Eisenberg," *Yedi'ot Aharonot--Sukkot Supplement* 25 September 1988.

6　"The Man in the Middle," *Ha'Aretz Supplement* 20 November 1981.

7　Ben-Porat, "I Nicked Vegetables So that I Could Eat."

8　David Lifkin, "Started with \$50 and Reached More Than a Billion," *Ma'ariv* 30 March 1997.

全球業務

抵達日本後，艾森貝格前往東京，那裡有一個猶太社區。他在東京邂逅了山田家族，並且留宿山田家中。艾森貝格收購例如坦克、裝甲運兵車等廢棄金屬製品，之後倒賣給日本政府，由此開始涉足商界。當時，日本正在策畫即將侵略中國並攻擊東南亞的軍事行動，急需大量鋼材。[9]

一年之後，日本捲入第二次世界大戰。艾森貝格與一位名為萊亞‧宣子－佛洛依德施佩格爾（Lea Nobuko-Freudelsperger）的日奧混血女子結婚。萊亞的父親赫爾曼（Herman）‧佛洛依德施佩格爾畢業於維也納藝術學院。赫爾曼喜愛日本並定居在此，他精於繪畫日本貴族和銀行業大家族成員的肖像。赫爾曼也構建了一個聯繫商界和金融界的關係網，顯然，艾森貝格正是通過這些聯繫管道逐漸建立發展起自己的個人業務關係網。由於身為日本盟國之一的公民，艾森貝格能夠享有經營獨特業務的權利，他的生意由此開始蒸蒸日上。例如，他可以從澳大利亞和菲律賓購入鐵礦石，之後出售給試圖重建工廠的日本當地製造商。艾森貝格將鐵礦石的採購地範圍擴展至美國、印度和智利，繼而成為日本巨型鋼鐵製造商八幡（Yawata）鋼鐵的主要供應商。最終，他在日本鋼鐵行業佔據著舉足輕重的地位。戰後，他參與了日本第一個派往美國訪問的工業代表團。[10]

日本人將艾森貝格視為一位自己選擇在日本居住工作的外國人。由於他的妻子擁有一半日本血統，當地人認為可以在商業領域信任作為代理商與中間商的艾森貝格。在日本戰敗投降被迫要求解散大型軍工企業的戰後艱難時期，艾森貝格以他個人的名義暫時登記公司財

9　Levin, "The Man Who Buys and Sells Everything."

10　"The Man in the Middle."

產，以此幫助日本人。他向客戶承諾待到限制解除之後，將立即如數歸還財產。在最終限制期滿，准許日本可以再次建造大型企業時，艾森貝格坦誠且毫不猶豫地歸還了財產所有權。他的坦誠贏得了商業信譽以及生意夥伴的信任。對艾森貝格而言，這是一項可以在未來孕育碩果的重要資產。[11]二十世紀五〇年代，他在日本修建了猶太社區中心，成為團結日本當地猶太社區的聚會中心。

　　一九五二年，以色列與日本建立外交關係後，艾森貝格捐贈了一座供以色列大使辦公使用的樓房。[12]此外，他還擔任締結兩國之間第一個商業合作關係的仲介人，幫助以色列航運公司茲姆（Zim）與日本造船廠之間就建造散裝貨輪達成聯絡。二十世紀五〇年代中期，當以色列國家足球隊到訪東京時，艾森貝格自費招待他們，為其提供住宿、交通與後勤保障服務。

韓國業務

　　一九五三年韓戰結束後，艾森貝格開始拓展他在韓國的業務。儘管韓國因戰爭而滿目瘡痍，但他相信其蘊藏著促成未來繁榮的巨大經濟潛力。他察覺到韓國國民比日本人更加開放，能夠更快地習得經商之道。他的奮鬥目標即是通過扮演商業代理人的角色，促成韓國向更廣闊的外部世界開放。艾森貝格成為諸如西門子和通用電氣等，希望進入韓國市場的公司代理商。他曾擔任負責在韓國建設發電廠、鋼鐵廠、鐵路和港口的代理人。[13]他在工作中也致力於為以色列爭取利

---

11 參見：本書作者與加布里埃爾・吉多爾進行的訪問，2004年。
12 H. Eitan, "Eisenberg: Money Attracts Money," *Yedi'ot Aharonot--7 Days* 25 January 1980.
13 參見：本書作者與加布里埃爾・吉多爾進行的訪問，2004年。

益：他曾向英國、奧地利和西德[14]請求，以使以色列獲得支付給韓國造船廠用於建造三艘以色列船隻所需的首筆貸款。[15]

　　為了在韓國及其他發展中國家市場牟取更多利潤，艾森貝格運用的策略之一，即是在他代理的合約中附加特殊條款，明確規定關於購買供應產品的備用產品的相關條件。在簽署此類特殊條款時，客戶承諾應在四十年期限內排他性地從供應商原處購買備用產品──儘管每位客戶都心知肚明，意識到原零件只能持續使用若干年。艾森貝格藉此積累了巨額財富。經以色列飛機工業有限公司首席執行官加布里埃爾・吉多爾（Gabriel Gidor）闡述，審視艾森貝格在韓國簽署的發電廠銷售合約，可察覺到艾森貝格有時願意就傭金數額與客戶達成妥協，畢竟他在備品方面的收入要盈利數倍。總而言之，艾森貝格的收益在很大程度上取決於他的長期規畫與等待意願，因為他深信合約中的盈利條款最終會生效。[16]

　　二十世紀七〇年代初，艾森貝格在韓國政府官員中有很大影響力，當時韓國總統朴正熙決定製造原子彈。一九七二年，韓國開始與法國秘密討論採購鈽元素再處理廠的相關事宜。儘管華盛頓方面反對這筆交易，但韓國還是在一九七五年初與法國簽署了一份合約。朴正熙在接受《華盛頓郵報》的採訪時指出，如果美國人膽敢在法韓兩國合作之間設置障礙，那麼韓國人將獨自研發核武器。

　　緊接而來的是加拿大人也參與其中，因為他們是核零組件的重要供應方。加拿大人意識到，類似印度這樣通常宣稱其核目的為民用的買方國家，事實上是在利用他們的核產品裝備軍事。因此，當加拿大決定出售其核零組件產品時，它要求買方國家保證最後產物必將為民

14　"The Man in the Middle."

15　H. Eitan, "Eisenberg: Money Breeds Money," *Yedi'ot Aharonot--7 Days* 25 January 1980.

16　同前註。

用目的。此外，加拿大政府決定企業在開始高級鈾濃縮以及核材料再加工與再利用的生產進程之前，必須提前獲取政府的生產許可。一九七六年，加拿大與阿根廷和韓國就此問題簽署聯合協定。

言歸正傳，艾森貝格也涉足韓國核武器生產計畫的市場，試圖將加拿大重水鈾反應爐（Candu）公司製造的反應爐中轉出售給韓國。當時，韓國試圖從法國購買鈽元素再處理廠，這可能被視為韓國人圖謀使用生產核武器的反應爐。隨後，加拿大方面告知首爾，若果真如此，加拿大企業無法同意為其加工處理核材料。這相當於加拿大人單方面終止了這筆交易。類似此前臺灣當局一樣，韓國人在美國的壓力之下似乎要放棄生產核武器的相關工作。然而，有關韓國持續核武器計畫的流言依然存在。據一九七六年加拿大國家審計報告揭示，除了損失約一億美元，加拿大原子能有限公司（AECL）承認在與韓國和阿根廷達成的相關交易中出現過錯誤的財務計算，其中包括使用未經授權帳單進行交易的巨額支付款。

依據未經授權的報告，以及通過尚未得到官方解釋的管道可以證實，在這筆有關韓國核交易的業務往來中，有將近一千八百萬美元轉移到了艾森貝格帳戶。加拿大議會開始對相關的加拿大核企業涉嫌受賄貪腐進行正式調查。然而，加拿大原子能有限公司高級主管拒絕提供相關的財務記錄並回答問題，調查因無法得到有關方面的合作而受到阻礙。加拿大總理皮埃爾・特魯多（Pierre Trudeau）在議會中為韓國和阿根廷等國提供核技術的基本決定辯護，他表示，加拿大在道德上有必要與第三世界國家共用核領域的知識，與此同時，加拿大也必須同意其客戶的承諾，即將此類知識運用在宣稱的目的上。加拿大能源部長唐納德・麥克唐納（Donald McDonald）跟隨總理為此決定辯護。

然而，一九七六年十二月，為避免國內外的聲討批評，加拿大政府基於《核不擴散條約》而對此敏感問題採取了更為嚴厲的要求。自那時起，加拿大將只與簽署《核不擴散條約》的國家在核領域展開合作。韓國作為已簽約國，接受了加拿大政府的要求，這與國際原子能機構（IAEA）設定監管與控制核武器的要求極為類似。因此，這為加拿大的核產品出售給韓國鋪平了道路。

與此同時，加拿大人就懷疑與韓國進行交易過程中出現賄賂行為在內的一系列相關問題展開徹底調查。儘管艾森貝格的公司被證明是清白的，但他涉身其中的事實足以對其形象造成嚴重損害。韓國國內外的競爭對手抓住一切機會阻撓艾森貝格公司的發展，致使其去失了與其他公司的一系列交易。簡而論之，一方面，艾森貝格獲得了韓國政府為其授予的最高榮譽勳章；另一方面，他卻因基本權益受到損害而倍感痛苦。[17]

從此之後，艾森貝格在韓國經營的業務大幅度縮減，他開始悉心專注於在菲律賓、拉丁美洲，繼而在中國開拓業務。

通向以色列的經商之路

自二十世紀五〇年代中期開始，艾森貝格的生意開始向全球其他地區拓展。他經營的業務範圍包括軍事裝備出口（主要是出口到各國的船隻、飛機與彈藥）、以色列電子元件出口，以及與以色列企業塔迪蘭（Tadiran）電信公司和埃塔（Elta）系統公司維持著廣泛的業務聯繫。此外，他還與以色列水資源規畫公司塔哈爾（Tahal）合作，參與在埃及運作的「沙漠變綠洲」專案。艾森貝格不僅參與北達科他州水泥廠、麵粉廠、菜籽油廠以及葵花籽油加工廠的交易，而且也在菲律

17　Eitan, "Eisenberg: Money Breds Money."

賓和夏威夷州參與酒精釀製廠的買賣。他還經營石油生意，投資電影，資助太陽能開發專案，收購了美國紡織業巨頭聯合招商公司（United Merchants）百分之十一的股份。二十世紀九〇年代初，他甚至參與在烏茲別克投資建立一個改善棉花種植與節約用水的實驗農場。

二十世紀六〇年代，艾森貝格在巴拿馬成立了聯合開發公司（United Development Company）。他也為經銷大宗商品、建造基礎設施和工廠進行過數次代理性交易工作。這些代理工作包括在智利和印度交易礦石，還涉及在泰國和臺灣的咖啡加工廠，越南的一家罐頭廠，伊朗的一家造紙廠，維京群島的淨水系統，在韓國的鋼鐵廠、電話網絡、鐵路、水泥廠、紡織廠與化工廠，巴西占地一千六百萬餘畝的農業公司，秘魯的灌溉系統，印度的一家冶鐵廠，由羅馬尼亞和西德達成一項聯合商業協定。他還擔任由法國與比利時為首組成的五國聯合大型企業的集團代理人，參與在韓國建設高速鐵路的競標活動。

艾森貝格還繼續在許多領域開展國際性的代理人交易活動，主要包括電話網絡、鐵路、紡織與化工廠、灌溉系統、造紙業、罐頭製品和太陽能開發等行業。除了在印度、泰國、臺灣和菲律賓等亞洲國家與地區拓展商業活動外，他的公司也開始在美洲地區運營。艾森貝格的業務活動範圍不囿於國界。他在擴展中亞地區交易活動的同時，還伸手觸及巴西和加勒比海地區的廣大市場；與此同時，他將業務擴展至中亞地區。例如，在烏茲別克，他的公司擴展了農業領域的業務，諸如實驗農場、提高棉花產量和節約灌溉等。

二十世紀六〇年代，艾森貝格致力於將公司總部遷至以色列，並且意欲在那裡落戶。當時，以撒·沃爾夫（Isaac Wolfson）爵士和查理斯·克雷爾（Charles Clore）爵士向以色列財政部長平哈斯·薩皮爾（Pinchas Sapir）提出免稅申請，以允許他們能夠坐鎮以色列管理公司的國際業務。他們闡明，若以色列能夠批准生效類似規則，將有助於以色列發展為具有廣闊前景的國際貿易中心。當時，他們也提及了艾森貝格的公司。最終，以色列議會通過法律，允許在擬議的免稅框架內進行國際商貿業務的運作。最後，沃爾夫和克雷爾並未將其業務遷至以色列，但艾森貝格卻坐享其成地利用了此機遇，擴展了他在以色列的業務。這項法案被稱為「艾森貝格法」（the Eisenberg Law），艾森貝格開始從他在臺拉維夫的新總部管理疏通其全球業務的複雜網路。

　　一九六八年，艾森貝格與以色列政府合作，成立了由平哈斯・薩皮爾領導的以色列企業股份有限公司（Israel Corporation）。在減少他在以色列持有股份的同時，艾森貝格繼續開展一些其早年間進行的商業活動，例如收購了一家以色列投資公司皮里永（Piryon），該公司的擁有者最初為麵包店老闆。此外，他還創建了納蘇阿（Nesua）房地產公司，購買了包括加利利湖沿岸維拉・梅哈特（Villa Melchett）地區用於開發的地段，該公司還購買了巴伊特・貝雷爾（Beit Berel）地區占地四十英畝的土地，以及一塊他用於建造家庭住宅的黃金地段。當時，艾森貝格所屬公司運營的其他值得一提的開發專案還包括：亞洲之家與非洲之家的建造；創辦了諸如精英（Elite）和橄欖樹（Etz Hazayit）等出口以色列工廠工具機設備的公司；與精英公司合作在羅馬尼亞建立了一家即溶咖啡廠；經營以色列埃塔（Ata）和羅德茲（Lodzia）兩家企業的紡織品出口業務；與橄欖樹公司合作在埃拉特創辦了一家棕櫚油工廠；在東亞和南美也創辦了類似工廠；創辦了用於翻新噴射機的埃提思科（Atesco）公司；收購了以色列第一國際銀行（the First International Bank of Israel）。此外，艾森貝格還投資了諸如埃塔（Ata）、羅德茲（Lodzia）、德爾塔（Delta）、拉派克（Rapac）電子等以色列公司，以及航運公司、儲備冷藏廠和柑橘種植園等經濟部門。他還收購了諸如以色列航運銀行等企業，也在帕茲

（Paz）石油有限公司購買了股份。[18]與此同時，艾森貝格擴展了他在以色列軍工產業，以及高級電子製造業、水泥、水資源處理、麵粉廠等其他多種類產品的業務經營。

二十世紀七〇年代中期，在美國與越南之間歷經長期耗費國力的戰爭之後，艾森貝格開啟了幫助越南恢復經濟建設的商業活動。在這方面，他積極利用其與越南國際貿易部長之間的密切關係。

十億中國人熱切期盼

毛澤東去世後，華國鋒時代很快成為過去，鄧小平再度出山，影響力迅速上升。文化大革命的勢頭逐漸被遏制住，這為掃羅·艾森貝格進入龐大的中國市場打開了機遇之窗。艾森貝格以往的成功經驗是基於國家經濟的重建與復興，而非依託在西歐某個發達國家進行商貿活動。後毛澤東時代的中國自然是艾森貝格首選的目的地。為此，他願意在中國投入時間和精力，甚至以削減、乃至停止在其他地區開展的小型經貿活動為代價，而此代價則可能會阻礙他進入待其開發的理想市場。四十年之後，這位國際企業家回到了他商業生涯起航的地方——亞洲。

通過中國駐奧地利大使的悉心相助，艾森貝格取得了能夠在中國

---

18 在艾森貝格名下註冊的公司有六家，其中四家在以色列，艾森貝格出口公司（Eisenberg Export Company）、艾森貝格工業工廠出口公司（Eisenberg Company for Export of Industrial Factories）、巴爾·加德（Bar-Gad）和亞洲之家；有兩家公司在以色列境外註冊：專注於飛行器貿易和服務的埃提思科和通用種子與油品公司。艾森貝格還購買了柯達的以色列代理商Intergamma公司三分之二的股權；他也成為奧林巴斯（Olympus）相機、阿米薩爾（Amisar）以及一家公共投資公司的以色列代理商；艾森貝格還出資一千萬美元，並且以其母親的名字在雅法建造一家醫院，但施工卻在建造框架大致成型後停止了。

進行業務經營的重大突破。但他堅持要求中國政府向他發送正式邀請函，並且邀請函要明示他與以色列之間的關係。一九七八年，艾森貝格應部級組織「中國國際貿易促進委員會」主席的邀請來到北京。他會見了中國副總理兼工業和經濟部長。當時的經濟社會背景正值中國與越南在邊境地帶的緊張局勢將升級為大規模戰爭，艾森貝格必須從在中國開始商貿活動，還是繼續在越南經營廣闊的業務之間做出抉擇。最終，他決定支援中國。自那時起，艾森貝格成為以色列商界開拓中國市場的先驅。艾森貝格集團公司（The Eisenberg Group of Companies）向中國出售以色列農業技術、通信產品和各類工業製成品。該集團還促成以色列向中國政府組織出售鉀肥。儘管這筆交易最初面臨障礙，但銷售工作最終還是完成了：中國人習慣於購買本土紅色鉀肥，需要促使中國人相信以色列的白色鉀肥。最終，艾森貝格成功說服中化集團成為第一家購買由死海工廠出品白色鉀肥的中國公司。

二十世紀七〇年代末，艾森貝格將其主管經營中國業務的總部由香港遷至北京，租下了一間攜帶臥室的小型辦公室。他與時任電子工業部第一部副部長的江澤民（後為上海市長）建立了密切關係。隨後，艾森貝格開始向中國出售以色列軍事裝備。當時，中國的現有武器庫存已經處於陳舊淘汰期，這為艾森貝格向中國出售改進的現代軍用武器零組件和彈藥——例如原產於蘇聯的坦克零件和增強型火炮——打開了便利之門。

艾森貝格在許多其他領域從事中間人活動，就此深入拓展他在中國運營的業務。其中有些商務交易並非由他牽頭開展，但直到他介入之後雙方才最終拍板成交——其中一個典型案例即是在上海建造玻璃廠。在這筆交易中，他在中國人與英國人之間擔任代理人，當時雙方在建廠談判時陷入停滯狀態。[19]一九七九年，中方聯繫了英國皮爾金

---

19 "The Man in the Middle."

頓兄弟（Pilkington Brothers）集團股份有限公司，請求獲取其獨家英國專利生產玻璃製品的許可證。歷經一段時間的拖延，乃至雙方脫離實際接觸後，艾森貝格開始出面促成雙方商洽。經過他的斡旋與推動，這筆交易最終以艾森貝格集團公司、中國人民銀行和中國政府三方提供聯合倡議的方式落實。艾森貝格是此次交易幕後的主要推動者。繼而，他在上海將這筆傭金用於投資一項彼此關聯的新業務，其一是製造玻璃品原物料的卸貨碼頭，另一個則是玻璃製成品的裝載碼頭。[20]

艾森貝格在中國經營的業務突飛猛進。在其業務經營的鼎盛時期，艾森貝格旗下的投資企業聯合發展公司（United Development）在中國開辦了二十餘家辦事處。該公司負責簽署了數百份商貿進出口合約，並且在製造業、通訊、能源、農業及其他領域建立了二百五十家工廠。

艾森貝格在中國開展的其他業務包括開辦各類工廠。他還成立了一個由來自不同國家的大型煤炭商聯合組成的公司，從而為中國的礦山開採、鐵路修建和港口建築提供貸款。艾森貝格在中國開展的經紀活動使其他許多外國公司受益，包括一家研發生產水電設備的奧地利埃林（Elin）電機公司；一家建造水處理工程的法國公司；另一家建造合成纖維製品廠的奧地利公司；一家向中國出售製造縫紉機專有技術並購入原物料的義大利公司；以及一家以色列 Clal 保險公司所有在美國上市的企業 ECI 電信公司，其向中國出售能夠使通信線路產量翻倍的機器。

---

20 Naomi Levitsky, "Shaul, King of China," *Hadashot Supplement* 2 November 1990.

艾森貝格對以中關係的影響

艾森貝格在中國推動建造了一系列嶄新的基礎設施，加上他與中國政府高層領導人之間的友好關係，為以色列軍工產品在二十世紀七〇年代末進入中國鋪平了道路。在對越自衛反擊戰初期，中國軍隊遭遇勁敵。這擴展了中國對艾森貝格在軍事領域所提供的多樣化服務的需求[21]，雙方商定中國軍方通過購買以色列武器來升級陳舊的軍事裝備。

當時，中國還未與以色列建立正式外交關係。一九七九年二月底，以色列國防部發起組織的第一個訪華代表團抵達中國。此次以色列訪華代表團約有三十人，但他們是以偽裝身份出訪。代表團由以色列飛機工業有限公司（IAI）首席執行官加布里埃爾‧吉多爾領導，還包括摩薩德外事部主任大衛‧基米西（David Kimchi）。吉多爾透露道，為籌備這次訪華之旅，艾森貝格曾在一九七八年五月至一九七九年二月之間至少進行過五次到中國的個人旅行。[22]

在國防部代表團訪華之前，艾森貝格與時任國防部長埃澤爾‧魏茨曼（Ezer Weizmann）舉行會談，艾森貝格聲稱他可以為以色列國防軍工企業打開通向中國市場的大門，他甚至願意為推動此事而使用自己的私人飛機。同樣是為代表團出訪做前期準備，梅納赫姆‧貝京總理於一九七八年五月在以色列飛機工業有限公司位於盧德（Lod）的總部辦公室會見了若干公司高級主管。出訪團中該公司的隨訪代表包

---

21 Jonathan Goldstein, "A Quadrilateral Relationship: Israel, China, Taiwan and the United States since 1992," *American Journal of Chinese Studies* (October 2005). Amnon Barzilai, "Weizmann Initiated Eisenberg's Involvement in the Arms Deal with China 20 Years Ago," *Ha'Aretz Supplement* 3 February 1999.

22 參見：本書作者與加布里埃爾‧吉多爾進行的訪問，2004年。

括首席執行官加布里埃爾·吉多爾和董事會主席以色列·薩哈爾諾夫（Yisrael Sakharov）。在此次會晤中，貝京表達了對公司能夠成功進入中國市場的強烈願望。[23]因此，艾森貝格的建議可謂不失時機且被欣然接受。與此同時，埃及總統安瓦爾·薩達特訪問以色列，這極大地改善了以色列在國際舞臺的處境。以色列倘若與中國在安全方面建立聯繫，那麼崛起的中國勢必成為以色列國防工業的大型客戶。此外，與中國進行接觸，還可替代在德黑蘭爆發的伊斯蘭革命之後以色列與伊朗已經破裂的關係。此外，在那一段時期，美國對中國懷有強烈戒心，擔憂中國正在崛起的國力，拒絕向中國轉讓任何可能成為長期戰略威脅的技術。在當時已形成的冷戰政治格局中，以色列成為了最早願意且有能力幫助中國升級武器系統，也在中國需要時提供協助的西方國家之一。[24]

　　二十世紀七〇年代初，艾森貝格就已經開始與以色列飛機工業有限公司合作。事實上，他已經成為該公司在亞洲市場的武器經銷商。但是，當以色列開始取得向中國出售軍事物資的突破時，以色列政府領導人提出是否讓艾森貝格參與以中商務接觸問題。艾森貝格是否適合擔任這一重要的中間商？是否存在能夠接受被他壟斷經營權，以及抽取佔總銷售額百分之七、百分之十，甚至百分之二十巨額傭金等要求的可能性呢？

　　貝京總理和外交部長摩西·達揚先行嘗試讓諸如尼西姆·加昂（Nissim Gaon）、艾澤利爾·埃納夫（Azriel Einav）和耶庫蒂爾·費德曼（Yekutiel Federman）等富豪參與這些新生業務。但是，國防部長魏茨曼卻堅持認為，艾森貝格應是唯一能夠主持此項工作的人，而

---

23 Amnon Barzilai, "That's How You Break Down a Wall," *Ha'Aretz Supplement* 2 May 1999.

24 參見：本書作者與Amos Yudan進行的訪問，2004年7月21日。此外，請參閱施克所著的《以色列的軍事》（第68-91頁）。

且他是最有把握掌控成功機遇的那個人。魏茨曼反問，還有誰能為以色列創造如此重要的關係呢？最後，魏茨曼贏得辯論，以色列指定艾森貝格負責軍工產品進入中國市場的仲介工作。[25]

在蘇聯撤走對華援助，以及中國與自己的「意識形態之母」蘇聯決裂的同時，中國依舊維持著與西方陣營的孤立關係，並意識到自己在軍事裝備與軍工技術方面處於劣勢。中國意欲購買那些能夠改善其國防地位的專有技術。此時，發生在西南邊境與越南的軍事衝突，以及在北部邊疆地帶與蘇聯日益升級的緊張局勢加劇了中國捍衛國防安全的緊迫感。此外，一九七三年贖罪日戰爭後，以色列掌握了可以提供給中國有關蘇聯先進武器和防禦系統的寶貴技術。

這些綜合條件使以色列意識到，它將會藉由升級諸如火力控制、夜視裝備、混合動力車等蘇聯先進技術的途徑，為中國提供大量軍事裝備。以色列研發人員的技術創新能力助推著以色列自身技術的擴展，同時也增添了對外出口技術產品的潛力──首要出口產品集中在國防軍工領域。然而，以色列缺乏可用於支撐與主要老牌工業強國展開競爭所必需的大規模製造業能力。無論如何，以中合作已取得突破。以色列訪華代表團成功推銷了其軍事工業，而且中國方面也恰巧樂於為以色列人提供服務的意願買單。[26]

訪華軍事代表團接受艾森貝格的提議，乘坐其私人飛機飛赴中國。吉多爾講述，他們被要求不要向外界洩露自己的以色列人身份。而在以色列，也只有少數人知曉此次訪問。用以掩蓋的故事是報導訪問團飛赴菲律賓。在航行中，飛機偏離慣常航線而轉向中國。就在訪問團抵達北京之後，以色列人立即向中方提供了大量有關軍事技術問

---

25 本次祕密倡議的行動代號為「Olympia」。參見：Barzilai, "Here's How to Break Down a Wall."

26 參見：本書作者與加布里埃爾‧吉多爾進行的訪問，2004年。

題的重要資訊。中國人急於擺脫他們對蘇式機械和武器裝備方面一無所知的困境，同時以色列人則非常願意提供幫助。

艾森貝格在此次以色列代表團的訪華過程中發揮著積極作用。他與中國同行進行過某些商討，接收由設立在北京飯店的「情報室」發來的相關援助資訊。他還與以色列方面保持著聯絡，儘管代表團成員被隔離在中國政府為外賓設置的官方招待所內。據吉多爾講述，若沒有艾森貝格，任何事情都無法取得進展。雖然艾森貝格遭遇了許多麻煩，但他仍堅持不懈地工作，他的耐心獲得了應有回報，如願以償地收獲以色列方面給予的豐厚傭金而實現謀利目標。艾森貝格還同諸多虧欠他人情的個體經營商建立並積累了合作關係。他施展著自己分析局面與捕獲機遇的才能，分辨缺乏足夠生產訂單的以色列工廠，以便從他們那裡預訂低價產品。[27]

從一九七九年至二十世紀八〇年代，以色列軍工企業與對應中國機構之間的關係得以持續發展，雙方在軍事技術和武器裝備等領域簽署了若干協定。據某些報導，同往常一樣，艾森貝格依然擔任中間商，在此期間他獲得了至少五億美元的巨額利潤。儘管以中之間的接觸在嚴格保密的情況下進行，但偶爾也會得到外媒報導。例如，一九八四年，英國軍事週刊《簡氏》（Jane's）報導中國與以色列已進行過價值約三十五億美元的武器交易。

以色列商人阿摩司・尤丹（Amos Yudan）也敘述了以色列與中國之間的軍事交易，以及艾森貝格在其中的關鍵作用。二十世紀八〇年代，尤丹曾代表後來隸屬於科爾集團的塔迪蘭公司前往中國開展商業活動（其中一些涉及軍事）。由於當時以中之間不允許進行正式的商務往來，行銷買賣等活動必須通過第三方進行。據尤丹確認，他懷疑

---

27 參見：本書作者與加布里埃爾・吉多爾進行的訪問，2004年。

導致此種情況的另一個原因與艾森貝格有關。一九八八年，尤丹接受時任以色列外交部副部長兼經濟事務部門主任塞爾吉奧・伊札克・米納比（Sergio Itzhak Minerbi）的建議，成立了一家旨在推進以中兩國關係的秘密公司。當時擔任以色列駐香港總領事的魯文・梅哈夫（Reuven Merhav）表示，一些「不明真相」的中國人主動接近他，聲稱艾森貝格正在經營以色列的業務。顯然，有些中國人認為與以色列有關的一切業務都必須經由艾森貝格。因此，當以色列軍方代表突然公開露面宣稱他們要負責就推進以色列在中國的利益並計畫開展各類交易時，這些中國人倍感意外。

由於以中之間無法開展直接貿易往來的實情，以色列決定在香港開設辦事處，由以色列政府管理並控制。以中業務往來通過這家辦事處而不是領事館進行。設立秘密辦事處的建議得到以色列內閣的批准：當時內閣主要成員包括伊札克・沙米爾，他熟悉摩薩德並與其維持著友好關係；西蒙・佩雷斯，他與沙米爾輪流擔任聯合政府的總理一職；阿里埃勒・沙龍，時任工業、商業和就業部長。在尤丹的指導下，成立了經紀型公司科培科（Copeco）。尤丹注意到，公司經　營狀況良好，並且與包括江澤民在內的中國高層官員建立了良好關係。然而，科培科並未涉足軍工產業，當時軍工部門的業務仍由艾森貝格獨家專營。科培科促成以色列與中國的企業達成多項交易，將諸如溫室、滴灌等以色列技術轉移至中國，並且也促成兩國之間互派代表團。

二十世紀九〇年代初，中國高級官員會見尤丹，向他抱怨儘管「長者」艾森貝格為人非常好，但他所要求的傭金過高。他們打算繞過艾森貝格提供的仲介服務，而直接進行以中之間的業務往來。飛機空中加油技術是中國高官感興趣的領域。因此，尤丹聯繫了以色列飛機工業有限公司的時任首席執行官摩西・科雷特（Moshe Keret）。但幾個小時之後，尤丹接到了魯文・梅哈夫的來電，魯文用激烈的言辭抨擊道：「你瘋了嗎？難道你不知曉這些工作歸屬艾森貝格嗎？你怎能如此妄為？」試圖直接繞過艾森貝格的業務往來幾乎致使尤丹丟失工作。事實證明，艾森貝格營建了一個運作良好的業務關係網，能夠使他自己及時瞭解包括以色列飛機工業有限公司內部和其他以色列公司參與中國業務的所有事情。顯然，艾森貝格確立了前所未有的商界地位，不僅能夠使其在以色列政府最高領導層施展無可比擬的影響力，而且也可以在中國維持獨家關係。在艾森貝格去世多年後，許多以色列國防工業的從業者仍對他心懷感激，這不僅由於他是締造與中國進行業務往來關係的開拓者，而且也由於他在以色列軍工國防產業發展中的各類倡議。在這一時期，以中關係發展史與艾森貝格有著千絲萬縷的聯繫，因為以色列從他牽頭舉辦的各類會議，以及他在以色列主持招待中國高層訪問代表團等其他貢獻中受益頗豐。就在艾森貝格去世前幾個月，他還在以色列招待了訪問期間的中國副總理，在此期間，他會見了班傑明・納坦雅胡總理。此外，摩薩德外事司代表也加入了艾森貝格的代表團。不可置否，在以中兩國建立正式外交關係前，艾森貝格的雙邊接觸對以中關係的發展具有至關重要的意義。

在艾森貝格於一九九七年三月去世前，他的聯合開發公司已經在中國積聚了前所未有的經濟實力和影響力。這家公司與中國進行著貿易往來，並在中國境內廣泛涉足各類技術創新型業務，諸如將以色列的農業技術、通信技術和工業產品轉移至中國，同時也向中國銷售以色列的白鉀肥。

二〇〇三年，一位筆名為戴麗雅・法拉赫（Dalia Falach）的以色列作家以艾森貝格為名發表了一首詩：[28]

28　Dalia Falach, Tel Aviv: Am Oved, 2003.

《艾森貝格一九七九》

毛主席去世；

伊朗國王喪失威嚴權柄，御座震顫；

財源廣進的時機已到，艾森貝格自言他將穩操勝券。

一九七九年二月二十二日，艾森貝格飛赴中國，會同各位同仁共赴中國：

── 國防部總幹事；

── 國防部國防產品出口配套司負責人；

── 國防部安全司主任；

── 摩薩德外交部門負責人；

── 埃塔系統公司首席執行官和愛麗絲拉（Elisra）首席執行官；

── 塔迪蘭首席執行官和拉斐爾先進防禦系統公司首席執行官；

── 以色列軍工產業局負責生產協調工作的副局長；以及其他官員。

他們秘密地共同飛赴中國，

衣著上不顯露身份。

感人至深的景象！

目睹他們聚集在飛機上。

使命團待在中國三個星期（這是很「酷」的經歷，對嗎？）

他們向中國人講述了他們所擁有的一切以及所知曉的一切；

隨之，中國人採購。

媒體報導諸類交易；

預計至一九八四年，交易額即會高達三十五億美元。

中國以實物支付：絲綢。

如果我領會正確的話，艾森貝格銷售了所有絲綢，

以市場價格（在西方），

隨之，艾森貝格也將相應比例收入囊中：

百分之十五，與以色列內閣（貝京、魏茨曼、達揚）達成的協議。
此外，他又收獲了額外百分之二可用於支付意外費用的收益。

艾森貝格去世之後

一九九七年，掃羅・艾森貝格因中風去世，享年七十六歲。在以
色列的薩萬（Savyon）墓地，成千上萬的民眾，包括商人、政治家、
外交官，以及中國大使和中國高級外交官都參加了他的葬禮。[29]

直到艾森貝格臨終當日，他依然精力充沛且專注地經營著自己的
業務。他繼續推進擴展在中國的業務範圍，二十世紀九〇年代中期，
在他收購了以色列化學公司（Israel Chemicals Ltd.）的控股份額之
後，他擴展該公司在中國的業務項目。[30]然而，有些人認為在艾森貝
格臨近去世前的幾年內，中國和中國商界已不再需要像他那樣的人
物。中國經濟的發展已日益趨向與西方和國際經濟接軌，在依託快
速、先進通信技術型互聯互通的新世界，以及中國極快地邁出向世界
開放的步伐時，中間商的角色已落後時代潮流且數量冗餘繁多。顯
然，艾森貝格無法使自己的業務適應中國新的全球戰略現實的利益追
求。[31]儘管如此，在二十世紀九〇年代中期，他依然在負責中國收購
以色列軍工產品的業務往來時從工作傭金中收獲了可觀利潤。[32]

在艾森貝格去世後，艾森貝格集團公司依然遵照其遺願，繼續
盡力在中國開展商業活動。例如，一九九八年年中，艾森貝格集團公

29 Avirma Golan, "Thousands Attended Eisenberg's Funeral," *Ha'Aretz Supplement* 31 March 1997.

30 Gad Peretz, "The Heir is Already Apparent," *Ha'Aretz Supplement* 30 March 1997.

31 Orit Galili, "The Next Generation's Turn," *Ha'Aretz Supplement* 10 October 1997.

32 Amir Oren, "The Cutting Robber," *Ha'Aretz Supplement* 13 October 1995.

司聯合死海工廠同中國政府簽訂要在三方享有共同所有權的原則下建造鉀肥生產廠的協議。[33]此外，該集團還從事向中國出售費爾康（Phalcon）空中預警雷達系統的代理工作。[34]這筆交易引發了一小段外交插曲，原因是中國、以色列和美國之間不穩定的三角關係。然而，當身為局勢掌控者的艾森貝格撒手人寰後，艾森貝格集團公司與中國之間的緊密聯繫也漸趨鬆弛，再也未能恢復至艾森貝格時代的鼎盛。他的兒子兼繼承人歐文似乎是一位行事謹慎的企業領導，他不急於在全球範圍內開闢多個新項目，而是專注於維持經營現有業務，並且將大多數業務活動主要集中在以色列。[35]

---

33 Robbie Steinberg, "Agreement Between Eisenberg Group and the Chinese Government: They Will Construct a Potassium Plant for 450 Million," *Ha'Aretz Supplement* 14 May 1998.

34 Aluf Ben, "The New Phalcon Rules," *Ha'Aretz Supplement* 25 December 2001.

35 Rami Rosen, "When I Whistle, My Employees Come Running," *Ha'Aretz Supplement* 26 December 1997. 關於費爾康事件，參見本書第七章。

第六章
投資中國失敗的虧損
——四家以色列公司的故事

　　自鴉片戰爭結束後的十九世紀下半葉開始，尤其是在二十世紀上半葉，直至一九四九年中華人民共和國成立的這段時期，中國市場曾廣闊地對外開放。當時，處於半殖民地狀態的中國在國家主權方面嚴重受損，一系列不平等條約為西方商人帶來豐厚收入。外國列強施加給中國的不平等協定，致使中國產品在無法享受國家任何的保護機制的情況下就直接進入市場。實際上，中國是非正式殖民地帝國主義的受害者。作為半殖民地國家，與列強將某些作為正式殖民地的定居區域截然相反，中國並未從這些殖民區域享有的少許優惠政策中受益。在諸如交通、教育、司法或抵禦外敵入侵等傳統上由政府管理經營的部門，也不存在任何細心為國民服務的帝國式母親形象。因此，在當時，中國的財富和巨大市場完全容易受到掌握實權者的影響。很明顯的，在任何希望將中國視為開展商業活動的私營或政府企業看來，這裡商機無限。

　　但如同神話中的黃金之城埃爾多拉多（El Dorado），夢想並不總能實現。儘管外國商人享有其政府給予保護和治外法權等巨大的初始優勢，諸多歐洲公司都未能成功在中國開展業務。西方企業在中國遭遇的商業壁壘和沉痛失敗，是因為中西方的文化鴻溝、消費模式的差異，以及在如此異域般的文化環境中經營業務的困難。中國人和西方人之間的交會點就以這種相悖的處境為突出特徵。一方面，西方人對追逐巨額利潤翹首企足；但另一方面，他們有時也會因沉重損失而心灰意冷。自十九世紀起，這種模式一直延續至今——但西方人似乎從未汲取教訓。儘管失敗者蒙羞退卻，但那些從未體驗中國獨特國情且經驗匱乏的商界同業，仍然懷揣能夠在這個國度探尋寶藏的夢想——彷彿蘊藏在中國市場的所有財富一直在苦苦等待他們到來。一個投資者失敗，又會有千萬個投資者再次湧現，如此無終止地循環往復。

二十世紀三〇年代，正如謝爾曼·考克倫（Sherman Cochran）在其研究[1]中闡述，儘管瑞典的火柴公司在中國開展業務時，事先的籌備工作看似謹慎而明智，最終依然虧損嚴重。考克倫對該公司的歷史進行深入分析後揭示，儘管他們接受過相應的培訓，但公司管理者在很多方面並未將中國及其文化的獨特性內化於心，無法運用中國式的思維方式指導工作。而且，中方代表也誤導了瑞典人。儘管中國在當時的全球舞臺處於劣勢，但當中西方文化交流碰撞時，中國商人幾乎總是牢固佔據先手位置。

外國人缺乏在中國的獨特環境（語言障礙只是其一）下進行業務推銷的技能，這意味著他們及其企業幾乎總是處於虧損狀態。這種現象堪稱「被監禁的帝國主義」（imperialism imprisoned），通常指弱者會戰勝強者，正如同樣適用於經濟戰線的《箴言》（24:6）中所言明的那樣——「你去打仗，要憑智謀。謀士眾多，人便得勝。」[2]

二十世紀七〇年代末，在中國開始實行「對外開放政策」後，它以勢不可擋的態勢成為吸引外國投資的沃土。現在，中國為外企在其本國之外尋求業務合作的企業提供了舒適的發展環境。經濟特區以及合資企業與外國直接投資享有優惠待遇，已成為中國新時期經濟發展的典型特徵。除此之外，中國還開啟商業改革進程，推動工業技術的

1　Sherman Cochran, *Big Business in China: Sino-Foreign Rivaling in the Cigarette Industry 1890-1930* (Cambridge, MA: Harvard University Press, 1980).

2　與西方企業如何在中國虧損及與其相反的內容，有關西方列強試圖剝削中國，參見：Shai, *The Fate of British and French Firms in China 1949-1954: Imperialism Imprisoned*。

創新升級，創造了數百萬就業崗位，學到了外來新技術，最終促成人民生活水準和國家經濟實力得以顯著提高。以上諸類因素已經是卓有成效，至今仍是帶動擴展中國國際貿易規模的有力槓桿。然而，與其他國家相比，中國卻持續接受數額相對較低的外國直接投資。在中國，許多外國直接投資限於短期而且局限在若干部門。

外資企業在中國遭遇的困難之一是依舊無法迴避管治模式方面的問題，也就是說中國商業體系的運營透明度有待提高，而且相應法律法規也有完善的空間。中國與其他交易夥伴之間固有的文化差異，時常產生誤解。當時，中國尚未完全落實自由市場原則，或至少能達到西方人所期望的程度。中國經濟的運行特徵是自上而下、中央監管與宏觀調控的計畫型經濟。此外，版權問題也對跨國企業在華商務活動產生重大衝擊。中國對版權問題的哲學思考與西方公認的觀念有所不同：中國人認為版權侵權與非法拷貝是沒有被明確禁止的普遍現象。而且，還存在「走關係」的問題，即有時為促進業務交易而急需啟用特殊關係，既可能成為障礙，又可能成為一種可資利用以推進業務的有利工具。

近年來，有關中國對外關係的外交史研究已成為與商業史研究重疊的研究主題，提供了另一個透視中外關係其他方面的視角。自二十世紀八〇年代起，鄧小平反覆強調關於外國產品必須服務於中國發展的著名論斷，表達了中國人處理對外關係所秉持思想的實質。就中外合資而言，領導人的聲明暗示將中外合營視為提升中國技術的有效途徑，合營企業的理想狀態是不需要中方提供所需資金。依據中外合資企業的經營方式，中國方面將提供建設工廠的土地、基礎設施、勞動力和原物料；但外方投資者必須提供技術、大部分設備、經營戰略以及合營企業所必需的流動資本。而且，外國投資者也被期望為推銷產品而提供資金。

在中國碰運氣的以色列商人

掃羅‧艾森貝格在中國積攢的豐富經驗直接又間接地為其他以色列商人發揮了良好的示範效應──但艾森貝格獲得了巨大成功，但其他很多人卻只能慘澹收場。

二十世紀八〇年代，即在以色列與中國建立正式外交關係前，以色列在香港創設了一個鼓勵以色列企業向中國出口產品的辦事處，該辦事處在北京設有當地代表。在此期間，兩國之間的間接貿易額非常小──每年只有約五千萬美元（除國防和軍工產品的交易額以外）。一九九二年以中關係正常化後，主要從一九九九年開始，兩國之間的直接貿易額呈指數速率增長。中國成為以色列產品出口至亞洲最重要的目標市場。伴隨以中貿易的蓬勃發展，在中國經營的以色列公司數量顯著增加，其中合資企業數量激增。二〇一七年，以色列對中國的出口總額超過三十億美元，其中不包括鑽石交易；而以色列自中國的進口總額高達約八十億美元。顯然，從中國進口至以色列與從以色列出口到中國之間的失衡關係至今仍是一個重大問題。與以色列從中國的進口數額相比，以色列無法相應地增加其對中國的出口總額。

二〇〇四年，以色列貿易、工業與勞工部將中國列入致力於推動以色列產品出口的主要目標國家清單。作為該計畫的一部分，資訊技術、農業、水質和環境保護等領域的以色列企業家享有政府補助。在北京和上海也開設了貿易辦事處。以中關係的突破性進展以一系列新舉措為突出特徵，諸如為公司設立代辦處，簽署若干協議，舉辦有關貿易和經濟方面的會議，以及互派訪問代表團。兩國政府對雙邊貿易壁壘進行週期性檢查（現在仍在執行），而且聯合經濟研究也是兩國常規關係的一部分。例如，二〇一〇年，班傑明‧納坦雅胡總理要求工業與貿易部籌建一個旨在研究如何增加以色列對中國出口的跨部門委員會。該部門開展工作的前提是中國經濟仍將繼續增長，以色列應該充分利用這個主動呈現的機遇之窗。

對以色列的出口增長具有重要貢獻的三個工業部門是：發動機和電氣設備，即中級高科技產業；肥料，即中級低技術產業；測控裝備。以色列除了在創新、創業和人力資本方面具有相對優勢以外，還在高科技產品方面具有明顯優勢。

二十世紀九〇年代，薩諾（Sano）和奧賽姆（Osem）是首批在中國碰運氣的以色列公司。許多以色列公司都憧憬著能在這個正在成長中的中國大市場淘金，畢竟中國市場剛剛在諸多領域向以色列公司開放。首批進入中國市場的是農業和水資源領域的公司，中國在此類領域的監管較為溫和。隨之，其他各類領域的公司也接踵而來，包括專注滴灌技術的耐特菲姆（Netafim），主營灌溉水過濾的阿米阿德（Amiad），出口魚類與水生植物的哈左拉（Hazorea），以及海法化工有限公司。

此後，在中國批准了通信領域的相關法律法規後，專注在此領域開展業務的以色列企業也開始進入中國，例如 ECI 電信、塔迪蘭、伊萊柯特拉（Electra）和吉萊特（Gilat）衛星通信有限公司。二十世紀九〇年代末，以高科技和電子產業為主的以色列企業再次掀起進軍中國市場的浪潮，包含諸多未能及時參與第一波進入中國市場的企業，例如網路安全行業的「關卡」（Checkpoint）、電信軟體領域的康維斯（Comverse）、自動 Wi-Fi 網路行業的奧維通（Alvarion）以及通信領域的 VCON。隨後，又有房地產、保險業和風險投資業的公司匯入這股潮流。

薩諾（Sano）案例

布魯諾・蘭德斯伯格（Bruno Landesberg）曾任以色列大型洗滌劑產品製造商薩諾・布魯諾企業有限公司（Sano-Bruno Enterprises Ltd.）控股股東兼前任董事長。二十世紀八〇年代，在一個訪問以色列的中國代表團表達了對薩諾產品的興趣之後，該公司首次進入中國市場。當時訪以代表團建議薩諾公司在中國籌建類似工廠，蘭德斯伯格對此建議感到興奮並開始行動。伴隨蘭德斯伯格在中國日益深入的推動工作，他被中國文化和人民的獨特魅力深深吸引。他將自己在中國的業務目標設定為投資。起初，他與掃羅・艾森貝格協商，兩人在二十世紀九〇年代初即開始合作。[3]

薩諾公司的高層經理人與中國商務代表團在賽普勒斯進行會晤，蘭德斯伯格與其子亞歷克斯（Alex）在會上展示了該公司幾款產品的樣品。以色列參會代表包括薩諾公司的首席化學家、另一位知名化學家、原物料供應商、附屬薩諾的廣告公司代表和一位翻譯。為籌備此次會議，薩諾公司製作了一部關於籌畫中工廠的影像宣傳片，詳細展示了包括此次規畫項目的具體提議。以色列代表團受到中國代表的熱烈歡迎。蘭德斯伯格將雙方會晤的積極友好氛圍歸因於他與這些老一輩中國人都共同熟悉俄語和俄國文化，雙方的語言障礙因這種意料之外的洽談方式而煙消雲散，雙方商談在享用俄國音樂與優質食品和飲品的過程中饒有興致地推進。

薩諾公司與中方代表團在瀋陽舉行第二階段洽談，主要討論籌建工廠的規畫地段。據蘭德斯伯格講述，在那個時候，瀋陽看起來就像一個巨大的貧民窟。薩諾公司代表團受到中方熱烈歡迎，「如同皇帝

3　參見：本書作者與布魯諾和亞歷克斯・蘭德斯伯格進行的訪問，2011年7月10日。

出訪一樣」，代表團受到「十二輛賓士車」護送的禮遇。但是，關於工廠的規畫，以及圍繞著如何建廠與怎樣運營的談判卻漫長而乏味。其中每個問題都經過長時討論，即便貌似是已經達成了協議，但雙方又會就一個問題或另一個問題重新展開談判——這著實是一場消耗戰。此外，在訪華期間，以色列代表團與外界環境有所脫離。白天，以色列代表被豐盛的膳食與美酒所款待；夜晚則舉行商業洽談。中方希望在雙邊組建的聯合董事會中獲得多數席位。最終，中國人如願以償——擁有了工廠百分之五十五的控制權。在這種處境下，薩諾公司要接受中方設定的各類條款。由此，以色列人的影響力有所退卻，他們難以對工廠的工人、文書員或本地管理人員的職務任命發表強力意見。

最終，在歷經多輪無休止的商談之後，雙方簽署協定，薩諾公司負責在瀋陽建廠，該廠性質是薩諾與中方選定的中國公司共同合作經營的中外合資企業。薩諾公司負責建造工廠，並提供所有必需的技術設備。建廠用地由中國政府分配，依據中國公認的法定程序，薩諾不允許購買所需土地，而只能租賃。依據協定，中方負責產品的行銷工作。

薩諾公司負責起草建廠規畫，交由中方合作夥伴施工。但是，原始規畫與施工進展之間差異巨大。蘭德斯伯格聲稱，其中一個明顯的案例即是工廠內部各區域的分配問題。以色列人認為過多的開闊區域預留給了經理辦公室，此類辦公室的裝修風格宏偉大氣，配有緊鄰的浴室（就此計畫而言，即便是蘭德斯伯格也被蒙在鼓裡）；相反，實驗室和生產區域則要小於原始規畫中的要求。此外，最終的建造費用也高於原始的規畫成本。薩諾不得不單獨承擔此項費用差額，這引發了雙方之間的嚴重分歧。

雙方的另一個分歧是關於工廠雇傭專業人員的問題。薩諾公司投入大量資金培訓中國專業技術人員，其中十幾人飛赴以色列學習專業技能，以方為其提供住宿與專業技能培訓——所有費用由薩諾公司承擔。但當這些專家返回中國之後，除一人外，中方領導將其餘所有人全部解雇，繼而由其親信取代。甚至工廠經理也是基於非技術原則而上任，這與蘭德斯伯格偏向選擇經驗豐富且精通英語的廠長的意願完全對立。中方要求與其進行的所有交談，只能通過他們選定的翻譯來進行。通過這種方式，他們希望可以密切關注發送給以色列合作夥伴的資料。起初，與具有政府背景的中國公司合作，看似潛藏著有利的支援性條件，但最終薩諾公司意識到這實際是一個障礙。追根溯源，是因為中國人對政治和政府關係很在意，因此企業的決策過程可謂舉步維艱。

原則上，應由薩諾公司決定生產哪些產品。但由於薩諾員工在進行必要的目標市場調查時被禁止接觸中國客戶，致使他們無法獲取恰當的市場訊息。中國人有自己的思維方式。他們密切關注市場調查人員，而且時常曲解所得資料，中方工作人員總是根據上司的指示意見來推進工作。事後證明，蘭德斯伯格關於產品（例如灌裝袋液體洗滌劑）選擇的決策是錯誤的，薩諾公司原本會更好地為客戶提供不太複雜且迫切急需的產品，例如殺蟲噴霧劑等。

依據合約，薩諾公司必須利用當地公司進行廣告與行銷工作，儘管此類領域在當時的中國依舊處於發展的初級階段。雖然為薩諾指派的廣告公司有政府背景，卻缺乏必要的經驗，在產品廣告方面屢遭挫敗。例如，據蘭德斯伯格講述，薩諾公司建議採納該領域既實惠又適宜的宣傳方略，但是，中方公司卻堅持電視廣告的途徑，廣告成本頗高且難以成功將產品打入低收入目標市場。在很多地區，薩諾產品無法在商店購得。店主在以色列工作人員到訪之前立即將貨物擺放在貨架上，但在他們離開之後立即撤貨。中方拒絕進行市場調查，也禁止薩諾員工與中國消費者進行任何接觸。據蘭德斯伯格講述，公司嘗試

掌握通過香港公司私下向中國市場進行產品行銷的方法，但此次諮詢
價格頗高。在整個過程中，蘭德斯伯格感覺到中國人不斷試圖利用嘗
試與中國做生意的外國企業的資金。

自與中國人接觸的第一刻起至合資企業的終止，薩諾公司在中國
經營業務的時間大約持續了五年。在合營關係解除後，薩諾在未能獲
取預期利潤的情況下撤離中國，同時也不得已而遺留下它曾資助、裝
備以及注入巨大知識投資的工廠。該工廠於一九九五年開工，擁有約
四十餘名員工，但僅在幾個月之後停產。初始投資總計約三百萬美元。

此外，根據合約，薩諾公司不得訴諸任何法律措施以解決與合資
經營有關的糾紛。雙方同意若出現分歧，他們會請求調解員介入。蘭
德斯伯格家族的法律顧問建議，若在必要時請求調解，則應該在瑞士
進行。但中方堅持認為，作為奠基雙方彼此建立信任關係的步驟，調
解將在中國進行。實際上，當分歧浮現時，中方代表並不積極執行協
議，因而調停也從未發生。在薩諾員工看來，他們對將在中國舉行的
折衷性調解方案深表懷疑，因為以色列人認為這種妥協式調停勢必自
然地偏向中方。因此，他們決定放棄此類計畫。

除洗滌劑產品工廠外，薩諾還創建了一家在中國運營的廣告公司，
同樣是中外合資性質。薩諾投資數十萬美元建立，並發展這家廣告公
司，購買並翻新了一座用於辦公的建築大樓，其價值也隨著時間推移
而水漲船高。公司開始運作，但薩諾管理層從中國獲取的資料卻稀缺
無常。儘管薩諾為相關的律師和會計慷慨解囊，但他們從未獲取希望
得到的資訊，薩諾公司內部認為中方時常誇大開支以便聚斂不合理的
資金數額。儘管如此，該廣告公司竟然能夠盈利。但當薩諾索求歸屬
其應得比例的利潤時，中方卻以重大債務為由宣佈薩諾沒有資格獲得
收益。以色列人再次感覺到他們被外國同行利用了。儘管北京允許外
國公司在華經營，而且也沒有將其納入國有化，但它卻以迂迴的方式

分享了這些外資企業的利潤，同時又謹小慎微地避免屠宰能夠孵化金蛋的大鵝。[4] 例如，外國公司必須為所有中方員工提供住宿。

當薩諾意識到他們無法信任依靠中方律師或會計師解決公司問題時，他們隨即聯繫負責廣告與法律援助工作的以色列合作夥伴。這項倡議徒勞無果，中方只是建議由中國母公司以微不足道的兩萬美元收購該公司的商業冠名、辦公室和員工，如此一來，以色列人的不滿便會消散。儘管辦公大樓價值幾十萬美元，但薩諾管理層決定放棄並接受該提議。正如洗滌劑製品廠所經歷的一樣，薩諾再次傾向於承擔虧損，而不是訴諸法律武器同中方進行長期、代價高昂且耗費精力的爭執。最終，薩諾公司獲悉該廣告公司至今仍在運營，而且取得了令人欽佩的成功。如今，它據說已在是瀋陽地區的中國股票市場完成了上市交易，並且公司依舊沿用原名——薩諾。

據後見之明，蘭德斯伯格決定不再與中國共同籌建合資企業——最好是單獨並以獨立的商業根基進駐中國市場。如此，中國人就不會以主人的身份佔據著支配地位，公司無論何時與合作夥伴產生糾紛，都可以獨立自主地做出所有決定。

儘管負面經歷頻出，但布魯諾・蘭德斯伯格並不後悔他在中國的商業冒險。回顧往事，他將此類經歷視為學習體驗，認為浪漫的夢想可能會在更為恰當的時機和地點實現。他說，「當我們穿過瀋陽街區進入工廠，看到中國國旗掛在入口一邊，而以色列國旗掛在另一邊時，我們並不關心金錢或利潤。」蘭德斯伯格之子亞歷克斯則分享了一個更現實、更苦澀的經歷。在他看來，中國人利用了薩諾公司，而且工廠所需運轉成本超出了實際的生產需求。他估算薩諾的虧損約在二百萬至三百萬美元之間，如果薩諾公司沒有及時在恰當的時間終止

4　參見：Shai, *Imperialism Imprisoned*.

合資經營權，虧損可能會更大。亞歷克斯斷言，他和父親可能較為單純。他們的世界觀認為若是合夥做生意，合作夥伴必然行事公正。「我們是一個公平的公司，我們希望合作夥伴之間能夠坦誠相待，無論是中國人、印度人還是以色列人。」起初，中國人以他們熱情的態度給人留下極好印象。但伴隨合作關係的推進，薩諾意識到中國人在不經意間會造成企業的虧損。薩諾意識到，中國人願意在以色列人擁有尚未開發的資本儲備，並且有責任用盡外國資金的假設下，給這家資本主義公司帶來可觀的損失。

蠅頭微利的花生——奧賽姆（Osem）案例

掃羅·艾森貝格的名字又出現在奧賽姆案例中，他在一家以色列企業與奧賽姆所接觸的中國企業之間擔任仲介商，艾森貝格應該是在中國土地上建造一家新合資企業的投資者之一。根據初始規畫，奧賽姆公司、艾森貝格集團公司和北京農業實業公司（BAIC）等三家企業實體均等參與這家工廠的建造。這家中國企業獨自擁有農場和農作區地帶，之上可用於建造具有盈利性質的酒店和工廠等建築物。二十世紀九〇年代中期，中方企業代表造訪位於以色列的奧賽姆工廠，考察學習其產品生產線。其中，他們對花生味的膨化食品班巴（Bamba）深感興趣。中方訪問團提議在中國建造一家班巴工廠，他們甚至將這些零食樣品帶回中國，計畫開啟商業冒險之旅。[5]

與此同時，艾森貝格認為他沒有興趣在中國投資合資企業，繼而退出合夥關係。然而，這次他並未就其向奧賽姆公司及其首席執行官加德·普羅珀（Gad Propper）提供有關進入中國市場的仲介與諮詢服

5　參見：本書作者與加德·普羅珀進行的訪問，2011年8月14日。

務工作收取任何報酬。

奧賽姆與中國企業達成了協定。據普羅珀所言，他們決定奧賽姆將持有合資企業百分之五十一的所有權，這將給予他們熱切盼望的控股權益。他們還一致同意由奧賽姆（以色列）公司負責輸入在中國建立和管理工廠所需的專業技術和管理經驗。基於他們對當地市場的瞭解以及他們已掌握的專業管理技術，中方應該專注於為工廠提供土地和建築物，並且自行完成市場行銷工作。

普羅珀將簽署協議與初次業務往來的經歷形容為積極有效的，儘管他們在業務往來與商業倫理方面與中國人秉持截然不同的思維方式。在那個階段，伴隨雙方談判的深入推進，普羅珀毫不懷疑緣於對方存在隱瞞事實、或造成公司虧損的動機。

中國奧賽姆工廠的開發與建成耗時一年，但卻是建於一家破產霜淇淋工廠（與西方企業合資）的地基之上。奧賽姆不惜重金為合資工廠投入勞動力、設備和最新技術，甚至為適應新地區的產品需求而調整生產配方。曾任職於食用油生產商北京艾森綠寶油脂有限公司（Beijing Eisen Lubao Oil）的利奧·本·祖爾（Lior Ben-Tzur）被任命為新合資企業的首席執行官。

奧賽姆北京工廠專注於打造一場迎接以色列駐華大使奧拉·納米爾（Ora Namir，中文譯名南月明）光顧的喜慶儀式。工廠開始批量生產，起初工作進展著實順利。班巴零食出售給批發商，由其分銷到北京各地。其他地區的分銷計畫也是恰到好處，但一段時間之後，批發商開始抱怨商店等零售商沒有為這些商品付款。最終，班巴零食供過於求，零售商沒有訂購新的班巴產品且延遲付款。

普羅珀將此般低銷售額歸咎於其中國同事在廣告和市場行銷方面的過失性工作表現。中方工作人員在公車上進行市場調查和廣告宣傳，但產品卻在大型連鎖超市銷售。但在初期因未能達到預期銷售額且債臺高築而感到失望後，中方合夥公司拒絕向此生產項目注入超出首次投資的額外資金。它轉而僅僅為廣告、市場行銷以及正式許可的營業執照進行初步的預付款，由此造成了惶恐不安的局面，且公司試圖向中資銀行貸款時又出現了其他障礙。儘管如此，奧賽姆公司同意繼續投資。由於雙方投資力度的不平衡，中方同意將其在公司獲取的利潤份額由百分之四十九降至百分之四十左右。

此時，普羅珀聯繫了雀巢公司，雀巢當時已在北京地區擁有十一家工廠（這是奧賽姆與雀巢最終合併之前的資料）。雀巢向奧賽姆提供適度援助，同時也提供開拓業務的諮詢顧問，但不提供財務援助。當時，雀巢公司在中國經營業務面臨成本高昂的挑戰。例如，雀巢建立了一家乳製品廠，按照合約，它需要從數千家乳牛場批量性地定期購買牛奶。雀巢公司大中華區負責市場行銷的經理告訴普羅珀，他過去時常在半夜驚醒時發現全身淹沒於冷汗中——他頻發噩夢，夢見自己淹死在牛奶河中。令其寢食不安的問題是：他怎樣才能勝任公司交付的銷售任務，以及他將如何處理過剩的牛奶呢？

萬不得已之時，普羅珀最終聯繫了奧賽姆公司在以色列的董事會，請求注入額外資金。要實現此步驟並非易事，但這預計會長期生利。但由於普羅珀缺乏投資必然會得以回報的確切保證，他僅獲取了其所請求金額的十分之一——只有大約五十萬美元。基於此，中國奧賽姆工廠已然註定是命運不濟。隨後工廠搬遷巴布亞紐幾內亞，並且在當地取得成功。與此同時，中國土地上的工廠依然牢固地掌控在中國人手中。

普羅珀認為，中方經理與他同樣對奧賽姆合資企業的迅速崩潰感到失望。就個人而言，普羅珀從此次經歷中積累了豐富經驗。在中國，他遇到過聰明友善的人，他們對猶太人和以色列人都充滿欽佩之情。普羅珀坦言他的合作夥伴總是展現出樂於助人的意願，然而，他也表明中國同事不善於打破陳規，認為他們在管理上因循守舊且充滿繁文縟節，也或許會中飽私囊。與針對薩諾公司的倡議一樣，中方堅持要求合資企業雇傭當地工人，而且幾乎不可能雇傭有能力貢獻不菲價值的外國專家。以色列企業被要求為員工提供住宿並為其支付全部社會福利，此外，他們還被迫以不具競爭力的價格購買產自中國的生產資料。

　　普羅珀採用了一套分析中國閱歷的哲學方法，以化解某些對他及其員工造成苦悶心情的經歷，以及在他蒙受虧損時的心態。畢竟，他認為在知識與技術層面，很難為他竭盡全力卻未能奏效的努力明碼標價。他估計虧損總額約為數十萬美元，可能是五十萬美元。他指出，中國人也投資購買了這項技術。企業經營失敗的失望比經濟虧損更令他感到心灰意冷。與亞歷克斯‧蘭德斯伯格不同，普羅珀並不認為中國人試圖欺騙他或是以犧牲他的利益為代價而發家致富。相反，他認為中方沒有做出足夠的努力來挽救合資企業。用他自己的話來講，中國人「直奔前方，如戴著眼罩的馬一樣死腦筋，無法靈活變通。」他在冷靜審視之前的經驗後認為，即便中國的情況早已發生變化，他也不會再參與諸如此類的商業冒險。在他看來，中國人的思想一仍舊貫，而且許多企業的管理體制陳舊如故，掌握在政府手中。

經驗教訓

　　阿摩司‧尤丹是第一批致力於同中國建立商業關係的以色列人之一，他對薩諾和奧賽姆在中國拓展業務的命運有著清晰的認識。[6]就薩諾案例而言，他認為主要錯誤在於公司結構。布魯諾‧蘭德斯伯格

6　參見：本書作者與阿摩司‧尤丹進行的訪問，2004年7月21日。

未能對合營計畫維持必要的管理權，尤其在中國的市場行銷領域。缺乏各類行之有效的控制與管理，失敗只是時間問題。此外，中方也沒有按要求運作，也不願意投入必要的資源。一言以蔽之，儘管產品優質，但銷售卻以慘澹的業績收場。

　　奧賽姆公司犯了類似錯誤──將市場行銷權委託給中方，卻未能成功完成業績目標。這些產品整齊地擺放在零售店售貨架上，但當地消費者卻對其一無所知。中方認為廣告投資過於昂貴，而且顯然他們完全忽視了行銷。由於奧賽姆公司本身並沒有承擔市場行銷的廣告宣傳工作，所以合資企業失敗的命運早已註定。

　　如前所述，尤丹熟知中國商界舞臺以及那些深陷中國商界泥潭的以色列商人。據尤丹所言，在中國，只有願意長期反覆投資新產品或技術的商人才能收獲成功。若想獲取成功，在中國的永久存在也是必須的，時至今日依然如此。由於外國公司在中國開展業務需要耗費高額成本，有些企業家認為在這個遙遠國度進行服務業投資或廣泛拓展業務聯繫乃毫無意義之舉。在業務活動範圍不足以證明所需投資額度合理的情況下，潛在的投資者應事先瞭解相關限制，針對中國獨特國情的市場調查投資至關重要。許多以色列公司尋求快速解決方案──他們希望在不產生高額費用的情況下進行行銷；相比之下，中國人則對日後多年的長期投資感興趣。

　　尤丹的觀點表明，許多以色列人在與中國進行貿易和商業往來時都表露出一個共同點──不願意或無法信賴漢學家。雖然公司願意向律師、經紀人和翻譯人員支付極高薪水，但公司經理通常過於高估他們的能力和經驗，並且從不考慮付費諮詢那些熟悉中國思維方式的漢學家或顧問的可能性。但是，中國的文化及思維方式與他們迥然不同且高深莫測。一些被破產折磨得體無完膚的商人願意承認他們曾犯下的錯誤：據布魯諾・蘭德斯伯格所言，當時唯一與中國相關的專家當屬掃羅・艾森貝格，儘管艾森貝格不是學術意義上的漢學家，但他卻是知識淵博的中國通。由於他與艾森貝格之間的密切關係，蘭德斯伯格時常收到關於他投資可行性的建議，艾森貝格會告知他需要注意什麼，以及其他問題的相關建議。不幸的是，事實證明艾森貝格的建議無濟於事——還是得持續跟進中國社會的最新發展動態。

當普羅珀被問及向漢學家諮詢的必要性時，他也談到了艾森貝格。「當我收到艾森貝格提出的百分之百的建議時，我覺得沒有必要進一步調查，」他承認，「如果我聘請一位漢學家，他可能會向我解釋，即便從市場調查中獲取了可靠資料，但仍然不確信此筆業務必然會成果卓著。由此，他們會警告在業務的早期階段就會有危險迫近。」普羅珀言明，如果他當時掌握了他如今所儲備的知識，在合資企業經營亟需緊急救援的情況下，他會要求中國人提供經過公認的投資儲備金，甚至也會要求進一步掌控包括市場行銷領域的決策權。

至二十一世紀，在中國的重要地位和經濟實力贏得全球普遍認可之後，關於這個獨特國度的諮詢領域取到了廣度上的發展。儘管如此，在當今資訊時代，諸多議題的相關資訊唾手可得，加上可以普遍使用在幾微秒內將語句由一種語言翻譯為另一種語言的應用程式，以致許多人立即聲稱自己是中國問題研究專家。然而，即便在像中國這樣正在突飛猛進的社會，國家歷史在指引其進行對外經濟與外交關係的博弈時發揮著至關重要的作用。在過去兩百餘年，外國列強對中國的剝削在很多方面給中國人民鑄上了烙印。因此，我們必須將這些同多層次的中國歷史、獨特的中國哲學以及發展了數千年的中國宗教信仰聯繫起來進行考慮。

從中國人的視域審視，中國人有充分的理由（甚至可以說是國家／民族責任）盡可能地利用外國人、西方人，特別是「資本家」的資源，而且「資本家」這一術語已在中國社會形成了某種特殊意義上的共鳴。毋庸置疑，在與中國人進行談判以及簽署協議時，他們對外國人或他者的利益往往有所忽略。

在華虧損指南：下個世代

自二十一世紀迄今的十八年間，以色列企業發覺自己仍然停留在黑暗中，摸索如何在中國推廣業務。「第二代」以色列駐華企業家在某些方面重蹈前輩覆轍，同時面臨的新問題更是層出不窮。指引他們在中國取得商業成功的神奇準則是什麼？的確存在這樣的秘訣嗎？[7] 由此看來，尚未找到能夠確保在中國市場取得成功的路徑。即便今日，也難以保證取得成功，許多以色列公司在中國虧損嚴重。以下重點探討兩個「第二代」在華開拓業務的以色列企業——大衛盾（DavidShield）和卡丹（Kardan）公司。

大衛盾案例

在很多方面，大衛盾醫療保險公司是第二代在中國經營業務的以色列企業的典型案例。大衛盾首席執行官阿隆・凱澤夫（Alon Ketzef）認為，為了成功進入這個重要市場，以色列和其他國家的公司必須將在中國經營業務的三種模式予以內化：從中國進口產品，向中國出口產品（或是「與中國做生意」的模式），以及在中國開展業務。幾十年來，外國公司一直悉心鑽研相關理念，學術專業文獻還囊括了有關與中國進行業務往來以及在中國開展業務的詳盡討論。直至一九四九年共產主義政權崛起之前的半殖地時期，外國人在中國開展

7　二〇一三年六至七月，以色列商界人士與中國問題研究專家在臺拉維夫大學商業管理學院舉辦的一系列會議上探討了此問題。

的商業活動依託明顯的政治、戰略和軍事優勢──即通常稱的「砲艦外交」。鴉片戰爭結束後，外國人可能會由於對相關待遇不滿，而動用軍事或半軍事手段來恫嚇中國統治者。在那個時代，威脅手段立竿見影。當然，彼一時，此一時。在中國共產黨建立中華人民共和國後，以往的威脅手段不再適用於與中國的交往。而且，在二十世紀五〇年代，中國社會開展了社會主義改造。[8]在許多方面，外國企業都處在新政權的管制之下。在中國經營商業的模式已然轉變為一種截然不同的遊戲規則，然而依然有很多人還未能意識到這種轉變。[9]

二〇〇八年，凱澤夫通過一家大型美國保險公司在紐約會見了一位中澳混血的資深商人。這位商人聲稱他有能力代表中國國家發展和改革委員會（簡稱「發改委」，NDRC）實施一項計畫，其中將邀請大衛盾公司在中國保險業發揮龍頭帶動作用。在五年規畫或「綠皮書」的框架指引下，中國政府機構將開闢一個新領域：境外旅行保險。據該商人稱，該倡議將為計畫在境外因商務、旅遊或各類訪問代表團而開啟旅途的中國公民提供醫療保險。在中國人看來，旅行保險在緊急情況或危機時刻至關重要，以避免損害中國人在海外的自尊心和形象。若無適當的保險，患病或受傷的中國旅客可能會被迫滯留在世界各國的首都，於西方各國在當地醫生、診所或醫院留下未付帳單。任何在中國境外旅行的中國人，特別是官方代表團都需要購買適當的旅行保險。這項重要工作被委託給中國人民保險集團（PICC），當地最大的公營保險公司，經營除人壽保險外的各類表顯業務。由於當時中國在保險領域缺乏足夠的專業知識，以及保險業尚未與醫生、診所、醫院和全球醫療體系建立必要聯繫，中國人需要與某個在該領

8　參見：Shai, *The Fate of British and French Firms in China.*

9　參見：本書作者於以色列內塔尼亞的大衛盾辦公室與阿隆・凱澤夫進行的訪問，2014年8月3日。

域極具專業能力的國際公司建立聯繫。

　　就在凱澤夫在紐約進行會晤之前，中國人民保險集團的代表會見了那位中澳裔商人，他也是一名醫生，並在北京擁有一家醫療援助公司，而且他還從事企業仲介工作，同時也是西方公司恰當的合作夥伴。這位商人被認為是參與這項工作的恰當人選，因為他參與了國家發改委五年規畫的編寫工作，而且能夠負責確定所需要的連絡人。在紐約的會晤結束後，凱澤夫即刻前往北京就此議題參與更多會議。他認為這是一個獨特的機遇，他說：「先知以利亞來敲門，我不得不為他開門。」以此描述他的幸運感。

　　一旦體驗到中國的富強程度，凱澤夫認為自己到達了一片商機俯拾皆是的土地。中國客戶時常用難以置信的佳餚、美酒、儀式和敬意來款待他。凱澤夫及其同事每次都作為貴賓出席活動，政府部長、大使、地區領導人、商會官員以及其他高層人士都熱切希望成為他的親密朋友。那些興奮支持大衛盾公司在未來計畫開展在華業務的以色列部長也在訪華期間會見了凱澤夫。

　　一年之後，雙方順理成章地簽署了第一筆交易。依據協議，大衛盾公司將為中國人民保險集團的客戶──海外工作的中國人，包括由外交官到建築工人等各類群體──提供醫療服務。為落實這筆交易，大衛盾公司與澳大利亞的環球醫生（Global Doctor）公司合作，這家澳籍公司與那位中澳裔商人維持著某種關係。大衛盾公司此前與環球醫生公司合作過，曾是大衛盾公司中國市場保險客戶的服務供應商。中國政府向其海外公民發佈出售保險合約的招標公告，大衛盾公司和環球醫生共同合作提交了標書。招標是針對與外國合夥人合作的中國保險公司，這就是大衛盾公司與中國人民保險集團北京分公司開展合作的方式。大衛盾公司與中國人民保險集團北京分公司之間的協議被限定為三年試驗期，但大衛盾希望成功的業務運營會促成合作協定的延長,而且也期盼會在未來囊括中國人民保險集團的其他單位。[10]在中國成立的這家新公司中,以色列和中國的兩家公司各自持有同等股份。環球醫生公司獲准投入二千萬美元,用於創建初始服務網路,並在中國進行廣告服務。

根據推進新公司發展規畫的溫斯托克－澤奇勒（Weinstock-Zecler）律師事務所的基甸・溫斯托克（Gideon Weinstock）律師的陳述,這筆交易是將以色列專業知識和經驗與中國巨大市場潛力相結合的完美典範。凱澤夫表示,作為未來籌備工作的一部分,新公司計畫在俄羅斯開設一家子公司,也將在有中國企業運營的阿拉伯國家提供服務。[11]

二〇〇九年,中國媒體列席參加了新合資企業的盛大開幕儀式。凱澤夫為此項交易竭盡全力,更曾每隔兩周便飛赴中國一次。在開幕儀式中,他就坐於大廳前排的貴賓座位,倍感志得意滿。

作為交易協定的一部分,雙方一致同意公營中國人民保險集團將成為持有新公司百分之五十股份的合夥人,而大衛盾公司將保留剩餘百分之五十的股權。新公司的既定目標,是為在中國境外旅行的中國公民供給可資利用醫療服務的國際基礎設施。根據慣常方案,這些服務將通過國外旅行保險合約來提供。中國人民保險集團將負責保險服務業的分銷、經銷與推銷。大衛盾公司代表接收關於保險產品預期分銷行情的報告與說明,當然還包括由此而生的利潤,這似乎已預示著夢想成真。[12]

凱澤夫認為,中國人民保險集團與中國政府的關係是吸引他與該

---

10 Ron Stein and Eran Pe'er, "The Phoenix Expands: Offered to Purchase 50% of David Shield Agency," *Globes.co.il.*, 14 September 2010, http://www.globes.co.il/news/article.aspx?did=1000588533.

11 Rachel Beit-Aryeh, "David Shield Enters China," *Calcalist.co.il.*, http://www.calcalist.co.il/arti cles/0,7340,L-3359851,00.html 檢索日期:2009年9月3日。

12 參見:本書作者與阿隆・凱澤夫進行的訪問,2014年8月3日。

公司達成合作協定的主要因素。畢竟，中國人民保險集團是對客戶負責的金融實體，即它是為客戶承擔投保風險的機構。他還表示，與中國人民保險集團的合作關係旨在促成該專案能夠進入那個巨大市場，提供在中國境外工作的國有企業員工和中國政府機關人員所需的保險服務。[13]大衛盾公司在北京人保公司的總部辦公大樓擁有一個樓層的辦公用地。

但是，自合作協定簽署的那一刻起，中方給予的款待終結了，許多問題隨之而來。首先，法律要求以色列代表在中國建立註冊公司並獲得經營許可證；凱澤夫聲稱現階段企業註冊等工作環節囊括許多繁雜的手續。公司正式註冊為外商獨資企業（WOFE）。但是，儘管在註冊公司方面履行了要求，以色列人得知中國保險監管機構指示中國人民保險集團為所要求的許可證簽署保證書，以此作為簽發最終經營許可證的必要條件。中方願意為此擔保，但要求持有公司印章的員工應為中國人而非外國人。凱澤夫別無選擇只能照做。這意味著儘管雙方在形式上處於平等地位，但權力的運作卻傾向中方──事實上是中國政府。更深層次的意義在於，如果雙方在未來發生分歧，以色列人將落於下風。

儘管如此，在此階段，以色列人仍豁達樂觀，自信地認為「猶太智慧」能夠幫助他們應對未來的挑戰。大衛盾公司打算維持其獨家控制的國際基礎設施和購買協議的保密條款，中國合作公司只能購買大衛盾公司提供的保險服務。凱澤夫希望，即便中方在新合資公司內就影響雙方實際力量的均勢佔據著一定優勢，但由於以色列人掌握著公司專業技術，並且維繫著諸如聯繫世界各地的醫生、醫院和醫療技術公司等提供各類服務的供應商網路，以方也應當能夠維持其在企業內

---

13 Stein and Pe'er, "The Phoenix Expands: Offered to Purchase 50% of DavidShield Agency."

部的決策優勢。但是，大衛盾公司察覺到其自身已被散發著分歧和誤解的網路所糾纏，其中某些與中方翻譯員工的工作能力有關，譬如有時工作資料出現了錯誤翻譯──無論是無意或是有意為之。

在二〇〇九年底，以色列人從中國公司收到了項目活動的財政回報，但他們驚訝發現，中國人並未交出所有收益。以色列的電腦系統列出了一個已知數量的已支付保費的投保客戶，卻只有其中百分之九十收到了付款。為什麼中國人沒有支付全部金額給大衛盾？以色列公司進行了調查，發現中國合作夥伴已從保費中盜取了資金。當大衛盾試圖對肇事者提出投訴時，對方卻花費了好大力氣來壓制事件，並將大衛盾及其管理人員變成了「有問題的合作夥伴」。

凱澤夫不願意在外國打一場官司，且意識到在那種情況下，永遠不會占上風。於是他選擇收拾行囊離開中國。對他而言，二〇一一至二〇一二年的「中國事件」如同一場名副其實的第三次黎巴嫩戰爭──以色列人在大肆宣傳的情況下出征並期待凱旋歸來，最終他們卻承認失敗，並被迫顏面盡失地撤退。不過，在這起「中國事件」中，貨幣層面的虧損還是最不重要的部分。

據其他受訪者的紀錄，他們見證了遭受嚴重打擊的外國商人。有些企業因某些問題被政府管制，最終留下財產與夢想而撤離中國。諸類失敗的教訓引發我們捫心自問，在中國開展業務是否獲取了應有回報？是否能夠與那些秉持異質性思維方式以及政治制度截然不同的外國企業開展合作？總而言之，以色列是否能夠把握住在「金磚國家」──巴西、俄羅斯、印度和中國開展業務的機遇？

我們可以從那些曾試圖在中國做生意卻不成功的以色列人那裡吸取教訓。獲得「許可證」是一回事，但能否持有則取決於政府政策──政權既能給予，也能吊銷。許多人斷言，在中國，商人必須恪守三套不同的寶典。

　　即便西方合作夥伴持有公司的所有股份，也並不意味著合資雙方
具有同等的決策影響力。只要業務在中國境內運營，又因中方持有全
部切實可用的資源，這會呈現公司好像完全歸他們合法擁有的一樣。
另一個問題涉及在華合資企業向中國境外的公司總部發送利潤的授權
問題。即便看似發送至中國境外的這筆資金確實是企業在中國境內經
營業務的收益，其實不過是金融詭計。在金融領域，很容易讓財會人
員相信您的財產或股票具有一定的價值，並將該金額轉換為帳面價值
。但實際上並沒有產生真正的現金流。例如，凱澤夫認為，在由中國
境內的交易而產生的實際利潤中，不會有乃至一美元能夠到達臺拉維
夫。因為一旦中方注意到與中國合資經營的外國公司在中國的銀行積
累了足夠的現金，並且該公司計畫將這筆資金轉移至國外時，他們會
設法阻止。對此，中國使用的策略是為外國人提供極具吸引力，但只
能在中國實施的選擇——例如房地產或引人注意的技術領域。帳面上
看似是已經生成了利潤，但這種利潤只是會計分類帳中的一條線。

　　星期四晚上，在北京機場的候機室，當凱澤夫在等候返回臺拉維
夫的航班時，他頻繁邂逅以色列商人。這些以色列投資者自「創業國
度」的最高峰出發，卻在抵達中國後短期內遭遇失敗，因而陷入沮喪
與無能為力的現實處境。[14]弊病在於，以色列企業家拒絕向前輩學
習，總是抱定「災禍永遠不會降臨於我頭上」的信念——此類幻覺層
出不窮。而且，各類「中國通」也在此領域濫竽充數，時常通過將諮
詢客戶引入歧途的方式而謀取生計。

　　凱澤夫與他在中國經營業務的外國商人推測，如果中國不能在促
進商業發展的方式上從一個極端過渡至另一條路徑，那麼蘊藏潛力的
外國企業家將停止逐夢的腳步。二〇一四年七月，凱澤夫與中國某家

---

14 參見：Dan Senor and Shaul Singer, *Start-up Nation: The Story of Israel's Economic
　　Miracle*, trans. Yehuda Ben-Muha (Tel Aviv: Zemora Bitan and Matar, 5771/2001).

知名的保險公司代表團接洽一個收支相抵約五億美元的專案。他們要求與凱澤夫會面──但他予以拒絕。他的夢想已經破滅。凱澤夫總結道，過去，是西方劫掠中國──現在的情況，則是中國依據自身的發展需求利用西方企業了。[15]

卡丹以色列有限責任公司案例

另一個在華拓展業務的以色列「第二代」企業是卡丹以色列有限責任公司。該公司做出了在兩個產業部門──建築業和水處理──參與新商機的戰略性決策。

卡丹公司負責人知曉近年來困擾中國的一個重大問題，是要為城市化進程投資數十億美元的額外資金。由於之前幾十年來貫徹了宏觀的改革政策，在二十一世紀初，中國各領域均在加速發展，其中一項主要成果即是大規模的城市化進程。

據麥肯錫（McKinsey）公司估計，中國將在二〇二五年增加三億五千萬城市居民。屆時，會有二百餘座城市的居民數量超過一百萬，十五座主要城市的居民數量超過二千五百萬。為安置快速增長的城市人口，中國需要建造約五百萬座新樓房。在中國城市，高層建築的骨架開始雨後春筍般拔地而起。

由約瑟夫・格林菲爾德（Yosef Greenfeld）和埃夫納・施努爾（Avner Schnur）掌舵的卡丹公司於二〇〇五年進入中國。直到近期，負責卡丹集團房地產業務的子公司 GTC 中國（GTC China）的首席執行官埃雷茲・帕佩羅（Erez Applerot）表示，中國的城市化人口猶如將美國的全部人口搬入新家。[16]

---

15 參見：本書作者與阿隆・凱澤夫進行的訪問，2014年8月3日。

16 Irit Avisar, "How is Kardan Group Trying to Breach the Great Wall of China?", *Globes. com*, http://www.globes.co.il/news/article.aspx?did=1000684884 檢索日期：2011年9月22日。

　　由於中國政體的獨特性，這一巨大的市場潛力實則暗含重大風
險。中國並非西方式國家。政府支配著關乎國計民生的重要資源，其
中包括房地產——全部土地所有權歸屬國家。為建築用地預留的土地
區域會租賃給私營實體，但土地所有權仍由國家支配。此外，眾所周
知，中國的商業文化與西方迥然相異，中國人做生意主要基於個人關
係和當地聲譽。在這種背景下，進駐中國的外國公司可能會因微乎其
微的過失受到虧損。

　　新近擔任卡丹公司中國區業務主管的阿隆·史蘭克（Alon Shlank）
斷言，外國公司在中國經營的業務主要分為兩類：「與亞洲經濟實體的
業務往來」以及「與其他國家開展的業務往來」。在他看來，對於非亞
洲國家的企業而言，進入中國並在中國開展業務更加困難。有時，外
企最初會為成功進入市場而提供低價產品或服務，隨後又逐漸抬高價
格。中國人認為這是不恰當的行銷行為。

　　史蘭克非常熟悉中國，十多年來他始終定期在臺拉維夫—北京航
線上奔波往返。他指出，作為一家以色列公司，卡丹公司的身份使其
在中國開展業務時能擁有相對優勢。[17]「與我們在其他國家傾向於淡
化以色列身份的做法相反，在中國則是要強調它。中國人熱愛以色
列，尤其是猶太人，主要因為兩大民族均有可以追溯至幾千年前悠久
歷史的共同點。」

　　正如此前所強調，儘管中國擁有潛力巨大的市場，但以色列公司
並不覺得在中國經營業務乃隨心所欲之事。卡丹公司只是在另一個發
展中市場——中東歐地區積累了豐富經驗之後，才成功以緩慢且謹慎
的步調進入中國市場。「我們想在新的地點複製我們曾在中歐和東歐

---

17 參見：本書作者與阿隆·史蘭克進行的訪問，2014年5月7日。有關卡丹公司在中國
　　活動的詳細訊息，請參閱卡丹N.V.，巴尼亞報告，2017年3月23日，特別是C章節
　　（檢索日期：2017年11月12日）。

取得的成功，」格林菲爾德在談及公司決定進入中國市場的決策時說，「在某種程度上，中國是一個與二十世紀九〇年代初中東歐地區存在相似社會經濟狀況的地方──一個以前將私營企業拒之門外，當前卻是房地產業需求旺盛的新市場。諸如這些國家發生的欲彌合其與發達國家幾十年差距的轉型，若干個世紀以來只發生過一次。從以色列的視域審視，中國是打通開拓亞洲市場的大門，它正引領整個大陸加速經濟發展。據經合組織（OECD）的研究報告，亞太地區的中產階級人口將在二〇二〇年達到十七億，將占全世界中產階級百分之五十四的比例。」[18]

二〇〇三年，卡丹公司派遣史蘭克前往中國調查在那裡開展業務活動的可行性。他耗時一年多調查了中國的市場潛力，最終公司決定打入中國市場的最佳方式是與當地合作夥伴建立業務關係。因此，卡丹公司與曾作為學術教授而後進軍房地產界的楊曉輝（Wilson Yang）先生領導的泰盈集團（Lucky Hope Company）建立了合作關係。二〇〇五年，卡丹公司在中國租賃了第一個地塊。僅用六年時間，卡丹公司在中國的業務經營突飛猛進，雇傭了六百餘名員工，其中百分之九十八為中國人。卡丹公司在多個城市擁有一系列的樓盤專案和購物中心。二〇〇七年，它開始在中國若干地區拓展水淨化領域的業務。

史蘭克在中國推進業務時，發現了諸多錯綜複雜的問題與障礙。他強調中國文化的差異性，認為在中國瞭解對方至關重要，成功的地方合作取決於雙方之間不斷維護共同利益。當外企在中國調研新業務時，外國公司必須清晰意識到對方的考量，並盡力領會。這條原則普遍適用於私營與公營單位。合作雙方共赴宴會是在中國當地進行業務交往的重要組成部分，有助於合作雙方彼此理解。

---

18 同前註。

　　二○一六年，卡丹公司的房地產開發計畫總面積覆蓋三百萬平方公尺，開發項目主要分佈在二線與三線城市。卡丹公司總計投入約三億五千萬美元的自有資金，而預計中國新業務的總體投資會達到十億美元。中國的投資每年可促使每份地產至少以百分之十五的內部報酬率（IRR）收獲投資回報。

　　格林菲爾德解釋說，卡丹公司決定在二線和三線城市進行投資，緣於諸如北京和上海等一線大城市的投資風險較高，其土地價格和房地產價格存在巨大變數，房地產下跌百分之十就可能會轉化為巨額資金損失。此外，一線大城市內部的地段競爭主要在大型公司或國有企業之間展開。這些公司比任何私營企業都具有無可比擬的結構優勢，因此與他們競爭不是明智之舉。相比之下，對投資者而言，沒有被擁有顯著優勢的大型公司介入的市場更具吸引力。在那些居民數量介於三百萬至一千萬的城市，當地政府對卡丹公司的業務活動表示讚賞，並邀請它參與其他業務。

　　在擁有八百五十萬居民的西安，卡丹公司開發了一個公寓大樓專案。按照中國公認的標準，該專案實則為中等規模──但在以色列人看來，它卻是巨大工程。該專案名為「奧林匹克花園」（Olympic Garden），旨在設計建造可以入住二萬五千人的九千三百六十三個住房單元。在北京奧運會期間，中國的每個城市都會允許其中的一個住房項目冠名為「奧林匹克花園」，該名稱有助於卡丹公司推銷其樓盤項目。奧林匹克花園占地逾一百三十五英畝，投資三億五千萬歐元。該項目擁有引以為豪的豪華售樓處，類似於以色列豪華公寓的售樓辦公室。公司雇傭了一支專職市場行銷的員工團隊，他們在每一天的售樓工作前都要進行集體晨練活動。

　　從記錄售樓活動的影片中可觀察到買方的興奮之情，甚至有些異常激動。客戶大排長龍，並且手持選擇寓所的樓盤圖紙。據說閣樓套房就像熱麵包卷一樣被搶購一空。促成該項目成功的一個重要因素是公司著重強調了教育機構的建設，帕佩羅在接受以色列商業日報《全球》（*Globes*）的採訪時講述到，「在這個項目中，我們提供了類似新加坡式的幼稚園，以及由高品質教育機構運營的學校等一系列教育解決方案。這使我們能夠吸引高素質居民。」該學校已有九百名學生，未來預計會增加到二千人。起初，樓盤內的學校作為行銷工具（應居民要求）而建，後來它演變為獨立的、有利可圖的項目。無論如何，住房價格上漲了大約百分之十。

伴隨卡丹公司取得的業務成功和經營信心，它隨之將業務經營範圍轉移至其真正的專業領域──購物中心的建設與運營。二〇一〇年，卡丹公司在成都開設了凱丹廣場（Galleria Mall），總面積達九萬二千平方公尺。整個成都大都會區的常住人口約為一千五百萬，這個「健康」城市如今正在加速建設，這是一個消費水準日益提高的年輕都市。正是在成都，卡丹公司決定要建造一個引人注目的購物中心，此地也是帕佩羅聲稱人們可以體驗「共產中國」風采的城市，一個具有創新架構的伊甸園。

卡丹公司在中國經營的業務並未僅局限在房地產領域。經過縝密檢索與研究，它開始涉足水利行業，主要業務為廢水處理，回收率在百分之十五至百分之十八之間。卡丹公司中國水利部門經理艾理斯·阿貝爾（Iris Arbel）指出中國使用著全世界四分之一的水資源，卻仍面臨飲用水短缺的難題。中國還沒有意識到水是一種必須予以保護的珍貴商品，所以中國的水價很低──太低了。在發達國家，水費占居民收入的百分之二至百分之三，而在中國則僅為百分之零點三。更重要的是，儘管政府對房地產行業及其業務發展的態度猶豫不決，有時也陷入困境，但水處理行業的發展道路顯得相對平穩。政府鼓勵──而且仍然鼓勵──採取新舉措，特別是在該行業得到了外國資本投資許諾的財力支援情況下。

　　在房地產領域，卡丹公司從零開始進行專案開發。但在水利行業，它購買現有設備，予以精簡並改善，有時甚至創設並建造新工廠。例如，公司在北京附近的一座城市以四千萬美元購買了一套設備，隨後進行升級改造。它從緊鄰淨水設施的河流中開啟需要三個階段的水質淨化工作。在淨水過程結束時，三分之二的水返回從中抽取的河流。隨後，卡丹公司出售剩餘三分之一的淨水，供給該地區的工業用水，此過程無疑更加有利可圖。在出售工業用水時，卡丹公司與當前正在鼓勵水循環利用的政府部門合作。[19]在價格方面，公司與政府預先達成了協議。

　　因此，直到最近，卡丹公司在中國開展業務的故事才成為以色列公司在華成功的典型案例。卡丹成功的秘訣在於，它關注中西文化差異，同時也實行深思熟慮的經營策略。這些工作都不是由發自臺拉維夫的遙控指揮才得以完成，而是來自中國境內的指令（史蘭克奔波往返於以中兩國，確保時間分配的平均性；而帕佩羅則居住在中國）。毋庸置疑，只有當公司管理者居住在中國時，他們才能夠準確評估風險與機遇，而不會在情緒和印象方面深陷誤入歧途的困境。據史蘭克所言，一個與商戰前線脫節的指揮官永遠難以一目了然地統籌全域。

　　中國已經取得了舉世矚目的經濟增長，迅速縮小了與美國的差距。在未來幾年內，預計中國將取代美國成為世界最大經濟體。儘管如此，仍然不能忽視一個事實——即使經濟體量巨大，中國依然依賴全球經濟並受其影響，畢竟當前中國主要是出口導向型經濟。因此，目前影響美國和歐洲的經濟危機也向中國提出了質疑，即中國能否繼續有能力保持與過去幾年相同的經濟增長率。然而，中國本土的消費

---

19 參見：本書作者與阿隆・史蘭克進行的訪問，2014年5月7日。

能力可能會逐漸取代其對世界其他地區的依賴，中國強大的外匯儲備
將有助於其克服全球經濟增長放緩的壓力。史蘭克認為，即使中國受
到美國市場消費能力下降的不利影響，它依然具備獨立自主的手段彌
補此缺陷。投資將主要來自國內，例如，計畫於二〇一八年開建的大
連地鐵專案被提前了若干年，以促進經濟增長。不過，這可能會引發
負面影響，加速通貨膨脹和房地產泡沫。

　　換言之，問題是決定卡丹公司在中國商界繼續挺進的機遇之窗是
否有限，以及將卡丹公司定位為一家中國公司會在何種程度上危及它
的長期發展。此外，我們還探尋是否能夠正確地評估卡丹中國（Kardan
China）公司，該公司作為一個附屬單位，依賴於卡丹總集團東歐業
務——要評估的是它作為卡丹公司的一部分會在多大程度上危及總公
司的發展。

　　但是，顯而易見的是，卡丹公司在中國沒有重蹈「第一代」以色
列在華企業之覆轍。它更加嚴謹地調查中國人的消費需求，並費盡心
思地設計適用於中國的管理規章。例如，實際上，外國公司的身份為
其賦予了一種相對優勢，因為當地政府通過衡量外企在相應領域的外
資投入力度以決定是否應允其准入。如上所述，卡丹公司的市場滲透
範圍觸及二線和三線城市，這些地區的外國投資人（甚至某些當地投
資人）沒有排隊等著去開發業務。卡丹公司恰當利用其相對優勢（建
造商業中心），並為商場業主和商品房住戶開發出正確明智的多功能
組合式地產運營模式，這種突破式的業務經營方案行之有效。

　　與過去相比，卡丹公司在將利潤匯至中國境外時並未遇到任何阻
力。如果存在困難，則表明中國禁止為房地產業引入貸款。也許此類
禁令的目的是防止生成不必要的泡沫，但企業的股權資本不存在此類
限制。此外，在水利部門，也不存在此類限制，主要緣於它是政府確
定的優先產業。

　　卡丹公司重視分析中國本地市場的需求與偏好，領悟了當地政策並將之內化，發掘了最大限度利用企業效益與比較優勢的機遇，並且能夠訂製當地客戶更為喜歡的產品；它瞭解中國家庭偏愛何種戶型的公寓住宅，更喜歡何種類型的浴室與淋浴方式，以及怎樣規畫浴室──同時也顧及風水。卡丹公司專案經理還注意到諸如要深度依賴當地合作夥伴以解決必需的執照和融資等問題。

　　在行銷商品房時，就中國客戶的付款方式而言，卡丹公司沒有面臨進退兩難的困境，因為它採用的方式是買方將提前支付所購公寓的全部價格。即便購買者為所購公寓辦理抵押貸款，那也是買方責任，只在客戶和銀行之間處理交易的細節。公司會在封頂大吉之前就收到客戶交付的房款，有時在簽訂購房合約之後的三四個月收到付款。

　　總體而言，卡丹公司轉而致力於大型工程──商業地產的開發。歸根結底，這是為股東創優增值的必要策略。卡丹公司管理層認為他們的比較優勢可能會隨著時間推移而日漸消退，但與此同時他們擁有穩固業績與收入。施工結束後的管理專案也很重要，這將提供顯著的競爭優勢，妥善管理並保養專案會適當使其增值。這種態度並不是中國投資方特徵，他們視建築物為主要資產，而卡丹公司則視客戶為重要資產。

　　商業地產的銷售不針對房客，而是針對投資者，因為部分地產的出售會造成其價值的貶損。「綜合項目」的概念，即緊鄰辦公大樓而建造公寓住宅，隨後都對外出售，將改善整個項目的行銷狀況，並協助中心項目的融資建設，中心項目通常由某公司所有。

　　在水利產業方面，卡丹公司從以色列政府手中併購以色列水資源規畫公司。該公司專注於水利部門的專案規畫與施工。在中國，卡丹公司成立了一家新公司，與當地政府就建設自來水和廢水處理廠進行商談。通常情況下，政府會給予公司為期二十五年的經營特許權，不論指定整個專案還是部分專案。公司業務由當地政府擔保支持，在特許經營期限過後，公司將營業執照退還給政府。史蘭克認為，通常情況下，在大多數地區，公司會找到配有適當基礎設施且組織狀況良好的淨水設備。有時，公司決定改善現有設備，並在必要的投資後開始運轉。

卡丹公司的優勢主要在於其涉足獨特的領域，例如水的多重利用，即水淨化後將其出售用於冷卻渦輪機及其他用途。經專業處理的水可用於農業、工業和灌溉花園。在水利基礎設施領域（關乎環境問題與中國經濟持續發展之間的矛盾），某些地區面臨著社會不滿情緒的挑戰。為解決各種各樣的緊迫問題，中國決定在某些領域打開面向外國企業開拓業務的大門，政府確信外國企業會帶來先進經驗和金融財富。由此，政府加快了水利基礎設施領域的發展進程。

商界作家約拉姆・嘉偉森（Yoram Gavizon）觀察到，儘管卡丹公司是一個以色列企業在華成功拓展業務的典範，卻未必意味著以母公司卡丹 NV（Kardan N.V.）為代表的整個卡丹集團的財運亨通。例如，二〇一四年七月，卡丹 N.V. 管理層採取行動以確保償還債務所需的資金來源。[20]公司被 S&P 全球評級公司（S&P Maalot Ratings）評為「B」級。與此同時，由於在二〇一四年九月截止日期之後延遲獲得所需現金，S&P 也對公司債券進行了負面評級預測。由於卡丹公司實際可用的貨幣資金與理應交付的必備資金（2014年6月至2015年底）之間差額為一億三千萬歐元，因此遭受懷疑而被歸為失敗季度的公司系列，即「持續關注類」。[21]支付資金和利息的問題，意味著公司必須

---

20 Yoram Gavizon, "Maalot: The Only Opportunity of Kardan NV--Quick Sale of Assets," *The Marker*, 13 July 2014.

21 公司會計師在其財務報告的附注中說明，如果存在任何懷疑，公司即可能不會繼續開展活躍的業務。

迅速出手房產以支付所需款項。該評級預報預示，占整個卡丹集團資產百分之七十的卡丹中國有限公司（Kardan Land China Limited）將被迫出售房產，貢獻其相對盈利的部分產業。經濟學家認為，在東歐金融市場活躍的 KFS（卡丹集團的金融業部門）是集團虧損的主要原因。因此，二〇一五年三月，媒體報導稱卡丹 N.V. 採取了多項措施，主要包括出售中國工業用水領域的業務，以及出售卡丹中國的部分所有權等其他應急舉措。[22]

　　自二〇一五年春季以來，卡丹公司遭遇若干困難，中國的房地產市場也出現了波動，卡丹在中國的合資企業獲取未來成功發展的機遇隨之大為削減。儘管已完工的房地產專案以盈利的方式出售成功，但仍有一些未能完成出售工作進而造成不利的資金周轉問題。格林菲爾德遺留下三億五千萬新謝克爾的債務。近年來，格林菲爾德在卡丹 N.V. 和卡丹宣導者（Kardan Yazamut）兩家企業的股份價值暴跌百分之九十五，其中一家銀行開始對它提起破產訴訟。[23]

　　在一場關於在中國經營業務的外國和以色列公司面臨問題的研討會上，負責制定以色列出口政策以及促進以色列對華出口的經濟部外貿司負責人奧哈德‧科亨（Ohad Cohen）稱，過去二十年來，以色列產品出口的主要目的地已由西方市場轉移到中國。[24]以色列對華出口障礙包括向中國出口產品的限制，以及缺乏瞭解中國及其經商方式的商人。不過，科亨注意到雙方都有改善彼此貿易往來前景的意願與趨

22 David Gavizon, "Kardan Completed the Sale of 75% of the Chinese Water Company for 100 Million Euros," *The Marker*, 3 March 2015. 參見：Michael Rochvarger, *Ha'Aretz*, 6 January 2016. 的確，卡丹公司經歷了嚴重的動態性發展變化。有關卡丹公司最新發展狀況的描述，參見：Kardan N.V., Barnea Report dated March 23（檢索日期：2017年11月12日），特別是 section C。

23 Shuki Sadeh, "Yosef Greenfeld's Battle for Survival," *The Marker*, 24 April 2015.

24 Conference on Business in China, Business School, Tel Aviv University, July 2013.

勢，同時也認識到彼此經濟的獨特性與互補性。科亨敘述了他的部門在強化對中國出口而採取的措施：幫助以色列企業理解中國的商業法規和政府機構，協助為駐中國的企業代表處提供資金，以及為企業提供特定主題的補助金等方面。

加爾・福勒（Gal Furer）是一位在中國工作多年並試圖在華開展業務的律師，他認為雙方的誤解通常由於彼此缺乏適當溝通、語言障礙以及文化差異產生。在此基礎上，他列出了監管、貪腐、未履行合約以及法律方面和政治議程等一系列問題，這些問題涉及中國尚存難以避免的賄賂和保護主義之類的弊端。他還指出中國代理商的問題，有時出任公司經理。有時，一家外國公司也許會雇傭中國員工，認為其處事圓滑會使公司受益匪淺，但這家外國公司未能意識到本地雇員很可能會違背新員工的利益。

總而論之，雙方似乎都經受著煎熬，或者說依然遭受傲慢或虛榮的折磨。西方人在經歷了短暫的學習期後，往往自命不凡地認為自己是「中國問題專家」，儘管他們僅儲備著微不足道的經驗。傲慢的「東方主義」心態依舊盛行，致使他們不願意接受已在中國問題方面儲備多年經驗的專家學者援助。

此外，伴隨經濟發展的成功，豐厚的外匯儲備和取得其他巨大成就之後，一些中國人也趨向傲慢不遜。事實上，當歐洲國家競相乞求中國購買其債券或投資本國的基礎設施項目時，中國很有可能會利用這種形勢發揮其優勢。

在上述研討會中，與會者還討論了以色列公司在中國是否擁有未來的問題。耐特菲姆亞洲區高級副總裁兼董事阿隆・泰希塔爾（Alon Teichtal）指出了以色列企業缺乏專業諮詢的問題。他承認他的公司從錯誤中汲取了教訓──耐特菲姆在廣州和瀋陽的業務發展項目慘澹收場。因此，儘管耐特菲姆公司占全球農業滴灌市場的份額高達百分之三十五，但在中國市場的佔有率不到百分之一。

華以工業（China Direct）首席執行官博阿斯‧霍洛維茨（Boaz Horowitz）和在中國的卡丹公司水利部門工作的艾理斯‧阿貝爾都指出，根據「女性」模式創設管理方式適合在中國的業務推進。在這種模式中，管理者避免直接與中國人交鋒而使其陷於尷尬，試圖學習並理解對方的渴求與願望。霍洛維茨補充說，作為銷售專業人員，他並不嘗試招聘該領域最優秀的經理人，而是出色的女大學生。在短暫時期內，她們能成為高級經理人，並取得顯著成功。

在接受採訪時[23]，阿貝爾回想起一個重要的國務院職能機構：中國國家發展和改革委員會（NDRC）。該機構影響力巨大，如果外國公司主動接近，並熟知發改委所熱衷於推行的發展規畫，猶如卡丹案例那樣，那麼公司就可以在華取得顯著成就。公司向中國人提出的建議應當符合當時的中國政策。如果外國公司在中國政府未指定的特定領域為開拓業務尋求支持，則難以獲得理想結果。一言以蔽之，在相應領域獲取正確且最新的資訊至關重要。

本章深入分析了四家以色列公司在中國開展業務的歷程，目的是探討並全面理解他們的運作模式及其結果。我們可能會從這些若干案例研究中略有收穫。許多以色列公司在中國嘗試著撞大運──其中一些案例眾所周知。正如一些受訪者所指出，運氣往往是公司運作的一個因素，無論是成功還是失敗。包括超級藥師（Super-Pharm）、奧爾瑪特（Ormat，業務範圍涉及能源、電力以及主要使用以地熱等替代能源的發電站）、加多特（Gadot）生物化學公司、梯瓦（Teva）製藥，以及以色列企業股份有限公司（由伊丹‧奧菲爾領導，公司曾承受對中國觀致汽車製造商投資虧損數億美元）等曾經在華拓展商務或者仍然

---

25 參見：Or Biron與艾理斯‧阿貝爾於臺拉維夫進行的訪問，2013年7月18日。

在中國運營業務的知名以色列公司,面臨著監管和其他障礙,[26]此處
列舉的清單只是部分以色列企業。總結此類研究案例,可以認為其中
的某些公司虧損了,但只有一部分企業願意坦承失敗,更遑論提供有
關損失程度及其原因的詳細資訊。

---

26 Hagai Amit, "Four Billion Shekels--2014 was a Record Year for the Growing Business Between China and Israel," *The Marker*, 9 March 2015.

第七章
最後博弈？——北京與耶路撒冷（1992-2018）

在以色列領導人訪華期間，他們發現這是一個令人印象深刻的現代國家。雖然國際社會對中國前所未有的建設成就以及其出類拔萃的製造業與產品出口表示欽佩，但中國領導人並不滿足於目前的成就。外國人的讚美時常略微含有傲慢，因為發達國家的代表指明近代歷史上被認為的落後國家取得了值得稱讚的進步。因此，中國現在正致力於改變「暴發戶」形象，目標是要將二十世紀八〇年代由「對外開放」政策而開啟的驚豔成就，轉化為強大的全球影響力——戰略、政治和外交。二〇〇八年的北京奧運會和二〇一〇年的上海世博會僅僅是通向這一階梯的一小步。

近年來，中國領導人對南美和非洲國家的訪問已成為這種新戰略的一部分，意在使中國能夠有足夠的政治影響力，促成它能夠進入世界其他地區，並在全球政治舞臺積聚更多實力。除了榮譽與威望之外，中國渴望能夠在世界上鍛造永久性的影響力。在二〇〇八年世界金融危機爆發前，世界大國一直在為爭奪原物料而博弈。然而，這只是未來十年全球面臨經濟和外交危機的前奏。如二〇一一年夏季般世界市場危機四伏的背景下，以及有關中國未來可能面臨衝突的預測，在在提出了中美之間競爭態勢的相關問題。此外，有關當代議程上的問題，則包括對世界各地、特別是亞洲和非洲地區原物料與政治領導權的掌控。就以色列而言，當前形勢激發著我們去思考：以色列應當採取何種方式適應崛起中的中國？

一般而言，美國不再像過去一樣一帆風順。事實上，它甚至可能正陷於自身的經濟困境，膨脹的預算赤字致使美國在國內外皆債臺高築。[1]與中國不同，美國政府的國防預算遠超過自己的稅收。目前，美國正在國內外貸款融資的壓力下趨於崩潰。政府並非美國唯一入不敷出的經濟實體：國民儲蓄和房地產市場都呈現明顯的下滑趨勢。

過往，美國政府每花費一美元，其中即有四十二美分不是來自美國──而是以貸款的方式獲取資金，漸趨累積了高達十四兆三千億美元的天文數字。

理論上，持有約百分之五十美國國債的中國及其他國家可能會通過拋售的方式而使美債充斥於市場，進而提高利率並擴大美債規模。這種情況可能會演變為惡性循環，利率持續上揚，債務繼續膨脹。

二〇一一年九月中旬，與美國的債務情況形成鮮明對比的是，義大利請求中國購買部分國債。西班牙、希臘、葡萄牙和匈牙利也接踵而至，要求中國購買的國債總計高達一百億歐元。如此一來，中國不僅幫助了各國政府穩定經濟形勢，也維持著全球市場經濟的平穩發展。中國開始明確自己成為世界經濟救世主的方向，進而取代之前曾長期扮演此角色的美國。儘管這種情況在過往可能聽起來似乎是科幻電影中的片段，但現今它卻幻化成真。

由於這種狀況，美國顯然不能對中國進行任何形式的發號施令。北京採取溫和且堅毅的方式，避免華盛頓決策者企圖探明其全球利益訴求並予以遏制的盤算。中國繼續在南美、沙烏地阿拉伯、伊朗以及包括中東其他國家在內投入資源。[2]它還繼續鞏固加強在南海的實力

1　Paul Rivlin, "The Economic Melt-Down (1): America," *Tel Aviv Notes* (28 October 2008).

2　關於此問題有諸多文章，參見：Stephen Johnson, "Balancing China's Growing Influence in Latin America," *The Heritage Foundation* 24 October 2005, http://www.herit-age.org/research/latinamerica/bg1888.cfm.

和地位，同時對該地區島嶼採取積極防禦政策。二〇一五年春夏之交，由於南海爭議島嶼的局勢日趨緊張升級，中國的應急措施是武裝其在該地區建造的人工島嶼。時至今日，緊張局勢仍在發酵。

此前，美國發起了針對北京的挑釁行為。二〇一〇年一月，歐巴馬政府告知國會，政府計畫向臺灣出售價值六十四億美元的武器。三周後，即二〇一〇年二月八日，歐巴馬與達賴喇嘛舉行了一次歷史性會晤，這當中歐巴馬表達了要保護西藏流亡領導人地位的支持態度。這兩次行動都招致北京的激烈回應。

即便中美兩強之間的微妙平衡關係沒有被打破，以色列也个能冉忽視全球舞臺的最新發展動態。

中國的經濟統計資料引人注目。到二〇〇七年，中國的出口貿易總額超過進口貿易總額。是年，貿易餘額超過二千五百六十億美元——遠高於美國。即便在二〇〇八年九月全球爆發經濟危機之後，中國外貿也在大抵保持穩定的狀況下呈現出超狀態。二〇〇九年四月，中國向其亞洲鄰國提供了二百五十億美元貸款，旨在幫助他們克服危機。這些慷慨解囊帶有明顯的政治動機——加強中國在該地區的影響力。諸如此類的金融援助使中國率先公開呈現出從危機中復甦的跡象，中國從世界第三大經濟體迅速躍居第二位。二〇〇九年三月，中國人民銀行（簡稱「央行」）宣佈國務院在去年年底推行的經濟舉措已使國家擺脫了危機。二〇一二年，中國經濟年度增長率達到前所未有的水準。

二〇一六年，中國出口總額為二兆二千八百萬億美元，進口總額為一兆六千八百萬億美元，貿易餘額為六千億美元。二〇一〇年，中國國內生產毛額估計為五兆八千七百萬億美元（從而超過日本，當時日本國內生產毛額估計為五兆四千七百億美元）。由此，中國成為僅次於美國的世界第二大經濟體。二〇一六年，中國國內生產毛額增至十一兆零六百億美元，至二〇二〇年預計將成為基於國內生產毛額計算排名的全球最大經濟體。近年來，中國甚至超過美國成為歐盟最大交易夥伴。[3]

　　自二十世紀七八十年代中國實施改革開放政策以來，國民貧困程度顯著下降。二〇一六年[4]，中國人均收入為六千八百九十四美元（按購買力平價計算為15500美元）。[5]二〇一六年十二月，中國外匯儲備剛超過三兆美元。這是在中國外匯儲備連續下跌六個月之後，中國政府採取介入行動支撐人民幣的結果。[6]中國的儲蓄率（儲蓄總額占國內生產毛額比例）幾乎為世界最高：約占國內生產毛額的百分之五十，而全球平均水準約為百分之三十。[7]

　　此外，中國還明智地運用「軟實力」以提升國際形象。正如印度研究員帕蘭瑪・辛哈（Parama Sinha）和阿米杜・帕利特（Amitendu Pallit）所指出的那樣，中國經常使用這一策略來推動實現他們的政治目標。[8]「軟實力」猶如溫柔的矛頭，能夠促成中國突破壁壘進入當地

3　*OEC*, http://atlas.media.mit.edu/en/profile/country/chn（檢索日期：2018年4月2日）。"China Surpasses U.S as EU's Top Trade Partner," *Xinhua*, 16 October 2011, http://news.xinhuanet.com/english2010/china/2011-10/16/c_131194386.htm.

4　不包括香港和澳門。

5　https://tradingeconomics.com/china/gdp-per-capita-ppp（檢索日期：2017年11月28日）。

6　https://www.cnbc.com/2017/01/06/china-foreign-exchange-reserves-fall-in-december-to-lowest-since-february-2011.html（檢索日期：2017年11月28日）。Vladimir Urbanek, "China's Foreign Exchange Reserves at the End of 2012 Grew to 3.3 Trillion, from +700% L.04," *KurzyCZ*, 4 March 2013, http://news.kurzy.cz/347840-chinas-foreign-exchange-reserves -at-the-end-of-2012-grew-to-3-3-trillion-from-700-l-04.

7　https://www.cnbc.com/2015/10/25/china-savings-rate-versus-the-world-in-a-chart.html（檢索日期：2017年11月28日）。

8　二〇一二至二〇一三年，學術界對「軟實力」的概念進行了大量研究。更多有關中國外交與國內政策的「軟實力」，參見：Michael Barr, *Who's Afraid of China? – The Challenge of Chinese Soft Power* (London: Zed Books Ltd., 2011).

市場，同時也可以調和中國政府因人權問題而引發的批評。中國有意持之以恆地採用這種策略，旨在創造一個更為溫和的國家形象，並轉移他國針對中國在爭議性議題上奉行相關政策的批評。早在春秋末期，老子（Lao Tzu）就提出類似「軟實力」的表述。在現代，愛德華‧霍烈特‧卡爾（E. H. Carr）和約瑟夫‧奈（Joseph Nye）提及並討論過「軟實力」。中國宣導「睦鄰友好」原則，即應以慷慨友好的態度對待合作夥伴和鄰國的理念，也是基於這一哲學核心理念。落實該理念的代表性案例是中國政府在全球範圍內資助的將近五百所孔子學院。[9]孔子學院的數千名外方代表，包括藝術家、知識份子和學者會應中國政府的邀請訪華，訪問團受到熱情接待與陪同。

　　然而，儘管中國運用的相關經濟和文化舉措贏得了世界認可，並且似乎表明北京正在崛起，但不能忽視外界流行的「中國崩潰論」的推測。此類推測在最近經濟危機爆發前曾普遍流行，並且也得到了關於是否就中國未來的樂觀前景表示懷疑的調查結果的支撐。

　　早在二○○一年，章家敦（Gordon Chang）在其著作《中國即將崩潰》中寫道，中國可能會加強對亞洲乃至全世界的經濟控制。[10]他承認中國具備實現此目標所必需的潛力，因此它勢必要求國際社會承認它作為與美國和歐盟相對等的世界大國。儘管如此，章家敦還提出了這樣一種可能性，即中國僅僅是處於崩潰邊緣的「紙龍」（呼應這一個毛澤東曾用於指稱威脅中國的列強均是「紙老虎」的論斷）。在暗示這一趨勢日趨強化的各種跡象中，章先生指出的實例不勝枚舉，諸如中國政府和共產黨內部的貪腐迭出；全國街頭頻現「失業陣營」；國有企業無利可賺；中資銀行提供的貸款未獲償還；以及中國的財政赤字

9　"China's Confucius Institutes to reach 500 global cities by 2020." *Xinhua* 11 March 2013, http://new s.xinhuanet.com/english/china/2013-03/11/c_132225228.htm.

10　Gordon G. Chang, *The Coming Collapse of China* (New York: Random House, July 2001).

在其著作出版之前的若干年間劇烈膨脹。根據章家敦的觀點，即便中國加入世貿組織，事實上也不是前景光明的好兆頭，而是會「逐漸損害中國的根基」。事實上，他以某種程度的決定論分析方法試圖論證，中國領導人毫無辦法阻止迅速迫近的「正在醞釀中的悲劇」。

在其著作出版後的十七年內，章家敦的悲觀預測還未實現。例如，加入世界貿易組織並沒有對中國造成任何傷害。儘管如此，章家敦的觀點仍被引用，甚至被專業人士所接受。《替代視角》（Alternative Perspective）期刊秉持類似思路。在一篇文章中，期刊編輯馬杜卡爾・舒克拉（Madhukar Shukla）做出了與章家敦類似的斷言，對中國充滿希望的未來持懷疑態度。[11]該期刊強調如下事實：中國超過百分之五十以上的國際貿易依託外國直接投資，超過百分之五十的貿易是公司間的內部貿易（同一公司的分支機構之間），中國有時是全球供應鏈的最後一環。最後一個事實造成中國與大多數東亞經濟體之間的貿易逆差，儘管中國對美國（以及其他發達國家）掌控著巨額的貿易順差。

原物料與半成品在中國國際貿易出口中佔據著很高比例。此外，幾年前，中國政府將貧困線定為每年七十六美元（相比之下，世界銀行報告通常定的貧困線為每年365美元）。另外，中國也是世界上城鄉居民收入差距最大的國家之一。

另一個關於中國未來預測的悲觀預判是由魯里埃爾・魯比尼（Nuriel Roubini）於二〇一一年發佈的，他因準確預測二〇〇八年經濟危機而贏得「金融市場黑暗之子」的綽號。魯比尼批評中國的基礎設施擴建，他斷言，大肆修建基礎設施之於中國這類經濟處於發展中水準的國家而言根本沒有必要。魯比尼還預測，中國在境內外的「過

---

11 Shukla Madhukar, "A World Deceived by Numbers/Facts," *Alternative Perspective Newsletter* 11 August 2005.

度投資」政策註定會失敗。一旦無法再度擴大對固定資產（固定投資）的投資，其經濟增長將顯著放緩，顯然這將始於二〇一三年。[12]

卡爾‧沃爾特（Carl Walter）與弗雷澤‧霍伊（Fraser Howie）在其於二〇一一年出版的《紅色資本主義：中國崛起的脆弱金融基礎》中表達了類似觀點。[13]他們的理論基於中國金融機構、主要是銀行提供的資料。他們認為，中國的經濟與世界其他經濟體相比大同小異，因此不能將中國在全球經濟危機浪潮中的一帆風順歸因於其相對封閉的金融體系。他們的體制設計不允許個人或公司採取與政府相反的立場。儘管二〇〇八年和二〇〇九年中國的私營企業在出口方面遭受沉重打擊，工人失業、薪資縮水，甚至小企業與大公司都相繼關門歇業，但中國銀行卻並未遭遇類似挫折。兩位作者認為，國有經濟居於「體制內」，而私營部門則居於「體制外」。此外，地方債務與國內生產毛額之比過高，而且預計將在未來幾年內進一步升高。

各種資料表明，中國債務可能遠遠超過國際標準。換言之，中國積累了非常大的政府公債，與其他亞洲國家一樣，中國的預算撥款也依託債務累積的延續。在中國，政府支配銀行，指示它們向國有機構提供貸款。這種業務模式影響中國經濟的透明度。例如，就希臘而言，其初期財務資料符合進入歐盟的標準，十餘年過後，問題與失敗才浮出水面。如果這種情況是發生在一個具備開放性經濟屬性的希臘，那麼可以假定在受國家支配的中國經濟，真相可能需要更長時間才能暴露出來。因此，經濟危機會在中國到來。此外，中國銀行系統的全

---

12 更多關於中國的悲觀預測，參見：Nouriel Roubini, "China's Bad Growth Bet," *Project Syndicate*. http://www.projec.syndicate.org/commentary/roubini37/English. http://www. bloomberg.com/news/2011-06-28/shilling-why-china-is-heading-for-a-hard-landing-pt-3. html.

13 Carl Walter and Fraser Howie, *Red Capitalism, the Fragile Financial Foundation of China's Extraordinary Rise* (Singapore: Wiley, 2011), pp. ix, x.

面改革似乎還遙遙無期。即使過去曾考慮過這樣的改革，二〇〇八年經濟危機的教訓卻促使中國更加偏離了這一方向。二〇〇八年，雷曼兄弟（Lehman Brothers）等公司的破產，削弱了那些呼籲提高中國經濟透明度、中國對外開放程度以及參與國際業務力度方面應持續加大的觀點。

沃爾特與霍伊指出，中國在一份看似準確的聲明中詮釋了其經濟體系的複雜性：「我們的經濟與西方模式不同，因此中國市場也與西方市場的運作方式不同。」他們繼續陳述，「從表面上看，中國經濟似乎是一個成功的故事。在過去十年內，中國經濟開始並持續呈指數級增長。但這只是粉飾門面……無法確切地知曉『股票』、『債券』、『資本』或『市場』諸類詞彙在中國的經濟和政治體系中是否具有相同的含義。」[14]

其他資訊也支撐此類悲觀論斷。在二〇〇八年經濟危機前，至少一億五千萬農民工從農村遷移到城市尋找工作，其中許多人在低工資和艱苦的條件下從事臨時工作。此外，由於自二十世紀七〇年代以來一直遵循的計畫生育政策，中國人口正迅速高齡化。另一個對中國經濟發展的威脅是生態和環境問題，諸如空氣污染、水污染，以及北方地區的地下水位不斷下降等問題層出不窮；水土流失和持續的經濟發展正導致農業用地大範圍縮減。

然而，當我們對比關於中國未來的兩種預測趨向時，樂觀預測依然佔據上風。樂觀派的理由是中國已經能夠及時辨認不確定的全球發展態勢並使其穩定下來。二〇〇八年奧運會和二〇一〇年世博會有助於中國在世界經濟和政治舞臺提升地位和形象，同時也有助於克服國內問題。此外，中國政府已採取果斷措施，以穩定和克服二〇〇八年

---

14 Walter and Howie, p. 214.

經濟危機帶來的消極影響。顯然，一方面民間社會相對薄弱，另一方面政府能夠中和大多數公眾異議，使政權能夠成功克服所有反對聲浪。

此外，在「阿拉伯之春」以及二〇一一年以色列爆發激烈的社會經濟抗議活動期間，西方民眾呼籲政府要更多地參與經濟活動，加強在市場監管中的作用，增加預算，放棄極端自由的市場經濟模式，採取更具計畫性與高度集中性的經濟政策──換言之，政府要更積極參與國民經濟。中國無需在宏觀經濟政策上改弦更張，因為它已遵循著此類政策。毋庸置疑，這是中國所具備的相對優勢。作為一個特色社會主義國家，中國可以輕而易舉規避過於自由化的市場經濟引發的經濟波動。然而，其他國家則發覺政府單方面進行此類決策異常困難。

胡錦濤總書記主政期間，中國孕育了未來經濟迅速發展的種子。在二〇一二年十一月召開的第十八次中國共產黨全國代表大會上，胡錦濤提出了宏大的經濟發展新目標，包括中國經濟的改組整頓，到二〇二〇年國民生產毛額要比二〇一〇年翻一番，大力推進綠色能源行業的發展，以及鼓勵企業拓展產品的國內銷路。[15]

二〇一三年三月，第十二屆全國人民代表大會結束時，以習近平和李克強領銜的中國新領導班子提出了影響更為深遠的發展規畫──預計到二〇二〇年三月，將在全國範圍內完成一系列廣泛的改革舉措。這主要包括：放寬此前曾對養育超過一個子女的家庭實施制裁的「計畫生育政策」；取消某些死刑罪名；關閉一直以來被全球人權組織嚴厲批評的勞教所。除人權和生態領域採取的進步舉措之外，發展規畫還提及要著手降低政府經濟參與度的經濟改革，鼓勵私有化，消除主要在房地產領域內的業務開發與活動的各種限制。[16]

---

15 "Full Text of Hu Jintao's report at 18th Party Congress," *Xinhua* 17 November 2012, http://news.xinhuanet.com/english/special/18cpcnc/2012-11/17/c_131981259.htm.

16 "China Legislators Vote to End Labour Camps," *AFP*, http://news.yahoo.com/china-form

那麼，諸如此類的問題與以中關係有何關聯？

顯然，答案在於如果中國能在未來幾十年保持成功且穩定的發展速率，那麼以色列對於中國的態度則必須與時俱進。若果真如伊曼紐爾・沃勒斯坦（Emmanuel Wallerstein）及其他歷史學者與政治學家所認為，美國繼續在政治、經濟甚至軍事領域蒙上衰退的陰影，[17]那麼以色列與中國的親近關係會尤為明顯。此外，在巴拉克・歐巴馬的第二個總統任期內，美國政府在國際舞臺上對以色列採取了略微嚴厲的批評立場，偏離了過去以美之間緊密維繫的「特殊關係」。以色列與川普政府的關係走向有待觀望。然而，川普似乎正醞釀著一個可能被稱之為「親以色列」的政策。

無論如何，以色列也許必須定期重新評估對中國的長期政策，同時要採取更加自信且革新的政策。也許，以色列甚至應該鼓勵中國更廣泛地參與以巴問題，以及深入調解以色列與敘利亞和伊朗陣營之間的緊張關係。

有些（中國）學者認為，在宏觀的國際關係範疇內，以色列與中國的關係並不那麼重要。相比之下，中美關係、中─印─美三角關係，甚至中國在聯合國安理會的地位──所有諸如此類的關係無疑更為重要。但我們認為，以色列與中國的關係的確具有重要意義，特別是以色列在與中東各國博弈的對等關係中，所扮演的戰略和軍事角色。中國有興趣成為中東和平進程的全面合作夥伴，例如，從中國政

---

alise-reforms-one-child-policy-labour-camps-033439167.html（檢索日期：2013年12月24日）。Ben Blanchard and Kevin Yao, "China Unveils Boldest Reforms in Decades, Shows Xi in Command," *Reuters* 15 November 2013, http://www.reuters.com/article/2013/11/15/us-china-reform-idUSBRE9AE0BL20131115. 至於2018年3月的全國人民代表大會，參見：http://www.npc.gov.cn/englishnpc/news/（檢索日期：2018年4月15日）。

17 Immanuel Wallerstein, "The United States and Israel: The Approaching Separation," *Mita'am* 12 (December 2007): 89-99.

府任命的駐中東特使以及中國對以巴衝突的日益關切中，我們可以大致推測出這一趨勢。此外，中國似乎期望以色列在一帶一路中，成為其主要的先進技術供應商之一，可以在技術創新領域分享專業知識和成功經驗，以中兩國甚至可能會在安全和軍事設備方面重新開展合作。

中國、以色列和香港

自二十世紀六〇年代以來，伴隨香港經濟的快速發展，以色列公司（與全球其他公司一樣）將這座港口城市作為開展航運與拓展區域貿易的中心。香港受益於發達的經濟和通訊基礎設施及自由的經濟環境，而與中國大陸的緊密聯繫也為其賦予了顯著的優勢。香港是茲姆（Zim）船務公司在東亞地區的總部，茲姆公司將香港視為其在東亞地區向各國中轉進出口貿易的核心港口，其中也包括與中國進行的零星間接貿易。[18]

一九七三年，以色列在香港設立總領事館，燃起了以色列與中國開始重建兩國關係的希望。但兩年過後，以色列人意識到他們改善與中國關係的努力註定要失敗。更糟糕的是，由於預算緊縮，領事伊曼紐爾・蓋爾伯（Emmanuel Gelber）先生無奈地被要求從香港回國。在一位被委以重任擔任名譽領事的當地猶太商人的領導下，總領事館繼續運作，然而工作效果差強人意。

一九八四年關於香港問題的《中英聯合聲明》指出中國對香港地區恢復行使主權，這為促進耶路撒冷與北京之間的合作打開了新的機遇之窗。《聯合聲明》中的一段內容指出：「尚未同中華人民共和國建

---

18 Reuven Merhav, "Dream of the Red Palaces--From the Fragrant Port to the Forbidden City, From Hong Kong to Beijing," in *The Foreign Ministry--The First 50 Years*, ed. Moshe Yegar et al. (Jerusalem: Keter, 2002), p. 567.

立正式外交關係國家的領事機構和其他官方機構，可根據情況予以保留或改為半官方機構。」隨後，以色列重新開放總領事館，希望冉冉升起，認為香港能夠成為以色列通向中國大陸的重要橋樑，成為以色列與中國進行正式與非正式接觸的會晤地點。的確，來自以色列的外交官、商人、學者和遊客充分利用了新局面。以色列駐香港總領事館除了與當地猶太和以色列社區進行接觸，以及促進當地與以色列的日常交往之外，還向以色列公司提供服務。

外交官魯文・梅哈夫被派遣擔任以色列駐香港總領事，他的工作任務之一即是研究以色列與中國建立正式外交關係的可能性。據梅哈夫稱，香港可以成為促進兩國關係的橋樑。首先，梅哈夫開始為以中之間的學術關係搭建基礎。一九八七年，他造訪北京，成為第一位有機會彌合兩國分歧的以色列外交官。一年後，梅哈夫被任命為外交部總幹事，繼續在中國事務方面竭盡所能地工作。

一九九七年之後，當香港作為「特別行政區」成為中國領土與主權不可分割的一部分時，以色列與這個前英國殖民地之間的關係繼續正常發展。長期以來，香港是以色列在亞洲地區的主要交易夥伴之一，是以色列商品進入中國以及中國商品出口至以色列的門戶。但是，一九九二年以色列與中國建立的正式外交關係，則在很大程度上削弱了香港在兩國關係架構中的重要性。

耐心如願以償：漸進建立外交關係

以色列駐香港總領事館的重新開放，在以中兩國打造外交管道方面發揮了基礎性作用。在很大程度上，這可能要歸功於總領事館建構的學術關係，在為發展以中外交關係鋪平道路方面發揮了核心作用。自掃羅・艾森貝格時代起（儘管他的嘗試早在二十世紀七〇年代末開始），以中之間的商貿關係已開始形成，這得益於鄧小平的復出以及他繼續推進四個現代化的路線。以色列可以在中國感興趣的領域——農業、科學技術、工業和國防——提供諸多技術性支援。

早在二十世紀七〇年代末，以色列農業專家就來到中國。但在當時，中國依舊不承認以色列，並且維持著作為巴解組織和阿拉伯國家的朋友的地位。一九七七年，埃及總統安瓦爾・薩達特訪問以色列，以及以埃和談進程開啟後，中國對以色列的態度發生了某種程度的顯性變化。儘管中國人沒有停止針對以色列的宣傳性攻勢，但他們也沒有批評新生的和平進程，顯然中國對和談進展的態度似乎是積極肯定的。[19]

二十世紀八〇年代，中國對以色列的態度逐漸開始回暖。通過深入研究各位高級代表的聲明，即可洞察這一過程。除了譴責，中國也開始承認以色列國家的合法地位。一九八二年，在中國時任總理趙紫陽訪問開羅期間，他表示包括以色列在內的所有中東國家都應該享有生存和獨立的權利。但是，中國認可以色列國具備合法地位的條件是，以色列要撤出一九六七年佔領的領土，以及給予巴勒斯坦人民族自決權以建立自己的國家。

一九八五年，中國時任外交部長在訪問埃及期間宣稱，只要以色列繼續頑固堅持其對巴勒斯坦人的一貫政策，中國就不會與以色列建立正式關係。不過，他同時也以前所未有的態度申明補充說，中國能夠明確區分以色列政府和以色列人民，並且不排除通過國際組織作為中間人的方式，與作為個體的以色列專家學者建立學術關係的可能性。從那時起，兩國之間就開始了學術交流。

起初，以色列科學家訪問中國，隨後進行學生交流。這些訪華活

---

19 Yegar, p. 264.

動對提升以色列在中國人眼中的形象發揮了重要作用，中國人對這個
小國的科學成就印象深刻，並熱烈歡迎以色列科學家。一九八六年，
以色列科學與人文學院院長約書亞・約爾特納（Joshua Jortner）教授
赴北京參加了一次學術會議。他成功與中國科技部部長取得聯繫，請
求他允許以色列科學家自由參加在中國舉辦的學術會議，答覆是積極
肯定的。是年，在北京大學開設了希伯來語課程，在中國其他地方則
開設了有關猶太教研究和以色列研究的課程。[20]

　　全球性的猶太組織也通過學術管道來促進以中關係。二十世紀八
〇年代，世界猶太人大會副主席伊西・利布勒（Issi Liebler）曾多次
訪華，並會見中國社會科學院領導。他鼓勵中國社科院組織一次中國
和猶太學者（包括以色列和非以色列）共同參加的學術會議，這場會
議最終於一九八八年在北京召開，討論了猶太研究的各個方面。[21]

　　以中兩國學術關係的發展是一個鼓舞人心的進程，但兩國在外交
領域卻未能以同樣速度取得理想進展。魯文・梅哈夫繼續通過學術管
道促進以中外交關係。他決定將突破點聚焦在中國感興趣的領域──
科學、技術和農業──推動這些領域的發展是當時中國政府基本國策
的重要組成部分。他成功獲得中國科學院的回應，中科院表示有興趣
在此類領域深化與以色列的關係。大約在同一時間，梅哈夫與中國國
際旅行社（CITS）商議達成前所未有的授權，授予以色列旅遊團可以
持以色列護照赴中國旅行的權利。一九八八年九月，繼梅哈夫的開拓
性工作之後，以色列外交部長西蒙・佩雷斯與中國外交部長錢其琛在
紐約舉行會晤，兩國外長一致同意以色列科學與人文學院將在北京設
立代表機構，而中國國際旅行社將在臺拉維夫開設辦事處。一九八九
年，中國國旅駐臺拉維夫辦事處開始營業，以色列的學術代表機構也

---

20 Yegar, p. 269.

21 同前註。

於不久後的一九九〇年在北京開始運作。隨後，這些辦事處成為兩國外交代表彼此聯繫的基地。在經濟方面，一九八六年，梅哈夫與科培科公司（如前所述，一家促進以中兩國經濟聯繫的中國公司）共同創設聯合接洽機制，奠定了兩國發展正式經濟關係的基礎。

一九九一年二月，中國同意梅哈夫在以色列學術代表機構增設一名以色列外交官的要求，這位外交官將充當政治問題的顧問。在中方接受此提議之後，梅哈夫聯繫了茲維‧索芙特，請求他就任此職位。不久之後，索芙特成為第一任以色列駐華大使。

自一九八九年開始，以中兩國關係明顯升溫。以色列學術代表團赴華訪問，中國代表團也前往以色列實現互訪。許多以往在阿拉伯國家擔任大使的中國高級官員，與曾在相同國家工作過的以色列代表共同分享過去的工作印象（大部分是貶損性的）。他們還表示，除了祈望中東地區的和平與安全之外，中國沒有染指該地區的興趣。他們也表達了對以中之間對話拖延的惋惜之情，並將此歸咎於特定的歷史背景。據梅哈夫記錄，雙方會晤的特點是「先驅者互助友愛的團結情感」。[22]

由於中國渴望在國際關係博弈的均勢中找到立足點，一九九一年一月爆發的波灣戰爭也是促成以中兩國建立正式外交關係的重要事件。一九九一年年中，中國外交部西亞北非司司長對以色列進行秘密訪問，會見了時任外交部長大衛‧利維（David Levy）。是年，以中兩國各類有關政治議題的代表團互訪日漸頻繁，此類會議的常規參加者是中國旅遊部代表與以色列學術界代表。通常情況下，中方要求以色列人保密。儘管洩露給以色列媒體的消息激怒了中方，但以色列外交部長大衛‧利維仍被邀請參加以中兩國建交的簽字儀式。一九九二年一月二十四日，簽字儀式在北京舉行，在莫斯科舉辦的中東和會多邊會談的四天前。

---

22 Merhav, "Dream of the Red Palaces," p. 577.

一九九三年十月，以色列總理伊札克・拉賓在摩薩德局長的陪同下前往中國。這是歷史性的訪問：以色列總理首次訪華。此次訪問旨在加強兩國的合作關係，合作重點是安全和貿易領域。顯然，在以中建交的早期階段，以色列初步嘗試著阻止中國將核技術轉移給德黑蘭，特別是能將鈾轉化為氣體——鈾濃縮過程的必要階段——的技術。但拉賓的嘗試沒有成功。中國人的外交策略非常務實，他們的理由是基於中國需要從伊朗購買燃油以及促進向伊朗擴大出口的願望。

一九九二年以來的以中關係

當以中兩國在北京和臺拉維夫互設大使館之後，雙邊經貿聯繫也隨之擴展，最初節奏較為穩健，之後大踏步前進。以色列向中國出口高科技、化學工業、電子通訊、農業和醫療設備等領域的技術產品。兩國之間的貿易總量逐漸增大，中國成為以色列主要的交易夥伴之一。[23]儘管受二〇〇八年經濟危機衝擊，但以中雙邊貿易總額在二〇〇九年僅下降了百分之十七（包括鑽石交易在內的貿易額為45億美元）。次年，兩國貿易開始迅速復甦，增長率高達百分之四十八，貿易總額增至六十七億八千萬美元。二〇一一年，雙邊貿易總額持續增長，超過了七十億美元；二〇一七年，貿易總額接近一百一十億美元。以色列對中國的出口毛額超過三十億美元，而從中國的進口毛額則超過了七十億美元。[24]以色列對中國出口的產品依然高度集中在若干領域，逾百分之七十的對華出口集中在三個產品類別：電子元件、

23 Hadas Magen, "China Will Be Israel's Largest Trade Partner," *Globes* 11 December 2011.

24 http://www.export.gov.il/files/publications/chinazoomin2017.pdf?redirect=no. http://www.israeltrade.org.cn. http://www.tamas.gov.il. http://www.cbs.gov.il/hodaot2014n/16_14_017mazUSD.pdf.

化工產品和礦物。雖說英特爾（Intel）和以色列化學公司（ICL）在這些領域取得了舉世矚目的成就，但與其他國家的企業一樣，對以色列企業而言，其產品若要持久立足中國市場並非易事。多年來，許多公司在中國虧損巨額資金，且具體金額尚未可知，能夠將產品成功地打入中國市場的以色列出口商很少。由於中國政府給予的適當鼓勵，諸如水利和環境技術、醫療設備和日用消費品等領域是可能會面向以色列企業開放的市場。

以色列與香港的貿易額沒有被包括在上述資料中。而且，過去幾年兩國貿易的資訊不包括以色列向中國出售武器和軍事裝備。依據國外資料來源，在二十世紀七〇年代至八〇年代初期，以中武器交易額達到三十至四十億美元，但隨後卻由於美國施加的壓力而被迫停止。[25]中國對來自以色列的各類進口產品都饒有興致，顯然會繼續購買並期望獲得最先進的以色列技術，特別是在農業、太陽能、電子通信和國防科技等領域。

由於缺乏先進設備和資料獲取技術，中國解放軍曾遭遇過嚴重困難。在某些時期，以色列是中國的第二大武器供應國（僅次於俄羅斯），向中國出售包括光學設備、飛機、飛彈和用於坦克通訊的電子元件等各類武器裝備。除收獲經濟利益外，以色列也希望此類軍事交易能使中國同意不向以色列在中東地區的宿敵出售某些武器。但隨著中國持續向以色列鄰國供給武器裝備，此類希望很快便被束之高閣。此外，以色列與中國的密切聯繫致使以美關係陷入緊張。自一九九二年以來，美國政府越來越密切關注中國獲取的以色列軍事技術，乃至那些美國隨時轉移給以色列的美國軍事技術。特別是在愛國者飛彈系統、獅式戰鬥機以及費爾康預警機系統和哈比無人機等領域，美國人

---

25 與二〇〇八年同期相比，在二〇〇九年一至四月期間，以中之間的貿易額下降了百分之十八。參見：Israel Export Institute網站，檢索日期：2011年7月7日。

憂心忡忡。[26]美國因愛國者飛彈系統引發的猜疑從未得到證實，而以色列則始終如一地堅定否決。

二十世紀九〇年代中期，以色列同意向中國出售費爾康預警機，一種精密的空中早期預警和控制（AEW&C）系統。作為機載雷達警戒系統，費爾康用於遠距離偵查飛機、船隻和機動車輛，通過指揮戰鬥機和攻擊機，以確保在空戰中指揮作戰集群並控制戰鬥空間。這個以色列研發的預警系統也能夠收集複雜的情報，價值二億五千萬美元。但是，以色列決意向中國出售費爾康預警機卻引發五角大樓的嚴重關切。起初，柯林頓政府向以色列施加壓力，迫使以方撤銷了將該系統安裝在蘇聯製伊留申（Ilyushin）-76式運輸機上運至中國的計畫，同時停止以色列向中國軍方出售其他武器。後來，美國甚至對以色列施加更大壓力。二〇〇〇年七月，儘管時任總理埃胡德‧巴拉克保證會順利通過這筆交易，最終以色列還是取消了銷售計畫。在江澤民主席於二〇〇〇年四月訪問以色列之後，以方才正式宣佈取消交易費爾康預警機的公告。毋庸置疑，以色列違背諾言的事實，以及江澤民遭受的外交羞辱，幾乎造成以中兩國之間的外交破裂。

費爾康預警機事件在以色列國內引發了極具轟動性的辯論。以色列官方機構聲稱美國對此次交易的反對意見不甚明確，引起以色列對美國政府的誤解。最後，以色列向中國支付了三億一千九百萬美元，其中包括退還給中國的首期付款以及以色列單方面取消交易的補償。作為額外補償，以色列還附帶奉送了安裝有 AEW&C 系統的伊留申飛機。根據非官方報告，中國要求以色列再支付六億三千萬美元的額外費用，以及六億三千萬美元的賠償金——總計十二億六千萬美元，

---

26 與此主題有關的內容詳見：Goldstein, "A Quadrilateral Relationship: Israel, China, Taiwan, and the United States since 1992," and Shai, "Strange Bedfellows."

這對以色列而言是不切實際的金額。毋庸置疑，這種情形最終致使以色列蒙受巨額損失。[27]

　　參與費爾康預警機交易的當事人仍然堅持認為，如果以色列國防部長對中國的思維方式更為熟悉，更加細緻考慮中國文化，並且諮詢那些精通中國深奧處事方式的漢學家，以色列就不會在這次與東方強國的交往陷入危機。此外，若以色列更明智、更適度地處理與美國外交摩擦的局面，可能會有助於改善以美關係所有領域的氛圍，也許會促使華盛頓同意耶路撒冷出售至少一套擁有所需設備的以色列系統。但正如那些在中國遭遇虧損的公司所面臨的情況一樣，由於驕縱而不願意諮詢相關專家，「我和只有我」的意識再次招致談判的失敗。[28]

　　此次事件引發令人擔憂的問題是，包括軍事代表在內的談判者，能夠在多大程度上，恰如其分地拿捏言論所表達的實質意義。例如，與其使用英語單詞「終止」（terminate）來告知中國以色列不得不違反或取消交易協定，以色列政府應使用不同的術語和語調——謙卑地暗示它正面臨困難的約束性局面。

　　其中的一位當事人強調說，如果在江澤民主席延期訪問以色列之後，埃胡德·巴拉克總理緊接著對北京進行互訪的話，這或許會稍微挽救局勢。此外，在巴拉克就費爾康預警機事件冒犯時任美國防部長

---

27 依據對中國近現代史的瞭解，本書作者聯繫了就此問題與中方接觸的國防部負責人耶庫提爾（庫提）·摩爾（Yekutiel (Kuti) Mor）。並建議他也許可以從義和團運動之後的事件，以及當時中國怎樣應付列強對其徵收巨額賠款等事例中汲取某些教訓。根據歷史經驗，以色列應該建議中國可以在多年內分期收取賠償。而且，以色列也可以向中國承諾以提供貨物和服務的方式抵消某些賠償。照此，以色列將增加對中國的出口，並且兩國之間會在此進程中建立一個基於共同貿易基礎的持久聯繫。但不久之後，我們意識到沒有必要通過採取創造性的技術來解決此次摩擦，因為它是基於事先達成合理數額的協定來解決的。

28 也參見：Yehoyada Haim, *Between the Cobra and the Dragon* (Tel Aviv: Yediot Books Publishing, 2008), pp. 52, 178.

威廉・科恩（William Cohen）之後，[29]有些人認為以色列國防部官員開始相互指責，這最終阻止了費爾康預警機的對華出售。如上所述，可以假定在正式和非正式討論中運用不同語調，甚至使用意義更精確的英語將有助於以色列代表說服美國人改變立場，進而確保完成交易，或者至少完成一部分也足矣。實際上，在二十世紀八〇年代，美國向沙烏地阿拉伯出售過類似費爾康系統的 AEW & C 型預警機，並在二〇〇一至二〇〇二年將其重新裝備了先進的硬體和軟體。二〇〇九年，美國允許以色列以十一億美元的巨額價格向印度出售費爾康預警系統。[30]

與費爾康預警機一樣，哈比無人機（一次性無人飛行戰鬥載具——UCAV）也是以色列獨家研發的軍工產品。由於臺海局勢不穩，無人機對中國而言可謂比黃金更珍貴。在無人機專業領域，美國和中國的技術都遠遠落後於以色列。一九九四年，以色列將哈比無人機出售給中國；二〇〇四年和二〇〇五年，以色列承諾向中國提供維修與更換零組件的服務。隨後，中國將無人機或其主要組件送至以色列進行維護、修復乃至升級。

儘管哈比無人機的相關業務是以色列與中國之間簽訂合約的一部分，但五角大樓反對這種聯繫。美國懷疑以色列計畫不僅對無人機進行維護和修理，還要進行大幅升級。以色列的否認是無效的。二〇〇四年底，中國國務委員唐家璇訪問以色列。這是中國高級官員自費爾康預警機事件之後的第一次訪以行程，這加劇了美國人的猜疑，並激起美國對哈比無人機協議的強烈反對。

---

29 Jim Garamone, "Cohen, Barak Reaffirms US-Israeli Bords, Discuss Contentions," US Department of Defense, 3 April 2000, http://www.defense.gov//News/NewsArticle.aspx?ID=45098.

30 Ron Ben-Ishai, "Weapons Deal: The First Israeli Phalcon Lands in India," *Ynet* 25 May 2009, http://www.ynet.co.il/articles/0,7340,L-3721379,00.html.

　　不可置否，美國首要擔憂的是臺灣的安全問題。美國執意認為以色列應拒絕將哈比無人機（或其部件）送還給中國，儘管它們屬於北京。無論如何，因為以色列未能滿足協議的條件，它同意向中國支付賠償金。此外，二〇〇五年九月初，國防部總幹事阿摩司‧亞隆（Amos Yaron）因美國施壓而釀成的此次事件而被迫辭職。儘管當時以色列外交部長對此事件表示遺憾，但哈比無人機事件的確對以美關係造成某種程度的衝擊。由此，自二十年前喬納森‧波拉德（Jonathan Pollard，美國海軍情報分析員，他曾承認為以色列進行間諜活動，並於1987年被判處終身監禁）入獄以來，以美關係被拽入到另一個鮮為人知的低谷。

　　從此，更確切地說，以色列是在美國的指示下制定了關於向中國轉移技術的明確規定。美國也對以色列出口至中國的產品進行限制，尤其是那些軍民兩用性的電子元件。據中國方面的消息稱，這些新規定延遲、甚至嚴重妨礙了以色列產品對中國的出口，因為美國人要求所有產品在運送至中國之前至少要檢查兩次。儘管以色列試圖同時滿足中美兩方的意願，但它無法確保能夠完全履行自身與中國簽署的承諾與合約。更糟糕的是，中國表明將對以色列公司實施制裁，不僅針對在中國大陸的以色列企業，也包括位於香港的以色列企業。二〇〇四年十二月底，中國副總理由前外長唐家璇陪同訪問以色列，傳達了有關制裁的嚴厲資訊。[31]以色列擔憂其出口至中國與其他地區的產品將會遭遇沉重打擊，因為其他國家或許會因為以色列屈從美國的指示而感到不安，並由此得出自己的結論。

　　中國與以色列關係的改善也並未讓北京停止為伊朗等威脅以色列的國家生產武器，這種做法至今未改變。長期以來，中國甚至在很多

---

31 "China's Vice Premier: Return the Drones, Or Else We'll Start Hurting Israeli Companies Operating in China," *Tik Debka* 26 December 2004.

方面利用波灣國家之間的不斷衝突。在第二次黎巴嫩戰爭之後，中國在中東地區扮演了不同的角色，也在軍事科技上有了重大進展。以色列懷疑中國可能向多個組織出售先進武器。這在二〇〇六年七月十四日第二次黎巴嫩戰爭開始時得到了證實，當時真主黨發射了一枚飛彈，擊中了一艘以色列海軍艦艇，造成四名以色列國防軍士兵喪生。這枚飛彈正是由中國生產，並且在十年前賣給伊朗的 C-802型海鷹二號飛彈。很可能是真主黨經過伊朗軍隊訓練後才發射了那枚飛彈。[32]

關於中國技術和軍事方面的進步而引發的憂慮一直使許多人煩躁不安，這種心緒也流露在二〇一二年保加利亞索菲亞舉辦的軍事史國際會議上。時任中國人民解放軍軍事科學院副院長的任海泉將軍對此澄清說，擁有更先進技術的軍隊未必會成為最終贏家。與毛澤東宣導的軍事哲學相一致，他強調，儘管軍隊處在技術劣勢，但有時軍民士氣最為高漲的一方會獲勝。例如，雖然日本軍隊和國民黨軍相比中國共產黨軍隊而言擁有諸多技術優勢，但最終卻是共產黨贏得戰爭。因此，軍事技術未必是最重要的因素。士兵必須使現有技術適用於作戰的具體方式——換言之，即戰術和戰略。任海泉將軍還陳述道，在與中國軍隊對壘的關鍵時刻，日軍成為被嘲笑奚落的對象，由麥克亞瑟指揮的聯合國軍隊同樣如此。由此可見，技術可能會為勝利提供機遇，但人事因素卻是影響戰爭的決定性因素。

任海泉將軍的理論基於「人民戰爭」的概念：在國家的歷史演變中，農民和奴隸時常能夠戰勝體魄更為強健的敵人。任將軍引用毛澤東最為經典的名言：「敵進我退、敵駐我擾、敵疲我打、敵退我追。」以新四軍和八路軍為代表的兩支革命軍隊遵循這種游擊戰術，但他們也能夠在必要時機和條件成熟時以傳統作戰方式應對正面戰線的戰

---

32 以色列外交部網站，http://www.mfa.gov.il/MFA/Terrorism, 15 July 2006.

鬥，這種靈活性的戰術彌補了缺乏先進武器裝備與技術的弱點。軍事技術越是創新，軍隊也就愈發需要使其戰術和戰略適應新的戰場實情。韓戰的情況就是如此，當時中國志願軍的夜間作戰猶如白天的正面戰鬥一樣。據任將軍介紹，即便中國軍隊的技術不如敵人先進，但只要能堅持「人民戰爭」的特點，未來他們將會再次取得勝利。

但時代似乎已經改變。畢竟，自一九六四年以來，中國擁有了核能力；自二十世紀八〇年代以來，中國實施「改革開放」政策之後，持續積累著令世人矚目的財富。中國已經發展到能夠在技術和軍事領域獨立自主為自身開闢前進道路的程度。當我們在本世紀第一個十年結束後回首檢視中國的發展能力時，這無疑是正確的。在幾十年的快速經濟增長以及希望確保安全利益共同推動下，中國已著手推進大規模的軍事現代化。中國軍隊已經推行廣泛的軍事改革，目標在精簡機構，提升中國軍事實力。中國現在已經擁有了第二艘航空母艦（2017年4月正式下水），也擁有實力強勁的柴油機驅動艦隊和彈道飛彈核潛艦，以及世界上規模最大的空軍之一，還有五十多枚洲際彈道飛彈。在全球範圍內，中國已經成功將舉世矚目的經濟影響力轉化為軍事震懾力。

一段載浮載沉的關係

在以中關係的發展趨緩，甚或倒退的同時，仍取得了某些成功：一九九五年，以色列愛樂樂團訪問北京；二〇〇一年，耶路撒冷的以色列國家博物館舉辦了為期四個月的中國傳統文化展，原始展品均來自中國，展出涉及領域史無前例。與此同時，以色列還舉辦了中國戲曲節、雜技和舞蹈等表演專場，以及各類中國傳統藝術展。

二〇〇〇年秋，中國五座城市計畫舉辦愛因斯坦生活展。但因種種原因未能落實，當時中國文化部希望從配圖文字中刪除關於這位著名物理學家的三個事實：首先，他是猶太人；其次，他支持建立一個猶太國家；再次，大衛・本—古里安曾邀請他擔任以色列國的第二任總統。由於以色列與阿拉伯世界的關係也非常複雜，中國不想因為一個展覽而引發批評。

　　儘管以中關係略微緊張，但兩國之間仍然致力於技術合作。大約就在取消費爾康預警機交易和愛因斯坦展覽這兩起事件前後，以中兩國簽署了一份價值與費爾康預警機交易相當的協定，即中方購買以色列製 HK1型和 HK2型人造衛星，這項人造衛星交易用途在於發送二〇〇八年北京奧運會比賽的電視轉播信號。這項協議是北京在處理經濟和外交議題時畫清界限的典型案例。若瞭解中國的這一政策和心態，有助於理解其在以中關係中存在不同訴求的反差：中國可能會就巴勒斯坦問題對以色列發表嚴厲批評，但與此同時，中國也會與以色列高科技公司簽訂引人注目的巨額合約。

　　自二〇〇二年至二〇〇五年的哈比無人機事件之間，兩國關係進展順利。以色列軍事代表團訪華，繼而中國代表團對以色列進行互訪。中國副總理赴以色列訪問，隨後以色列議會代表團訪問中國。以中聯合科研專案如期進行，進展迅速且持續至今。

　　兩國之間的學術關係已證實對雙方都大有裨益。中國學生赴以色列大學學習並開展研究工作，以色列人在臺拉維夫大學學習中國的傳統和現代文化，而以色列學校和大學的學生則學習漢語。越來越多的以色列學生前往中國學習漢語，並且在中國文化（例如前去旅遊）和中醫學等領域習得專業知識。此外，兩國之間的學生交流計畫也取得豐碩成果。如同在世界各地的許多大學一樣，臺拉維夫大學也成立了孔子學院，在理解和學習中國文化方面取得突破性進展，越來越多的中國哲學和中國文學著作被翻譯成希伯來語；同樣，關於猶太教、猶

太人歷史、猶太大屠殺，以及中東甚至現代以色列文學的書籍都被翻
譯成中文，並在中國的學術機構中進行研究。越來越多關於以色列和
以阿衝突的網站以中文為媒介在網路空間中流行。

　　在政治領域內，二〇一〇年，以色列高級官員開始再次走進中國。
以色列央行行長斯坦利・費希爾（Stanley Fisher）和戰略事務部長摩
西・亞阿隆共同訪問北京。[33]這次訪問意圖主要是與中國討論伊朗核
問題，同時試圖說服中國支持對伊朗的制裁。以色列國防軍情報局局
長阿摩司・亞德林（Amos Yadlin）少將和以色列國防軍規畫部主任阿
米爾・埃舍爾（Amir Eshel）少將也訪問過中國。財政部長尤瓦・
斯坦尼茲（Yuval Steinetz）先後前往中國大陸和香港，[34]他此行的重
點是為二〇一〇年上海世博會的以色列展館揭幕。陪同斯坦尼茲部長
一同訪問中國的還有財政部主任哈依姆・沙尼（Haim Shani）、環境
保護部長吉拉德・埃爾丹（Gilad Erdan）及其他約二十名以色列商人
代表團。

　　至二〇一一年夏季，以中兩國在軍事和安全問題上的關係得到明
顯改善。六月，以色列國防部長埃胡德・巴拉克於十餘年來第一次訪
問中國。這是自二〇〇〇年以來以中關係取得的重大突破。訪華期
間，巴拉克會見了中國解放軍總參謀長以及副總理，之後他參觀了軍
事設施。在此次訪問結束的三周後，有宣告稱以色列公司將參與成都
一家商務噴射機製造工廠的招標活動。此次招標由中國航空工業集團
（AVIC）發佈，除了以色列公司之外，加拿大和美國公司也參與了此

---

33 Mia Bengal, "Governor Stanley Fisher Joins the Struggle against Iran," *nrg.co.il* 21 February 2010, http://www.nrg. co.il/online/1/ART2/064/556.html.

34 Lilach Weissman, "Steinetz Goes to Visit China and Hong Kong with 25 Businessmen," *Globes.co.il* 2 May 2010, http://www.globes.co.il/news/article.aspx?did=1000556262& fid=2.

次招標。參與投標的以色列公司不僅需要由以色列的機關實體批准,而且也需要美國聯邦航空管理局(FAA)批准。[35]

二〇一一年八月十四日,中國解放軍總參謀長陳炳德將軍訪問以色列,會見了時任以色列總統西蒙‧佩雷斯、總理班傑明‧納坦雅胡、國防部長埃胡德‧巴拉克和國防軍總參謀長本尼‧甘茨。[36]顯然,雙方的首要議題包括戰略事務、軍事技術的合營企業以及中國商務噴射機的國際招標專案。二〇一一年底,納坦雅胡接受中國駐以色列大使的邀請,並計畫於二〇一二年對中國進行國是訪問。訪問期間,納坦雅胡計畫宣佈繼續改善雙邊關係。中國對納坦雅胡的邀請在以中建交二十周年的慶祝活動中被反覆提及。

兩國關係得以迅速改善的進程著實出人意料,我們原本可能已經想當然地認為費爾康預警機與哈比無人機事件的陰影將在多年間持續籠罩以中關係。而且,美國似乎不會停止持續盡力在耶路撒冷和北京之間提升戰略合作關係的道路上設置障礙。

以中兩國在戰略層面上的關係趨於緊密的跡象成倍數增加。其中一個跡象是,二〇一二年八月,中國海軍艦隊結束對土耳其的友好訪問之後,前往海法港訪問。對那些從未敢於夢想目睹如此特殊軍姿的許多以色列人而言,三艘戰艦的到訪的確令人吃驚。中國小型艦隊包括飛彈驅逐艦「青島號」、巡防艦「煙臺號」、大型綜合補給艦「微山湖號」。這是中國海軍艦隊首次訪問以色列。八月十六日,在「青島號」的甲板上舉行了一場規模盛大的招待會,軍官就以中兩國的密切關係發表了極具感染力的講話。

35　Na'ama Sicolar, "China-Israel Relations Warm Up: IAI is on the Way to Establishing a Factory in China," *Calcalist* 3 July 2011.

36　Yaakov Katz, "Chinese Army Chief Due in Israel Next Week," *The Jerusalem Post* 8 August 2011, http://www.jpost.com/Defense/Article.aspx?id=23287830.

　　伴隨二〇一一年中國正式開啟五個關於以色列研究的專案，以中關係的回暖進程開始得比預期稍早。作為這些項目的一部分，中國共產黨坦率地表達了對以色列政治代表的興趣。以色列議員尤里‧愛德斯坦（Yuli Edestein）代表多數黨應邀參加了在中國舉辦的學術—政治「智庫」會議。就中國而言，北京派代表參加了在赫茲利亞跨學科中心舉辦的第一屆以中關係戰略與安全研討會。[37]除這些舉動之外，中國代表團還定期訪問臺拉維夫大學戰略研究中心。學術性的政治接觸是以中雙方尋找和解的成功手段。其後，數十個中國學術代表團訪問以色列，旨在加強與以色列大學的關係。此外，中國還派出了諸多領域的學術實習生。

　　二〇一三年十月，劉奇葆訪問臺拉維夫大學。當時，劉奇葆是中國政府和中國共產黨的高級領導，對中國的政策走向具有相當大的影響力。這是一次正式的國是訪問，期間，劉奇葆與隨行代表團在其住所分別會見了西蒙‧佩雷斯總統和班傑明‧納坦雅胡總理。在臺拉維夫大學，代表團訪問了孔子學院，並參加了以色列資深中國問題專家舉辦的學術座談會。此次訪問進展順利，期間中方就未來資助與雙方合作經營企業作了相關承諾。另外，以色列和中國媒體對此次訪問進行了報導。[38]

　　兩國關係的回暖也推動雙方在經濟領域取得了豐碩成果。二〇一一年，中國化工集團（ChemChina）收購了企業價值為二十四億美元的以色列馬克沁—阿甘（Makhteshim-Agan）公司百分之六十的控股

---

37 Carice Witte, "A Quiet Transformation in China's Approach to Israel," *SIGNAL* vol. 12, No. 6 (2 April 2012), http://jcpa.org/article/a-quiet-transformation-in-chinas-approach-to-israel/.

38 "Senior Chinese Arrive for a State Visit to Israel," *Israel Hayom.co.il* 21 October 2013, http://www.israelhayom.co.il/article/125749.

權。馬克沁─阿甘公司是以色列作物保護產品的製造商和分銷商，主要產品包括除草劑、殺蟲劑和殺菌劑。這是中國政府與以色列公司簽署的最大合約，也是中國成為以色列公司的投資者之後進行的第一筆重大交易。公司的公眾股東獲利十二億七千二百萬美元，科爾公司獲得十一億二千八百萬美元，預計他們會在登記簿中記錄此次交易淨利潤高達六億七千四百萬新謝克爾。

　　這筆交易在以色列國內引發了略微有失和睦的政治分歧。當納坦雅胡總理就這筆交易向實業家諾奇・丹科納（Nochi Dankner，持有IDB集團和馬克沁─阿甘公司的控股權）表示祝賀，並將之稱為是證明「以色列國的經濟實力」時，立即招致以色列左翼政治團體的批評。例如，工黨主席兼議會議員謝莉・雅奇莫維奇（Shelly Yachimovich）表示，「納坦雅胡向丹科納將內蓋夫地區的馬克沁─阿甘公司出售給中國化工集團而獨自獲利的事情表達祝賀，這是令人憤慨且不合時宜的言行。此時不應額手相慶，而是要椎心泣血。我們要意識到這是一家可以為內蓋夫地區數千戶家庭提供收入的大型精密高級以色列工廠，由於管理失敗且將控股權轉移至中國人手中，公司在歷經縮小規模的曲折發展進程之後註定要倒閉。總理必須領悟到若沒有成功的中低技術產業（blue and white industry），以色列的工薪階層就不能維持生計，國民經濟也不會得到科學地發展或增長。」[39]然而，以色列駐上海總領事傑基・埃爾丹（Jackie Eldan）與國家官方口徑保持一致，強調這筆交易具有超越商業層面的廣闊戰略意義。「馬克沁─阿甘公司將依然留在以色列，這表明中國突然在以色列取得了一個非常重要的立足點，」他闡述道，「中國人對綠色科技非常感興趣，將在此

---

39 Golan Hazani, "The Deal is Closed: ChemChina Transferred \$2.4 Billion for Merger with Makhteshim," *Calcalist.co.il* 17 October 2011, http://www.calcalist.co.il/markets/articles/0,7340,L-3541904,00.html.

領域成為主要玩家。中國正在以色列尋找新的能源技術。至於中國化工集團是否計畫關閉馬克沁一阿甘公司的問題，我認為這是一個若干年後才見分曉的進程，與此同時，我們將創設一條與中國聯繫的管道。」[40]事實上，二〇一四年，公司已更名為亞當農業解決方案有限公司（ADAMA Agricultural Solutions Ltd.），像過去一樣繼續運營。

卡梅爾隧道（The Carmel Tunnels）是近年來以中兩國在經濟領域的另一個重大合作專案。隧道挖掘工作始於二〇〇七年，完工於二〇〇九年。它由中國土木工程集團有限公司（CCECC）和以色列 Y. 萊雷爾（Y. Lehrer）工程公司合作完成。起初，中土集團應該是該專案的唯一承包商，但由於專案特許經營商（卡梅爾頓集團公司，Carmelton）與以色列經濟、工業和勞工部在涉及雇傭外國工人的問題上存在財務糾紛與分歧，以色列公司才被添加到此專案中。參與該項目的員工仍然強調是中國公司提供了高品質、高效率的工作，甚至提前完工，以色列公司反而拖了後腿。[41]

二〇一四年上半年，中國政府多次提議希望收購特努瓦（Tnuva）公司，這是一家由基布茲所有的以色列食品加工合作社，歷史上專門生產牛奶和乳製品。幾十年來，特努瓦公司象徵著以色列猶太復國主義的復興（儘管特努瓦的部分股權於二〇〇七年被英國的安佰深〔Apax〕集團收購）。[42]針對這起收購案，以色列社會表達了強烈的

40 Ora Koren, "As Long as China is Growing 8% a Year, It Will Preserve its Economic Stability," *The Marker* 23 January 2012, http://www.themarker.com/wallstreet/asia/1.1623707.

41 Lior Baron and Michel Udi, "The Conflict Intensifies: Carmelton Brought in an Israeli Contractor to Dig in the Carmel Tunnels Project," *Globes.co.il* 11 September 2008, http://www.globes.co.il/news/articl e.aspx?did=1000381231.

42 關於此問題，參見：Guy Rolnick, "Who Profits and Who Loses from the Sale of Tnuva to the Chinese," *The Marker* 23 May 2014.

反對意見。此外，一些知名人士也反對諸如中國公司可能會參與建設通往南部埃拉特港口的鐵路、中方購買克拉（Clal）保險公司和其他金融公司、中國將分別在海法和阿什杜德建造並運營兩個私營港口，以及在以色列南部地區畫撥給中方土地種植用於中國市場消費的農作物等一系列具體計畫（和謠言）。

截至二〇一七年，中國已向各類以色列公司投資約六億美元，另外還有七億美元的風險投資基金。這一問題引發了廣泛的、基本的戰略性議題：哪些國民資源可以依託某種方式而移交給外國實體？哪些又是以色列應該堅定拒絕交易的非轉讓性國民資產？吸納外國投資當然可取──但畫定它們所染指的界限在哪裡，倘若逾出這個界限，國家的自由是否可能會受到損害？

二〇一四年五月，中國光明食品有限公司簽署協議收購了特努瓦公司的控股權。[43]以色列國會議員兼經濟委員會主席阿維沙·佈雷弗曼（Avishai Braverman）與前摩薩德局長以法蓮·哈列維（Efraim Halevi）就該收購協議進行嚴厲批評，聲稱這有損以色列的國家利益。[44]

然而，以色列國內相反的觀點斷言，中國人並未意欲將此次收購視作無的放矢的「公園漫步」，而是作為一種戰略投資，如同中國在以色列和其他地區進行的其他投資一樣。食品安全是中國政府議事日程中最重要的三個核心問題之一，因此中國打算長期控制特努瓦公司並使其繼續發展。此外，如果我們圍繞著此次交易思考，例如以色列

---

43 Yoram Gavison, "Apax is Expected to Give Bright Food a Discount," *The Marker* 29 September 2014.

44 Aron Shai, *The Evolution of Israeli-Chinese Friendship* (Tel Aviv: The S. Daniel Abraham Center and Confucius Institute, 2014), pp. 6-55. 參見：本書作者與哈列維進行的訪問，2015年6月15日。

乳製品市場的潛在利益，包括乳牛出售、與產乳量相關的專業知識、乳牛養殖技術以及其他相關領域，如此算來，以色列經濟將從此次交易中賺得盆滿缽盈。事實上，此次特努瓦公司的交易對賣方——安佰深集團和米夫塔赫‧沙米爾控股公司——而言乃一本萬利；倘若 日後出現問題，至少可以說是買方——光明食品有限公司的責任。乳製品公司股價的急劇下跌，迫使光明食品向公司注入了大量資金。促使中國關注食品安全問題的一個因素是清潔用水的缺乏，因此中國意欲進口含水量高的農產品以及家禽、牛肉和豬肉等產品。

據估計，在未來十年內，中國甚至有望收購包括製藥業巨頭梯瓦在內的其他大型以色列公司的控股權。除了類似阿克－卡梅爾鐵路（吉洛隧道）和臺拉維夫輕軌列車等現有項目之外，中國還有可能參與許多其他項目。在學識淵博的以色列學者圈子中爭議最為熱門的話題之一，即是關注中國參與以色列的經濟和技術等領域，探問中國可以在多大程度上受益於以色列的專業知識，甚或複製以色列專利。

數十年以來，埃及已經有能力通過針對以色列籍船舶或目的地對以色列船隻關閉蘇伊士運河，以達到孤立以色列，並破壞其國際貿易的目的。對以色列而言，建造一條連接紅海港口埃拉特與地中海港口阿什杜德和海法的快速、現代鐵路（紅海－地中海線，Red-Med Line），似乎是解決這一潛在威脅的可行方案，以色列能夠運用快速、廉價的鐵路運輸，同時繞過運河而使其成為非必需品。[45]以色列政府決意允許中國只建造一個港口，即阿什杜德的私營商港。特許經營商為中國港灣工程（China Harbour Engineering）有限責任公司，它是從事基礎設施建設的中國交通建設股份有限公司（CCCC）的子公司。二〇一四年秋，有人提出這家中國公司也有可能參與修建通往埃拉特

---

45 同前註。

的鐵路。關於運營海法新深水私營商港的二十五年特許經營權，以色列政府於二〇一五年將該港口運營權和維護權的招標，授予中國的上海國際港務股份有限公司（SPIG）。[46]這個海法新港由兩家以色列公司建造。

二〇一三年，中國提出建設「新絲綢之路經濟帶」和「二十一世紀海上絲綢之路」的合作倡議，簡稱「一帶一路」。該發展戰略側重於歐亞國家之間的聯繫與合作，主要目的是擴大中國在全球事務中的作用，並建立以中國為中心的貿易網路。截至二〇一七年底，「一帶一路」倡議關注的焦點是鐵路、高速公路和電網等基礎設施投資。作為此項倡議的一部分，中國正在循序漸進地建造被美國稱之為「一串珍珠」（A String of Pearls）的大型工程，指從中國大陸遠至蘇丹港，乃至紅海北端，沿海上絲綢之路而散佈的中國軍事基地或商業網站等據點構成的網路。海上絲綢之路貫穿若干主要海峽，譬如曼達布海峽、麻六甲海峽、荷莫茲海峽，還經過斯里蘭卡的漢班托塔港（Hambantota，最近租給中國使用九十九年）以及巴基斯坦、孟加拉、馬爾地夫和索馬利亞等國其他的海上戰略要地。此外，二〇一七年夏，中國在吉布地建立了在亞太地區以外的第一個軍事基地，從而擴大了它在以色列附近區域的影響。

總而論之，中國正在投資以色列的高科技、農業、食品、水利、醫藥技術和生物技術等領域。二〇一五年，中國在以色列的總投資超過五億美元，投資範圍包括各類創新型企業。與此同時，在中國幾乎每天都會發佈新的以色列技術育成中心、新投資、合資企業、貿易會

---

46 Daniel Shamir and Avi Bar-Eli, "The Private Port in Ashdod Sets Sail," *The Marker* 22 September 2014. Port Strategy, "SPIG Nets Haifa Concession," 25 March 2015. 另參見：Gideon Elazar, "China in the Red Sea," BESA Center, Bar-Ilan University, 23 August 2017.

議和訪問代表團等新聞。

　　二〇一五年，以色列財政部決意簽發必要的授權書，以打破以色列乳製品的行業壟斷，藉此開放以色列乳酪進口行業的市場競爭。特努瓦公司對作為競爭對手的進口商提起訴訟，認為它有剽竊特努瓦伊美科（Emek）系列乳酪的包裝設計之嫌。顯然，行業壟斷者不是試圖參與並維持競爭，而是盡力將競爭對手趕出市場，特努瓦公司管理層致力於為中國投資人提供豐厚回報。毋庸置疑，順藤摸瓜，可以為上述討論的複雜局面摸清新線索。簡而言之，現今以色列企業管理層要恪盡職守為其新股東——中國人負責。政府似乎不太可能全力以赴繼續對壟斷進行施壓，這一區別展示了將特努瓦伊置於外國掌控下的後果。以往以色列政府可以依託官方指令或經濟指示來駕馭經濟發展的走向；然而，從現在開始，以色列決策者將因縝密思慮複雜的外交與政治局面而跌腳絆手。當所涉企業不再是由一家英國公司為首的多元投資集團管理的國際公司，而是由中國政府和中國共產黨管理的準國有公司時，情況尤為如此。[47]

　　令人記憶猶新的是，二〇一一年納坦雅胡總理受邀赴中國出席盛大典禮，但在二〇一二年此次訪問並未成行。二〇一二年末，中國開始採取有關以巴衝突的新歐洲外交（New European Diplomacy）政策，特點是在以色列繼續擴建定居點，並公然無視國際社會和各類國家組織的抗議浪潮後，歐盟不斷向納坦雅胡政府施加壓力。二〇一二年十一月，以色列國防軍在加薩走廊展開的「雲柱行動」加劇了以巴衝突的緊張局勢。北京方面義正辭嚴地譴責以色列，以中關係的鐘擺又迴轉到另一個方向，北京所傳遞的資訊在耶路撒冷引起了很大反響。[48]

47 Meirav Arlozorov, "The Chinese Will Profit: Israel's Government Fortifies Tnuva's Monopoly Forever," *The Marker* 1 April 2015.

48 Nachum Barnea and Shimon Shiffer, "Commentary," *Yediot Aharonot* 12 July 2013.

　　二〇一三年五月初，納坦雅胡總理最終完成了計畫內的訪華之旅，促成兩國關係在穩定進程中實現了某些顯著改觀。五月六日，納坦雅胡抵達上海，隨後前往北京。此次訪華的重要性在於納坦雅胡著實進行了訪問工作，而訪問結果呈現的意義則微不足道。這是自埃胡德・奧爾默特二〇〇七年訪華後，以色列總理六年來首次到訪中國。然而，早在此次訪華的一年前，中國人就提出了邀約，但由於納坦雅胡要參加北美猶太人聯盟會議而將之推遲。當時，中國對納坦雅胡的首選目標心存芥蒂，因而推遲了再次向以色列發送新的訪問邀請。[49]

　　有人指出，在實現訪華計畫的過程中，出現了另一個困難。中國威脅說，如果以色列政府繼續在美國訴訟案中，提交對中國不利的文件和證詞，那中國政府將會取消訪問的邀請。一位以色列安全機構的代表原本應該在紐約聯邦法院作證，指控中國銀行協助哈馬斯和伊斯蘭聖戰組織進行洗錢活動，這些組織被美國和以色列都定位為恐怖組織。在二〇〇五年，中國廣州的中國銀行被指控保有一條將資金從敘利亞移轉到哈馬斯和伊斯蘭聖戰組織在加薩的通道，在這個精密的操作中，中國生產的衣物和玩具被送到加薩，但它們並沒有被捐贈給幼兒園，而是在公開拍賣中出售。當中的利潤被這兩個恐怖組織拿去，用於軍事目的。簡而言之，一個經過商業手段的洗錢行動。中國要求納坦雅胡阻止這次作證，打斷了整個審判，也損害了全球打擊恐怖主義及其背後資金的行動。中國政府以此成功說服了以色列政府，不採取行動去阻止滋養恐怖主義的金流管道。

　　在二〇一三年七月底，紐約法庭公開的文件中，揭露了以中之間的定期安全協調會議，以色列代表在會議中警告了中國銀行藉由洗錢手段為伊斯蘭聖戰組織疏通金流。在接下來的幾個月和二〇一四年，

---

49 參見：Amos Harel and Ruti Zota, "The Connection between the Biggest Bank in China and the Terror Attack in Tel Aviv," *Ha'Aretz* 15 June 2013.

案件中進一步揭露了更多細節，並清楚表明，中國試圖隱瞞這些討論。這起事件是調查在二○○六年臺拉維夫發生的一起恐怖襲擊中，遇害的猶太美裔青年丹尼爾・沃爾茨後才被發現的。受害者的家人對中國銀行提起訴訟，稱中國幫助派遣了這名恐怖分子進行自殺式襲擊。根據二○一三年底公開的以色列安全局（沙巴克，Shabak）文件，中國為哈馬斯進行的洗錢活動，在這場中國銀行案件之後，多年後顯然還繼續進行，維持了一段時間。[50]

當納坦雅胡的訪華之旅最終成行時，此時對以色列媒體潛在的關注焦點而言並不理想。當時，以色列頭條新聞重點關注國防軍對敘利亞武器藏匿處空襲的報導。而且，國內事務的頭條報導則是新任財政部長亞伊爾・拉皮德（Yair Lapid）實施的爭議性預算案。在納坦雅胡離開以色列之前，國防軍軍事情報局局長阿維夫・科恰維（Aviv Kochavi）少將在北京與中國同行舉行秘密會談，討論了伊朗核計畫和敘利亞內戰的相關問題。科恰維向中方提供了有關伊朗核計畫的最新情報，並提醒中國將先進武器以及一些中國製武器運往敘利亞戰場所伴生的危險，因為這些武器隨時可能會落入真主黨手中並瞄準以色列。[51]大約十天後，納坦雅胡赴中國訪問。

正如研究員薩姆・賈斯特（Sam Chester）所指出的那樣，[52]就在巴勒斯坦權力機構主席馬哈茂德・阿巴斯剛抵達中國開始訪問的幾天後，納坦雅胡也尾隨而至。中國人已就此所涉及具有挑戰性的外交困境進行了深思熟慮的進度安排。現在，中國人正在將一碗水端平：一

---

50 "ISA Documents: Hamas Continues to Launder Money in China," *Ha'Aretz* 29 September 2013.

51 Barak Ravid, "Reaching Iran Through China," *Ha'Aretz* 5 May 2013.

52 Sam Chester, "Why Netanyahu and Abbas Went to China," *Tablet* 13 May 2013, http://www.tabletmag.co m/scroll/132220/why-netanyahu-and-abbas-went-to-china.

方面，他們認為以色列領導人的訪問非常重要；另一方面，當阿巴斯在納坦雅胡之前到訪北京時，他們嫻熟地安撫阿拉伯─巴勒斯坦世界的民意。阿巴斯的訪問被定性為官方國是訪問，而納坦雅胡的訪華則被定性為「正式出訪」。有人認為，中方安排以巴領導人重合的訪華行程目的，即是中國要參與中東和平問題的政治解決進程，其重要性不遜於活躍在國際外交舞臺上，但問題是北京是否已準備好充分擔當調解人的角色。與此同時，中國似乎渴望盡可能多地從以色列獲利（相反，它從巴勒斯坦獲得的收益微乎其微）。也許，北京正在尋找一條直抵阿拉伯國家心靈家園的坦途大道，尤其針對嚴厲批評中國支持敘利亞領導人巴沙爾・阿薩德的阿拉伯國家。很可能的是，阿巴斯訪華只是此次納坦雅胡外交活動的陪襯。顯然，納坦雅胡的到訪更為重要，中國媒體更廣泛地報導了這個包括數十名商人的訪華代表團。此外，納坦雅胡還獲得了中方並非給予每位訪華領導人的特殊榮譽，例如應邀在培養中國未來領導人的中共中央黨校發表演講。

中國新任國家主席習近平向阿巴斯提出了中方關於解決以巴衝突的「四點主張」，包括：支持兩國方案；要求以色列退回至一九六七年邊界線；完全停止建設猶太人定居點；以及「土地換和平」的總原則。與「四點主張」並行不悖的是，習近平還提到必須維護以色列的聲譽，認為以色列擁有生存權與維護國家安全的合法權利。李克強總理和習近平都向納坦雅胡提及為重建以巴談判創造適當條件的必要性，他們認為解決以巴衝突是整個中東地區實現和平發展的關鍵。但中方領導人與以色列總理之間的討論議題很少涉及政治問題，相反，中國有興趣與以色列在貿易與技術等方面的合作關係，進行戰略對話有。事實上，儘管中國對以色列的巴勒斯坦政策提出某些批評，但它仍然對與這個猶太國家的合作深感興趣。

納坦雅胡的訪華之旅的首要議題是經濟。納坦雅胡到訪中國，目的在促進商貿交易，並為以色列企業開拓對華業務的新管道，他意識到其行程會被認為是以色列的一項成就，繼而必須幫助以色列製造商和出口商獲得中國政府的許可。有報導稱，納坦雅胡試圖與中國達成一項促進雙邊自由貿易的協定，探討中的協定將使以色列出口商受益，得到產品免稅權；但中國拒絕簽署協議，除非以色列向數千名中國勞工發放工作許可證。[53]李克強在會見納坦雅胡時，強調中國與以色列進行經濟合作的重要性，表明他願意兩國關係朝著這個方向邁進。就納坦雅胡而言，他強調以中兩國具有將各自優勢進行整合，並加以共同開發利用的巨大潛力。兩國領導人決定成立兩個工作小組，負責研究並提升中國和以色列的經濟與社會關係，其中合作重點是技術和農業領域。[54]在納坦雅胡返回以色列後召開的內閣會議開幕式上，他宣佈成立由其本人擔任主席、並由尤金·肯德爾（Eugene Kendall）教授監管指導的以色列委員會（the Israeli Committee）；納坦雅胡還表示希望中國也採取類似措施。[55]然而，在雙邊貿易層面上，以色列將在與中國開展貿易的進程中繼續面臨諸多障礙，並且只會在範圍相對狹窄，如電子、礦物和化學製品等界限分明的領域內推進貿易。

　　在以色列國內，納坦雅胡的訪華之旅因若干原因而招致批評。令

---

53 Bardenstein, "Netanyahu is trying to promote a free trade agreement. As of the summer of 2015, the issue of bringing Chinese laborers to Israel had yet to be solved. In a change from their previous policy, the Chinese government refused to permit its citizens to be employed over the Green Line. Beijing also had preconditions regarding commissions." Cited by Meirav Arlozorov,"China Demands that Chinese Construction Workers Not Be Employed in the Settlements," *The Marker* 7 June 2015. 納坦雅胡在2017年訪華期間再次提起了這個問題。

54 Li Xiaokun and Guangjin Cheng, "China, Israel Boost Cooperation," *China Daily* 9 May 2013, http://www.chinadaily.com.cn/china/2013-05/09/content_16486378.htm.

55 "PM Netanyahu's Opening Remarks at Cabinet Meeting," *Youtube* (May 19, 2013): http://www.youtube.com/watch?v=-BpjmQNIuZ4&feature=youtu.be.

許多人厭惡的是，他們發覺總理全家人陪同他訪華並享用豪華的貴賓航班和食宿。他們抨擊納坦雅胡只會享受預留給社會名流人士的奢華待遇，但卻沒有在關鍵問題上為國民竭誠服務。

更多的譴責是針對納坦雅胡的演講，他在演講中將以色列與中國的關係比喻為「將插頭推入插座內」。這被認為是傲慢的表達，因為它將以色列人描繪成能夠提供原創力、智慧與想像力的一方，而想當然地認為中國人只能提供廉價與經驗豐富的勞動力。[56]自從以中兩國建立正式外交關係以來，以色列人已經熟悉有關中國文化的一些方面，他們知曉對中國人而言，最糟糕的事情就是被公然羞辱，即便是不經意間。目前尚不清楚納坦雅胡的隱喻如何被中方解讀。無論如何，事後看來，納坦雅胡到訪中國可以被視為雙邊關係的分水嶺。從那時起，以中兩國的關係突飛猛進。[57]

二〇一四年四月八日至十一日，以色列時任總統西蒙・佩雷斯到訪中國是以中關係發展勢頭良好的明證。此次訪問期間，雙方探討了時任美國國務卿凱瑞（John Kerry）就以巴衝突開啟的漫長談判，談判在當時看似已經失敗。此外，雙方還討論了伊朗核問題，以色列希望中國幫助他們限制伊朗的核計畫。習近平呼籲以色列要在與巴勒斯坦人商討和平進程的決定性階段採取果敢舉措，強調中國將繼續在中東和平進程中發揮建設性作用。在雙邊合作方面，習近平倡議兩國在能源、環境、教育、衛生和創新等領域推進經濟、技術和農業等具體的

---

56 參見：Samy Peretz, "Syria Can Wait – Netanyahu is Hungry for Business Opportu-nities in China," *The Marker* 7 May 2013. Arianna Melamed, "The Chinese Humiliation," *Ynet. co. il* 8 May 2013, http://ynet.co.il.d4p.net/articles/0,7340,L-4377598,00.html. Zohar Blumenc ranz, "El Al Set the Price and the State Paid $1.43 Million for Netanyahu's Flight to China," *The Marker* 21 May 2013.

57 Shai, *The Evolution*.

合作議題。[58]

二〇一三年十二月，中國外交部長王毅訪問以色列，承認中國對中東地區，特別是對以色列的興趣愈發濃厚。納坦雅胡與王毅部長再次共同表明要盡力加強兩國關係，但雙方在若干重大問題上面臨分歧。在雙方意見不合的問題清單上，伊朗核問題首當其衝，緊隨其後的是有關巴勒斯坦問題、猶太人定居點問題以及其他議題的持續爭論。因此，心照不宣的是，經濟議題而非政治議題是以中兩國不謀而合且共同關注的重點領域。納坦雅胡再次運用溫和的家長式語調重複著國家競爭優勢的基本理論，即每個國家的相對優勢都是對另一個國家劣勢的補充。他陳述道，「中國在全球範圍內具備大規模的工業生產能力，而以色列擁有所有高科技領域的專有知識和技術。」除了高科技，納坦雅胡還提及了農業、水利、全球運輸和衛生保健領域。就伊朗核問題而言，納坦雅胡強調針對伊朗維持果斷舉措與強硬立場的重要性，絕不允許伊朗製造核武器，它必須遵循聯合國安理會一致通過的伊朗核協議。伊朗必須停止鈾濃縮，拆除離心機，清除濃縮鈾儲備，並且要拆除在阿拉克（Arak）的重水反應器，停止生產鈽元素。此外，王毅就簽署雙邊協議發表演說，呼籲籌建推動雙邊經濟增長的專門工作小組。[59]

然而，中國外長王毅的到訪在以色列媒體界只引發不慍不火的回

---

58 "President Peres on state visit to China", *Israel Ministry of Foreign Affairs--Press Room,* 8. *South China Morning Post and China Daily*, Beijing, 9 April 2014.

59 *Yahoo News*, 18 December 2013.以下內容包括納坦雅胡第二次訪華以及至二〇一七年底以中關係，基於這些報導：https://besacenter.org/perspectives-papers/netanyahus-china-visit, https://www.reuters.com/article/us-israel-china-business/as-part-of-asia-pivot-netanyahu-pushes-israeli-hi-tech-in-china-idUSKBN16R1AV, https://www.jta.org/2017/03/22/news-opinion/israel-middle-east/netanyahu-praises-china-upon-completing-state-visit-there（檢索日期：2017年12月7日），以及INSS report, 29 March 2017.

應——不像美國國務卿凱瑞每次到訪時均能備受矚目。顯然，以色列人似乎對中國高官訪問聖地的興趣，不如看待美國或歐洲領導人的訪問那般強烈。

二○一六年三月底，中國國務院副總理劉延東率龐大經貿代表團訪問以色列，為兩國簽署自由貿易協定奠定了基礎，使以色列人和中國人不再需要入境簽證即可進入彼此國家。據估計，這項協議可能會增加到訪以色列的中國遊客數量（目前每年約為八萬人），同時也將有助於到訪中國的以色列遊客數量增加一倍以上（現在每年超過七萬人）。海南航空公司已開通臺拉維夫至北京的直達航班，與之前國泰航空開闢香港直飛臺拉維夫航班一樣，機票價格在穩步下降。

二○一七年一月二十日，唐納・川普就任美國第四十五任總統，這似乎預示著國際政治舞臺將迎來一場看似平靜實則翻江倒海的轉變。在正式就任總統職位前後，川普就許多議題發表爭議言論，對此耶路撒冷和北京無法置若罔聞。畢竟，以中關係是中國—美國—以色列複雜三角關係中不可或缺的一個環節，而且華盛頓在這當中扮演著重要角色。

二○一七年三月，納坦雅胡開啟了作為以色列總理的第二次訪華之旅，這次訪問具有重要、甚至是歷史性的意義。納坦雅胡稱讚中國和以色列建立的「創新全面夥伴關係」，表示以色列十分欽佩中國的歷史、發展成就和在當今國際社會的重要作用。納坦雅胡表明以色列是中國「後進的」但卻是「天作之合」的搭檔，並指出以色列在「能夠改變我們的生活方式、壽命、健康、飲用水、食物和牛奶——影響每一個地區」等技術領域的研發方面具有巨大潛能。他希望中國能批准以色列的請求，解除中國政府出臺的、某些限制中資在海外投資的請求禁令。實際上，就在納坦雅胡訪華之前，為求刺激並促進國內經濟，北京決定限制中國資金流向海外，這在很大程度上致使全球商界陷於涸轍枯魚的境地。中國對以色列技術青睞有加，而以色列則需要中國資金的扶持才能開展備受讚譽的技術創新。此外，以色列還期望中國對其減輕監管負擔，以使技術能夠更加迅速地進入中國市場。

　　一旦中國這樣的大國建成完善的基礎設施──道路、公共設施和工廠，維持經濟增長的唯一方法，就需要不斷設法為自身的產品和服務增值。超過一定程度，唯一有希望的辦法，就是藉由增加技術含量以提高經濟效益。在訪問期間，納坦雅胡強調以色列技術能夠顯著改善十三億中國人的生活品質。他以中國擁有的一億輛私家車為例，這些汽車會造成交通堵塞、交通事故與空氣污染，所有這些問題都可以透過以色列的新技術得到明顯改善。納坦雅胡提到了兩家以色列公司：一家是總部位於耶路撒冷的無比視（Mobileye），二〇一七年被電腦晶片巨頭企業英特爾公司以一百五十億美元的巨額資金收購；另一家企業是位智（Waze），於二〇一三年被谷歌收購，專注群眾外包導航手機應用程式的開發。在他看來，中國是一個典型案例，也許是最傑出的那個典範，是一個可以運用這些技術而使國民受益的國家，從而減少交通事故和空氣污染。此外，司機可以更快抵達目的地，也能夠避免時常無意義且過高的駕車費用。陪同納坦雅胡訪華的以色列企業代表也推廣了數位健康技術，例如，所有中國公民的醫療記錄都可以錄入電腦，這樣每當病人前往不同的醫院就診時，就不必再歷經一整套測試而填寫醫療記錄。醫療健保資料庫可以為患者改善相關服務，並節省就診時間和金錢。

　　作為回應，習近平稱讚以色列是「世界知名的新創型國家」，並且表示推動中國的創新驅動發展是「我們合作的優先選項」。此次訪華期間，以色列與中國簽署了一系列協定，內容既涵蓋以色列向二萬餘名中國建築工人發放簽證，又包括在兩國開設聯合研發中心，以及共同研發應用型人工智慧技術等方面。雙方還就各類合資企業，特別是涉及海水淡化領域進行了會談。

總體而言，陪同納坦雅胡訪華的以色列代表團共與中方簽署了二十五項官方協議。另外，以色列私營公司與中國的個體企業在農業、醫療設備和高科技等領域簽署了二十項協議，總價值超過一億美元。此外，兩國還就彼此建立自由貿易區進行了進一步談判。而且，納坦雅胡還會見了阿里巴巴、新概念百貨（Novo）和百度等大公司的負責人，這些大型公司共同支配著超過一千億美元的價值。

期間，以色列和中國還探討了在第三國，尤其是非洲國家建構三邊合作框架的可能性，以中兩國將利用共同的專業知識援助非洲國家。

二〇一七年三月二十一日，習近平呼籲以色列與獨立的巴勒斯坦國之間「儘快地」實現和平。他重申「和平、穩定、發展中的中東地區符合各方的共同利益……中方讚賞以色列方面將繼續在『兩國解決方案』的基礎上解決以巴問題」。納坦雅胡聲稱以色列願意看到中國在中東事務上發揮更大作用，然而，他並沒有具體說這一點，而似乎更願意探討有關創新、經濟和金融等領域的問題，不願意觸及有爭議的政治議題。

有個事實依舊非常清楚。中國幾乎持續在聯合國以及其他各種國際論壇和國際組織中對以色列投反對票，對以巴衝突和伊朗核協議的基本立場幾乎沒有改變。目前，當談及「一帶一路」時，以色列被認為是位於亞歐非三大洲交匯點的重要樞紐。中國人沿襲與阿拉伯世界保持傳統友好關係的同時，也定期地向「新創國家」進行「朝聖之旅」。

回顧一九七三年的贖罪日戰爭（以色列遭到突然襲擊並接受美國空運而來的所需即時用品），我們必將認為以色列不會鋌而走險主動丟掉華盛頓給予的支持。現今，尤其在費爾康預警機與哈比無人機事件後，以色列在某些方面受到美國政府的限制，同時也受制於地緣政治新近局勢發展的限制。一言以蔽之，以色列必須繼續答應美國的各類要求。尤其川普總統給了納坦雅胡右翼政府特殊的支持。特別是，二〇一七年十二月六日，川普宣佈美國承認耶路撒冷為以色列的首都。正如預期所料，納坦雅胡對此表示歡迎，聲稱這是「歷史性的一天」。但巴勒斯坦總統馬哈茂德‧阿巴斯宣稱美國再也不能充當以色列和巴勒斯坦之間的調停者，中國與許多歐洲國家都批評了川普倡議，中國對外政策的具體實踐是與那些任何有益於北京經濟利益的實體維繫貿易往來，因此，川普的宣言似乎不太可能改變美國關於中東事務的此前態度。北京是否會限制或縮減一些與以色列有關的經貿倡議，仍有待觀察。

從中國的角度來檢視，改善與以色列和猶太人之間的關係，有可能會使中國陷於被世界關注境內穆斯林少數民族實際狀況的巨大風險。勢頭強勁的以中關係可能會危及中國與大穆斯林世界的關係，妨礙它對中東石油生產國的日益依賴。另一方面，更緊密的以中關係可能會有利於中美關係，但中美關係正由於地緣政治和外交對抗而變得極為不穩定。無論如何，以中兩國在戰略問題上的對話已預示著雙邊關係的向好發展。

第八章
以色列、臺灣、中國和其他領域

中國、巴勒斯坦和中東

　　在一九五五年四月的萬隆會議上，中國充分認識到以阿衝突的深度。阿拉伯代表以及時任阿盟助理秘書長的艾哈邁德・舒凱里（Ahmad Al-Shukeiri，後來擔任巴解組織主席）要求將巴勒斯坦問題列入會議日程。當時中國深受蘇聯在中東問題立場上的強烈影響，因此，中國就巴勒斯坦民族解放事業表示同情的同時，也跟隨莫斯科將以色列定性為社會主義國家，而沒有對以色列大加鞭撻。相反，中國表示希望以巴雙方能夠最終解決衝突並和平共處。一九六四年，巴勒斯坦解放組織成立（簡稱「巴解」，PLO），中國承認它是巴勒斯坦人民的唯一合法代表。此外，中國還給予巴解組織充分的外交承認，賦予它在北京開設相當於外國使館的辦事處的外交禮遇。

　　二十餘年後，巴解組織在北京的辦事處升級為大使館。北京對各類巴勒斯坦組織的支援，及其對阿拉伯和穆斯林國家的承認，與其作為第三世界，特別是那些曾被殖民主義壓迫的亞非國家之新興領導者的地位相匹配。當時，中國仍然未與以色列建立正式外交關係，但支持以色列共產黨（ICP），同樣支持巴勒斯坦阿拉伯人，特別是居住在以色列國境內阿拉伯人的民族主義事業。

　　一九六五年三月，巴解組織主席訪華期間，周恩來總理承諾支持巴解組織，這增強了巴解組織在世界範圍內的地位。一九六七年，以色列擊敗埃及、敘利亞和約旦等三個阿拉伯國家，致使巴勒斯坦人確信，中國「人民戰爭」的理念比傳統的常規戰爭方式更適用於他們與以色列的衝突鬥爭。隨後在巴解組織與約旦之間的「黑九月事件」衝突事件中，中國通過敘利亞、黎巴嫩和伊拉克向巴勒斯坦提供軍火。在解決以巴衝突的外交和談時，中國批評美國和蘇聯提出的和平倡議，認為衝突雙方本身——阿拉伯人和以色列人——被排除在和平進程之外，這是不能接受的。一九七一年，中華人民共和國恢復聯合國合法席位並取得安理會常任理事國地位後，巴勒斯坦人隨即在國際組織中有了一位強有力的支持者。

但不久之後，在文化大革命期間以及毛澤東逝世後，鄧小平治理下的中國是一個更關注推動經濟發展和重建，同時革命主義精神和話語漸趨退卻的普通發展中國家。中美邦交正常化以及日趨改善的以中關係，在一定程度上影響了中國與巴解組織的合作力度。二十世紀七〇年代末以及對越自衛反擊戰後，中國開始意識到以色列的重要性及其能夠推動中國經濟、學術、軍事和科學成功發展的潛力。以色列在農業、技術、高科技、工業、資訊技術和許多其他先進領域貢獻頗多，在這一方面，阿拉伯國家，尤其是巴勒斯坦人，能給予的幫助實在微不足道。

黑九月事件後，巴解組織在約旦遭受重創；之後在退居黎巴嫩時，巴解組織再次遭受沉重打擊。從此，圍繞如何解決以阿衝突（主要有關以色列與埃及和約旦之間簽署的和平協議）以及中東地區的其他事態發展，阿拉伯國家出現極大分歧，這使北京確信在各方通向和平的道路上，基於聯合國決議遠比訴諸革命性的游擊戰爭更可行。儘管如此，一九八八年十一月二十日，北京宣佈承認巴勒斯坦國，兩國建交。

正如奧利馬特（Olimat）所解讀，在美國發起的波灣戰爭結束之後，以色列採取了旨在解決以阿衝突的和平進程。與此同時，以色列與巴勒斯坦在奧斯陸開啟了有趣且富有成效的和談進程，簽署了雙方相互認同直抵最終和平協定的《臨時自治安排原則宣言》（即「奧斯陸協議」）。據協議精神，巴勒斯坦人和以色列人相互接納對方，承認彼此的生存權。與此同時，巴勒斯坦內部各派別之間，尤其是哈馬斯與法塔赫（巴勒斯坦民族主義政黨和巴解組織多黨聯盟中的最大派系）的分立，導致巴勒斯坦人在以巴和平進程中陷於弱勢地位。原則上，法塔赫譴責暴力；而哈馬斯（自2006年起控制加薩走廊）則繼續堅持暴力抵抗策略。中國一貫並且仍然支持國際社會敦促以色列結束封鎖加薩的努力。然而，在「後阿拉伯之春」時代（2010-2013），巴勒斯坦的局勢與前景似乎已然相當黯淡，而以色列在中國的中東外交定位中顯得更加穩固與牢靠。在地緣政治風暴盛行的中東，以色列被認為是堅強、穩固和可靠的島嶼。

　　二〇一七年十二月，中國外交部長王毅重申，中國願意牽頭儘快將以色列和巴勒斯坦雙方代表聚在一起進行談判。在中國中東問題特使宮小生結束對以色列和巴勒斯坦訪問僅僅一個月後，以巴雙方隨即歡迎中國參與和談，表示願與中方一道尋求解決方案。在以色列總理班傑明・納坦雅胡和巴勒斯坦總統馬哈茂德・阿巴斯先後訪問北京後，中國於七月拋出了與以巴雙方進行三邊對話的提議。唐納・川普總統宣佈承認耶路撒冷為以色列首都，並將美駐以大使館遷至耶路撒冷，這顛覆了美國幾十年來所奉行的謹慎的外交政策，以巴和談陷於美國「被退出」的窘境。有時，這看似是中國嘗試填補這個由川普總統造成的失去以巴問題調節者的「真空期」局面。美國是否已經基本主動推脫在探索中東和平進程中的領導作用，以及美國是否會准許中國踐行習近平在中共十九大提出走近世界舞臺中心的中國特色大國外交，仍有待觀察。

　　與全球其他地區一樣，當二〇〇〇年九月以色列爆發第二次「因提法達」（Intifada，巴勒斯坦人反對以色列佔領約旦河西岸地區和加薩走廊的起義）時，中國政府對恐怖主義的危險保持警惕。儘管中國政府傾向支持巴勒斯坦人，卻很難忽視以色列和巴勒斯坦的衝突，其實與漢族和維吾爾族之間的衝突頗有相似之處（維吾爾族是居住在新疆省的一個穆斯林民族群體）。[1]二〇〇九年七月初，維吾爾族、漢族和警察部隊在新疆首府烏魯木齊爆發了激烈衝突，造成二百人死亡，一百八十人受傷。在衝突發生後，中國政府對該省實施了宵禁，並封鎖了網際網路和行動網路。

即使在這種暴力事件爆發前，某些巴勒斯坦團體也發表了一些聲明，稱新疆為「被佔據的領土」。但使用這個詞根本對巴勒斯坦的事業沒什麼幫助，反而可能會導致他們與中國之間發生嚴重問題。如果中國繼續批評以色列，又支持巴勒斯坦和以色列的阿拉伯人自決，那麼巴勒斯坦人對於維吾爾族等少數民族的自決，或者對維吾爾族的認同，都可能會成為雙刃劍。中國認為新疆和西藏是問題地區、叛亂地區，想脫離祖國。那如果中國大加批評以色列拒絕讓巴勒斯坦獨立，又憑什麼阻止其他國家批評中國自身對國內維吾爾族和藏族等少數民族採取類似的行為呢？

二〇〇六年七月二十五日，在第二次黎巴嫩戰爭期間，中國籍聯合國觀察員杜兆宇與來自奧地利、芬蘭和加拿大的其他三名觀察員在以色列軍隊空襲哨所時不幸遇難。中國對這一事件予以強烈譴責，要求以色列進行全面調查，並向中國政府和受害者家屬道歉。中國常駐

1　有關中國與巴勒斯坦關係參考多種資料，例如，Yitzhak Shichor, *The Middle East in China's Foreign Policy 1949-1977* (London and New York: Cambridge University Press, 1979). Muhamad S. Olimat, *China and the Middle East Since World War II: A Bilateral Approach*, Chapter 10 (Washington D.C.: Lexington Books, 2014). 更多有關新疆的內容，參見：Colin Mackerras, "Xinjiang and the War against Terrorism," in *China and Anti-terrorism*, ed. Simon Shen (New York: Nova Science Publishers, 2007).

聯合國代表呼籲以黎雙方停火，要求聯合國譴責以色列在黎巴嫩的軍事行動，並對此次空襲事件進行調查。然而，美國否決了這兩項要求。

　　然而，二○○六年初，繼哈馬斯派在巴勒斯坦立法委員會選舉獲勝，以及中國對伊朗核能力的關注日益增多之後，中國似乎開始在此問題上的立場趨於緩和。儘管中國表現出對哈馬斯領導人和伊朗領導層的同情，同時也表現出願意更多參與調解以色列——阿拉伯——巴勒斯坦衝突的跡象，甚至也向黎巴嫩派遣觀察員。二○○七年，中國與伊朗就黎巴嫩局勢舉行會談。中國的聯合國安理會常任理事國身份，使其能夠在包括加薩走廊和黎巴嫩等局勢不明朗的全球地緣政治博弈舞臺上，發揮自身的重要作用。

　　中國對中東政策的另一個例子，可觀察二○○九年四月，中國外交部長楊潔箎訪問以色列期間的狀況，當時他遇到了法輪功修練者的抗議。[2]在楊潔箎與包括佩雷斯總統在內的若干名以色列官員的討論中，他鼓勵以色列和巴勒斯坦權力機構通過「所有有關各方採取互信構建舉措」的方式重返談判桌。楊部長呼籲中東和平進程取得進展，並表示希望儘快在以色列與黎巴嫩和敘利亞之間舉行會談。[3]楊潔箎在與馬哈茂德·阿巴斯共同舉行的新聞發佈會上表達了此立場，並在他與納坦雅胡會晤時予以重申。他表示中國願意協助推進中東和平進程，並且有能力在調解中東問題時擔當有影響力的大國。作為回應，納坦雅胡解釋了以色列在此問題上的立場，並強調以色列非常重視深化與中國的關係，有意願擴大與中國的合作。[4]

2　參見：自序註腳4對法輪功的介紹。

3　"Israeli President Meets with Foreign Minister Yang," *Chinese Mission to the UN Website* 23 April 2009, http://www.china-un.ch/eng/xwdt/t558942.htm.

4　"Chinese FM Urges Resumption of Israeli-Palestinian Peace Talks," *Xinhua* 23 April 2009, http://news.xinhuanet.com/english/2009-04/23/content_11238582.htm.

二〇〇九年四月，楊潔篪訪問大馬士革時就推動中東和平進程提出五點主張。第一，有關各方應堅持和談的大方向，以聯合國有關決議、「土地換和平」原則、「路線圖」計畫、「阿拉伯和平倡議」為基礎，堅定推進和談進程。第二，各方應採取積極措施，儘快恢復局勢穩定，不斷積累互信，為和平進程向前發展創造條件。第三，要堅持「兩國方案」，早日建立獨立的巴勒斯坦國，實現以巴「兩個國家」和睦相處。這是巴勒斯坦問題的最終出路，也是「中東和平與安全的根本保障」。第四，國際社會應持續關注巴勒斯坦問題，為各線和談以及巴勒斯坦內部團結和經濟發展提供有力支持。第五，以巴、以敘、以黎等各線談判應協調推進，以實現中東地區的全面和平。此外，楊部長指出「作為聯合國安理會常任理事國，中方將繼續同有關各方保持密切溝通、協調，為推動中東問題的全面、公正、持久解決發揮建設性作用」。[5]

談到此次中東之行時，楊潔篪還說，他訪問的四國都是中東地區有重要影響力的國家，與中國均保持著友好合作關係，四國都表示高度重視對華關係，強調願在新時期繼續保持雙邊友好交往，增進政治互信，擴大各領域互利合作，加強在國際和地區事務中的溝通協調。楊潔篪強調，訪問還就共同應對全球經濟危機取得共識。在訪問中，他向四國領導人介紹了中方對當前國際經濟金融形勢的看法，和中方採取的應對措施，表示中方願在平等互利共贏的基礎上，擴大與中東國家的經貿合作，探索新的合作機制和途徑，化挑戰為合作機遇。雙方表示要進一步擴大在貿易、投資、能源、基礎設施建設、人力資源開發等領域的合作，使雙邊經貿關係邁上新臺階，盡早消除國際金融

---

5 "Foreign Minister Yang Jiechi Makes Five-point Proposal to Promote Mideast Peace Process," 中華人民共和國外交部網站，http://www.mfa.gov.cn/eng/wjb/wjbz/2467/t559690.htm（檢索日期：2014年10月。）

危機帶來的負面影響。[6]

　　然而，儘管發佈了諸如此類的聲明並向中東派遣了問題特使，但中國在中東地區的實際影響力還很有限，美國及其他四方代表（Quartet members，即美國、聯合國、俄羅斯和歐盟）仍是中東和談進程的主要參與者。以色列政府在發展同中國的關係時所面臨的主要挑戰是，在以巴問題上推進以色列自身的議事日程，並使中國認可其正當性。

　　追根溯源，中國支持阿拉伯國家的立場主要源於其對能源的需求，以及與第三世界國家相關的利益。中國從中東進口原油總量由二十世紀九〇年代的一百一十五萬噸，增至二〇〇四年的四千五百萬噸。二〇〇五年，中國百分之五十八的原油進口來自中東，其中百分之十三點六來自伊朗。自二〇〇八年世界經濟危機以來，中國自中東進口石油的總量已趨於下降。在中國政府開闢新的通道，實現能源供給多元化之後，中國從中東的石油進口依存度進一步下降，降至總體比例的百分之四十。[7]儘管如此，中國仍然非常依賴中東的石油。據美國能源資訊管理局預測，中國對原油需求的增長將很快占全球原油需求總量增長的百分之三十五以上。因此意料之中的是，中國始終對伊朗和阿拉伯國家採取支持政策。有些人甚至認為，或許中國在中東釋放的地緣政治力量，與其在該區域獲得原油資源的總量呈正相關的邏輯聯繫。此外，很多向中國供應原油或是向中國出售原油開採權的非洲和中東國家，同時也採購中國製的武器與軍事裝備。這類雙邊貿易紐帶促使中國能夠在該地區獲得一個穩妥的立足點，實際上，這是

6　"Foreign Minister Yang Jiechi Makes Five-point Proposal to Promote Mideast Peace Process."

7　*China Daily*, http://www.chinadaily.com.cn. 2016年，中東原油佔中國進口原油不到一半。參見：http://www.tankershipping.com/news/view,china- looks-beyond-the-middle-east-for-its-crude-oil-fix_48954.htm（檢索日期：2017年12月14日）。

中國與非洲和中東國家發展長期關係的戰略步驟，將能夠確保滿足中國不斷增加的能源需求。[8]

二〇一〇年底至二〇一三年，在許多阿拉伯國家爆發了被稱為「阿拉伯之春」的社會抗議浪潮。「阿拉伯之春」一詞是由一八四八年曾引發歐洲多國君主與貴族體制動盪的「民族之春」（Spring of Nations）演化而來，這次革命浪潮始於突尼西亞，波及埃及、利比亞、巴林、敘利亞和葉門等多個中東國家。在革命浪潮的衝擊下，許多國家的政權紛紛垮臺，北京因此蒙受了巨大損失。例如，在利比亞，隨著格達費政權的垮臺，中國損失了約二百億美元。即使這些阿拉伯政權不符合代議制民主，甚至是半民主政體的普遍特徵，中國依然傾向於維持阿拉伯世界的穩定。那些與中國維持著積極、牢固關係的既定領導人垮臺，給北京決策者設定了一個挑戰性困境。例如，敘利亞曠日持久的內戰，對中國的中東外交政策極具破壞性。中國通過向阿薩德政權提供軍事和民用援助的方式協助敘利亞政府軍，但敘利亞戰場的事態發展卻令北京著實沮喪，特別是出現了為敘利亞叛軍效力的新疆籍伊斯蘭武裝分子的情況。[9]

在阿拉伯國家的促進與鼓勵下，中東地區的不穩定局勢並未阻止中國繼續向以色列施加壓力並對其提出批評。上海交通大學中東研究中心為中國在中東和北非地區進行更加自信的外交參與制定了新模式，據此中國將展現積極進取的外交姿態。北京似乎正在逐步通過政治和

8　William Pentland, "Did the U.S. Invade Iraq to Contain China?", *blogs.forbes.com* 1 July 2011, http://www.forbes.com/sites/williampentland/2011/01/07/did-the-u-s-invade-iraq-to-contain-china/.

9　關於此問題，更多內容參見：Yoram Evron, "Patterns of China's Involvement in the Middle East," *INSS Strategy Update*, vol. 16, issue 3 (October 2013): 73-84. Wu Sike, "The Upheaval in West Asia and North Africa: A Constructed New Viewpoint of World Security," *Journal of Middle Eastern and Islamic Studiy (in Asia)* Vol.7 No.1 (2013): 1-16. Ynet news, Yaron Friedman, 3 December 2017（檢索日期：2017年12月14日）。

商業管道以及非政府組織協助的方式，將以往奉行的不介入政策調換為有助於該地區發展和穩定的戰略。因此，二○一二年二月，一個由三十名中國商人和學者組成的代表團訪問了以色列和巴勒斯坦權力機構，旨在收集有關資訊並確定中國在此地區參與投資和發展的目標。[10]

　　二○一二年年初爆發並持續至今的敘利亞內戰給北京的決策者製造了新困境。一方面，中國繼續奉行支持阿薩德政權的策略；另一方面，看似無休止的戰爭以及針對無辜平民的殘酷暴力行為，已不再允許中國維持冷漠的政策。

　　據筆者曾在中國國際問題研究院參與的討論所呈現的結果，就敘利亞問題而言，中國和以色列之間前途未卜。儘管敘利亞局勢持續動盪不安，但以中雙方都希望阿薩德政權繼續掌權，以期維持該地區的穩定與安寧。二○一三年九月，即使在敘利亞政府軍動用化學武器攻擊叛軍之後，美國政府也沒有通過海軍力量攻擊敘政府軍，但這卻有助於加強俄羅斯在中東及周邊區域的地位。倏忽之間，由華盛頓領導的單極體系似乎在中東地區已然消散，取而代之的是冷戰的兩極模式──美國與俄羅斯的針鋒相對。可以理解的是，時任美國國務卿凱瑞很快便懇求中國，在有關敘利亞危機的決策中發揮建設性的積極作用。如果國際社會傾向於採取外交解決方案，即便違背歐巴馬總統的意願，華盛頓仍傾向於認為中國會在新近敘利亞局勢的走向安排中發揮重要作用。[11]

　　除此類問題之外，有人認為中國是能夠成為取代美國參與中東問題的積極且主動的候選者。包括以色列在內的諸多中東國家與中國的貿易往來日漸加強，相反美國與中東國家的貿易往來有所萎縮。由於中國在該地區的實際利益訴求仍然與伊朗原油存在著密切聯繫，因此

10　Witte, "A Quiet Transformation."

11　French News Agency, as cited in *Ynet*, 19 September 2013.

中美之間可能會展開更多合作。實際上，中國的石油運輸在很大程度上依賴美國對波斯灣地區的軍事保護。儘管如此，總體而言，中國依然拒絕順應美國對中東地區，尤其是關涉伊朗的外交政策的相關立場。[12]

伊朗——中國——以色列

除美國、俄羅斯、法國、德國和英國之外，中國也是參與伊朗核問題談判「P5+1」框架下的重要一方。二〇一七年一至八月，伊朗與中國之間的貿易總額達到二百四十一億七千萬美元，與去年同期比較增長百分之二十四。二〇一七年一至十月，中國與伊朗的商品交易毛額為三百零五億美元，與去年同期比較增長百分之二十二。[13]預計中國與伊朗的雙邊貿易額還將急速增加。[14]二〇〇九年五月，中國有關部長參加了一場在德黑蘭舉行的經濟會議。同年晚些時候，一位伊朗高級官員指出，伊中之間日益擴大的貿易範圍已促使中國成為伊朗在亞洲最大的交易夥伴。[15]二〇一一年，中國百分之十的原油進口來自伊朗（與在此之前的六年相比有所下降），而且中國從伊朗進口的所有商品中約百分之八十的比例為原油。現今，中國正對伊朗石油產業

---

12 Paul Rivlin, "Will China Replace the U.S. in the Middle East?" *Iqtisadi, Moshe Dayan Center* Vol. 4, No. 3 (25 March 2014).

13 參見：http://theiranproject.com/blog/2017/10/22/iran-china-bilateral-trade-surpasses-24-bln-8-months-report, 和 https://eadaily.com/en/news/2017/12/06/iran-china-pragmatic-partnership-despite-us-sanctions（檢索日期：2017年12月15日）。

14 "Iran-China Trade Value to Increase to \$70b in 5 Years: Iranian Envoy," *Tehran Times* 12 August 2012, http://teh rantimes.com/politics/100518-iran-china-trade-value-to-increase-to-70b-in-5-yrs-iranian-envoy.

15 Ariel Farrar-Wellman and Robert Frasco, "China-Iran Foreign Relations," American Enterprise Institute for Public Policy Research, 13 July 2010, http://www.irantracker.org/foreign-relations/china-iran-fo reign-relations.

的現代化發展進行投資，以確保持續、便利地獲取這一寶貴資源。[16]
中國石油天然氣集團公司與伊朗國家石油公司簽署了一份價值為八千
五百萬美元的合約，聯合開發伊朗南部的十九口天然氣井，還簽署有
一份一千三百萬美元的類似合約。[17]除了與伊朗進行合作之外，中國
也充分意識到以色列和其他國家對伊朗核計畫的反對意見。

　　二〇一〇年，聯合國安理會通過第一九二九號決議，決定對伊朗
的核濃縮計畫實行自二〇〇六年以來的第四輪制裁。起初，中國反對
此決議，儘管它與伊朗維持著緊密聯繫，但後來卻被迫予以支持。以
色列向中國解釋了針對伊朗核計畫的預防性打擊方案及其對全球石油
供應的影響，乃至對中國的影響。[18]二〇一三年十二月，就在伊朗與
世界主要大國恢復談判之前，班傑明・納坦雅胡總理就伊朗核問題與
正在以色列訪問的中國外長王毅舉行會談。訪問期間，王部長向媒體
發表的聲明中沒有提及伊朗。[19]

　　以中關於伊核問題的討論始於現任納坦雅胡政府之前。二〇〇七
年，在時任總理埃胡德・奧爾默特訪問中國時，他期待著作為聯合國
安理會常任理事國的中國能夠就伊朗竭力研發、裝備核武器而進行回
應。二〇〇六年十二月，中國投票支持針對伊朗實施制裁的安理會第
一七三七號決議，奧爾默特對此表示讚賞。然而，他還強調，從以色

16　George L. Simpson Jr., "Russian and Chinese Support for Tehran," *Middle East Quarterly* Vol. 17, Issue 2 (Spring 2010): 63.

17　Manochehr Dorraj and Carrie L. Currier, "Lubricated with Oil: Iran-China Relations in a Changing World," *Middle East Policy* vol. XV, no. 2 (Summer 2008).

18　Andrew Jacobs, "Israel Makes Case to China for Iran Sanctions," *The New York Times* 8 June 2010.

19　"Netanyahu Warns Chinese Foreign Minister against Nuclear Iran," *AFP*, http://news.yahoo.com/netanyahu-warns-chinese-foreign-minister-against-nuclear-iran-202605078.html, 18 December 2013.

列的視域來看，此舉措還不足以應對伊朗的威脅，以色列還期待可以就制裁伊朗與中國開展廣泛合作。

二〇〇七年十月，以色列外交部長齊皮・利夫尼（Tsipi Livni）在北京會見了中國總理溫家寶和外長楊潔篪，敦促他們協助推動聯合國制裁伊朗的有關決議。中方的反應圓通得體、彬彬有禮，他們稱讚以色列向中國農場提供的農業技術幫助，但並未承諾針對伊朗核計畫的相關政策予以任何改變。因此，儘管奧爾默特和利夫尼嘗試在北京創造出某些效果，但中國並不會偏離他們的一貫立場：伊朗的核計畫必須停止，但對此所採取的行動應該是中國所謂的「平衡政策」的一部分。在奧爾默特訪問中國之前，伊朗最高國家安全委員會秘書、核問題談判首席代表阿里・拉里賈尼（Ali Larijani）訪問了中國。在拉里賈尼訪華期間，他警告說如果伊朗感受到威脅，它將制定不僅用於民用，而且也將用於軍事的核計畫。

在奧爾默特和利夫尼訪華之後，中國繼續在外交策略上維持著微妙平衡。中國拒絕（並且仍然拒絕）拋棄與伊朗在經濟領域建構緊密關係的任何遊說，即便在納坦雅胡於二〇一三年五月訪華之後，中國的立場也沒有得以改變。顯然，在此問題上，中國採取了一種長期性的戰略方針，從根本上講是針對此議題所奉行的務實主義態度。二〇一四年六月，全國政協副主席、中國民間組織國際交流促進會會長孫家正回應了以法蓮・哈列維關於中國是否有可能如以色列政府所希望的那樣阻止伊朗核計畫的問題。孫家正堅稱中國政府對伊朗沒有足夠的影響力，這恰巧與西方人臆想的可能情形相反，他還斷言中國政府對北韓的影響力也相當有限。除了指出中國的影響力有限，這些聲明似乎表明中國在制止這兩個流氓國家的核發展方面的意願有限。[20]

---

20 參見：本書作者與以法蓮・哈列維進行的訪問，2015年6月15日。

　　毋庸置疑，就中國而言，伊朗核問題實則與這樣一個事實交織在
一起：百分之六十的中國原油進口，要通過由伊朗控制的荷莫茲海
峽。儘管處於危機中，中國仍可以從沙烏地阿拉伯等其他產油國購買
所需原油，畢竟中國始終傾向於依靠最廣泛、更多元化的原油供給管
道。就伊朗而言，存在一個需要重點考慮的因素，在計算與中國的貿
易差額時，伊朗購買了大量中國產品。

　　總的來說，我們必須回顧，伊朗在中國的協助下，已經成為擁有
核能技術的國家。中國不僅提供技術和鈾，還提供國際保護傘，在那
些有中國作為成員國的組織中，中國都不會讓伊朗受到制裁。[21]中國
在全球治理的舞臺上提出構建「和諧世界」的和平理念，意味著它避
免與伊朗發生任何可能的衝突。中方認為，這項政策是卓有成效的，
希望各國通過相互瞭解逐步達成外交協定。以色列國內的決策者可能
會逐漸內化此現實，意味著他們無法說服中國採取任何符合其意願的
方針政策。中國的利益不與美國和以色列的利益相重疊——它有屬於
自己的、獨特的、優先考慮的利益訴求。[22]

　　烏茲別克米爾佐·烏盧格別克（Mirzo Ulugbek）創新中心主任法
哈德·伊布拉西莫夫（Farhad Ibrahimov）聲稱美國人不樂見伊朗與
中國之間維持良好關係。在歐巴馬時代，美國人「試圖通過解除某些
制裁而與伊朗人改善關係。作為回應，伊朗就核計畫作出了某些讓
步，但他們卻又足夠務實地認為不能完全停止核計畫。伊朗將伊拉克
和利比亞的教訓謹記在心，認為不能信任美國人」。二〇一六年一

---

21 Shimon Shiffer, "The Former Mossad Head: We Didn't Get What We Wanted," *Yedi'ot Aharonot* 24 November 2013.

22 有關伊朗對中國穆斯林態度的更多資訊，參見："Iran Voices Support for Rights of Chinese Muslims," *Press TV Online*, 9 July 2009. 也參見："China-Iran Foreign Relations," *Mehr News Agency* 23 July 2009. https://eadaily.com/en/news/2017/12/06/iran-china-pragmatic-partnership-despite-us-sanctions (Farhad Ibrahimov for EADaily).

月，美國解除了部分針對伊朗的制裁。然而，新任總統川普卻稱歐巴馬的協議是可恥的，並重新恢復了對伊朗的制裁政策。他指責伊朗違背伊核協定精神，譴責伊朗支援中東的恐怖主義分子和極端主義分子。伊朗人再次得出結論，即他們不能信任美國人。中國和伊朗都認為世界格局不應定格為單極。中國將伊朗視為其在中東地區的重要戰略支點，並將繼續加強與伊朗的關係。伊朗認為中國是一個能夠就全球問題，尤其是敘利亞問題發表重要意見的世界性大國。與伊朗一樣，中國也支援巴沙爾·阿薩德政權。「一帶一路」是伊中兩國合作的重點項目之一，二〇一四年，中國和伊朗簽署了軍事合作協定，不久之後雙方同意合作打擊恐怖主義。在這方面，以色列發現自己與中伊兩國共同的利益訴求完全不符。

中國與北韓的關係

中國渴望在東北亞創造穩定與安寧，不希望朝核問題將其軍事注意力從更為重要的臺灣和南海問題上轉移開來。中國不支持北韓「游走於邊緣」的核政策，及挑釁的態度（特別是在年輕的金正恩政權治下）。中國將繼續在西方和北韓之間扮演調節者的角色。

從以色列的視角來看，問題在於中國是否能夠阻止軍事和戰略物資經由北韓出口至敘利亞和伊朗，中國援助北韓是否會給予北京一柄充當緩和作用的外交槓桿。顯然，與過去一樣，北京不對北韓採取嚴厲措施──六十餘年來，兩國關係由共同的紐帶維繫著。此外，中國還擔心北韓政權的嚴重危機或解體會導致許多北韓人逃難至中國領土。據目前估計，已經有約十至三十萬北韓人非法進入中國。中國必須預防此類極端情況，中方立場與美國對北韓的核反應爐予以「完全、不可逆轉和可核查的拆除」要求形成鮮明對比。以色列在中國─

北韓—美國的關係問題上發揮作用的可能性微乎其微。我們也許會認為，耶路撒冷在一九九二年採納國防部和摩薩德（當時反對以色列外交部的立場）的觀點時犯了錯誤，拒絕了北韓提出短暫有限合作性質的倡議。[23]

　　二〇一三年四月，朝鮮半島局勢愈演愈烈。北韓宣稱進入戰爭狀態，甚至切斷與韓國之間鬆散、象徵性的聯繫。北韓誇大其軍國主義論調，並將矛頭直指美國和日本。中國發覺自己正處在一場前所未有的風暴眼之中——它是否能夠利用對平壤的影響進而對其施加壓力，還是被迫承認失敗？但是，北京不止一次暗示它不能把自己的意願強加在平壤身上。

　　二〇一七年，北韓向日本方向發射飛彈，這為中國處理朝核問題增添了更大難題，平壤似乎更改了遊戲規則並提高了賭注，這次試射證明了它具有將攻擊範圍擴展至關島的能力。全世界所有的目光再次轉向北京，萬眾矚目的感覺似乎會促成北京採取更多的舉措來抑制北韓核子試驗，畢竟北韓三分之二的貿易與中國有關。隨後，中國暫停從北韓進口煤炭，禁止北韓個人和企業在中國開展業務。然而，北京拒絕就制裁北韓與各方達成一致意見，畢竟這可能會動搖北韓政權的穩定。一如既往，北京呼籲各方保持克制與對話。在二〇一八年三月，美國總統唐納・川普同意在五月之前與朝鮮領導人金正恩會面，為兩個曾威脅要互相消滅的國家之間前所未有的會晤做好鋪墊。他們於六月十二日會面，平壤似乎願意把核計劃和飛彈計劃擺上談判桌。

---

23 參見：Efraim Halevi, *Man in the Shadows* (Tel Aviv: Matar Publishing, 2006), pp. 55-57, 以及本書作者與他的訪問，2015年6月15日。Aron Shai, "North Korea and Israel: A Missed Opportunity?" *Israel Journal of Foreign Affairs* Vol. 10 (2016). Evelyn Cheng, "North Korea's missile launch a 'real test' for China," *CNBC* 29 August 2017, https://www.cnbc. com/2017/08/29/north-koreas-missile-launch-a-real-test-for-china.html （檢索日期：2017年12月16日）。

以色列與臺灣（中華民國）的關係

以色列與臺灣之間的關係始於中國共產黨贏得戰爭，國民政府領袖蔣介石放棄大陸逃往臺灣（福爾摩沙）之後。[24]在此之前，當以色列國於一九四八年成立時，中華民國曾與以色列建立過外交關係，這段外交關係持續至以色列於一九五○年一月承認革命的共產黨政權——中華人民共和國。

喬納森・戈德史密斯（Jonathan Goldsmith）將以色列與臺灣的關係畫分為五個階段，但他認為此關係甚至在以色列建國之前就已經開始了：一、一九一七至一九四五年，中華民國積極支持猶太復國主義運動；二、一九四五至一九四九年，在聯合國表決「以巴分治」決議時，中華民國投出棄權票，某種程度上是以色列建國的助力；三、一九四九年，中華民國承認以色列，允許在上海設立以色列名譽領事，並投票贊成接納以色列加入聯合國；四、一九五○年一月至一九九二年一月（中華人民共和國成立之後），以色列和臺灣維持著有限的非正式關係，其中包括若干武器交易；五、一九九二年一月二十四日至今（中華人民共和國與以色列建交後），以色列與臺灣的關係建立在獨特的非官方基礎之上。[25]

一九四八年十二月，時任以色列駐紐約副領事的摩西・尤瓦爾（Moshe Yuval）被派遣至上海作為移民部的工作代表，負責安排上海

---

24 中華民國於一九一二年由孫中山領導創建，隨後主要由蔣介石領導。國民政府由國民黨統治管理。伴隨中華民國政府被中國共產黨擊敗，其領袖和支持者敗退臺灣。「國民政府」一詞乃指蔣介石政權及其在臺灣的繼任者，但最終國民政府的非正式名稱開始得以「臺灣」而為世人所知。但它仍留守著正式的國名：「中華民國」。更多有關臺以關係的內容，參見：Meron Medzini, *Taiwan – History, Society and Politics* (Jerusalem: Carmel Publishing House).

25 Goldstein, "The Republic of China and Israel."

猶太人移民以色列。直至一九四九年初，他待在這個國際性大都市長達若干周。一段時間後，一九四九年五月，以色列政府任命一位出生於哈爾濱並居住在中國的德高望重的猶太人伊薩多爾・馬吉德（Isadore Magid）接替尤瓦爾的工作。馬吉德被授予名譽領事的頭銜，像其前任一樣，他向任何有興趣移民以色列的猶太人簽發以色列入境許可證。[26]在最初階段，數千名猶太人從中國移居以色列。以色列政府並未期望尤瓦爾與中華民國政府展開外交工作，當時，上海的政治和軍事形勢迅速失控（一九四五年五月，上海解放）。但更為重要的是，蔣介石領導的中華民國於一九四九年三月即承認以色列國。中華民國對以色列態度的改變，顯然緣於以色列與埃及在此前一個月簽署的停火協議，這也促使以色列繼而與約旦、黎巴嫩和敘利亞簽署類似協議。因此，中華民國將此前對猶太建國的冷漠態度轉變為積極態度，這在是否接納以色列為聯合國正式會員國的討論中得到了明確體現。與一九四七年巴勒斯坦分治決議的棄權票相比，此次中華民國代表投票贊成接受以色列作為聯合國的正式會員國。[27]有人認為，在中華民國對以色列實施不友好的政策之後，當以色列作為聯合國正式會員國時，也同等地報復了它，支持在北京誕生的共產政權。[28]但顯而易見的是，耶路撒冷之所以支持中華人民共和國，是緣於更深層次的考慮。

　　直至一九五一年，在馬吉德被 D. 阿維什（D. Avish）博士接替之前，他一直留在中國工作。由於當時以色列正式參與了聯合國軍在朝鮮半島的作戰醫療援助任務，同時耶路撒冷與北京之間尚未建立外交

---

26 Isador A. Magid, "I Was there: The Viewpoint of an Honorary Israeli Consul in Shanghai 1949-1951," in *China and Israel, 1948-1998: A Fifty-Year Retrospective*, ed. Jonathan Goldstein (London: Praeger, 1999). Yegar, *The Long Journey to Asia*, pp. 237-238.

27 Goldstein, "The Republic of China and Israel," pp. 12-14.

28 Yegar, *The Long Journey to Asia*, p. 287.

關係，以及上海的猶太社區接近完全消失，因此這兩位以色列代表已沒有了繼續從事非正式活動的餘地。馬吉德為將上海猶太社區的部分財產轉讓給以色列政府而展開最後工作時，也證明是毫無希望的，因為當中華人民共和國穩定下來時，外資財產問題即賦予了國有性質。[29]

一九四九年十月，中國共產黨宣告戰爭勝利，並建立中華人民共和國，以蔣介石為首的國民政府逃至臺灣，仍以中華民國的名號自居。從那時起，兩個不同的政治實體存在：臺灣，希望在各方面成為一個獨立國家；以及中華人民共和國，宣稱臺灣是其不可分割的一部分，就像新疆和西藏。兩個對立的中國政權的並存迫使其他國家對認可哪個實體為中國的「官方」國家進行立場表達。一九五〇年一月，以色列承認中華人民共和國，這個選擇打破了以色列與臺灣之間的平衡關係。從那時起，以色列與臺灣的關係總是受到以色列渴望實現被中國承認、並完成與中國建立正式外交關係的希望所影響。例如，在聯合國為中國保留席位的投票中，以色列傾向於支持中華人民共和國，但由於也存在某些以色列投票支援中華民國（臺灣）的例外情況，這被某些人詮釋為以色列致力於保持微妙的平衡關係。[30]

在文化大革命這一看似不可能的時刻，各類關係均發生重大轉折。二十世紀七〇年代初期，中美關係開始解凍，隨之喚醒了以色列渴望同中國改善關係的希望。一九七一年十月，以中關係朝著這個方向邁出了重要一步，當時以色列表示贊成恢復中國在聯合國的合法席位——以犧牲中華民國（臺灣）為代價。中國領導人對這一進程表示讚賞。隨後，以色列決定在香港開設總領事館。[31]

---

29 Goldstein, "The Republic of China and Israel," p. 15.

30 Yegar, pp. 287-288. 作者就以色列代表團在聯合國的投票情況與莫迪凱‧阿貝爾進行的訪問，2013年6月。

31 Merhav, p. 567.

　　與許多其他國家和地區一樣，臺灣主要基於以色列對北京的立場以及其自身對阿拉伯國家的立場，以此塑造並調整它對以色列的政策，且甚至不考慮與以色列建立真正外交關係的可能性。一九七一年以前，在聯合國的大部分投票決議中，臺灣採取親阿拉伯的立場，緣於它依賴波灣國家的石油供應，避免對以色列採取積極措施，[32]這類政策主要緣於臺灣與沙烏地阿拉伯的密切關係。二十世紀七〇年代後期，中華民國（臺灣）總統與沙烏地阿拉伯法赫德親王發佈奉勸以色列的聯合宣言，要求以色列立即從包括耶路撒冷在內的被占領土撤軍，同時要求以色列給予巴勒斯坦人獨立地位和民族自決權。[33]

　　儘管如此，多年以來，雙方都設法維護以經濟為主的共同利益，這確保臺灣與以色列之間非正式關係的長期存在。這些利益主要包括商業往來關係，就臺灣而言，主要專注於瞭解和購買以色列的先進技術。

　　二十世紀六〇年代，臺灣官員與以色列安全機構代表取得聯繫，臺灣對以色列在核研究領域的技術特別感興趣，以色列拒絕在核問題上與臺灣進行合作，但並不反對雙方在其他諸如安全和科學領域繼續接觸。例如，二十世紀六〇年代末期，臺灣經濟事務主管代表訪問以色列；一個臺灣代表團前往魏慈曼研究所接受培訓；還有一個非正式代表團前往科研機構、國防基礎設施和若干工廠參觀。這些訪問團體主要表現出對以色列技術研發的興趣，以及探討同以色列進行技術交流或購買專業知識的可能性。當時負責與臺灣接觸的核心人物是以色列原子能委員會主席恩斯特‧大衛‧伯格曼（Ernst David Bergmann）教授。伯格曼呼籲以色列發展與臺灣的關係，當時臺灣的重要性正在上升。當以色列給臺灣官員留下深刻印象之後，臺灣認為與以色列建

32　Yegar, pp. 288-289. Medzini, p. 169.

33　Goldstein, "The Republic of China and Israel," p. 18-19.

立技術合作關係變得更加重要，將此視為有助於擺脫自身依賴美國技術和武裝防禦的重要途徑。[34]

　　儘管雙方展示出善意並互派訪問代表團，但雙邊關係並未呈現完全友好的發展態勢，至少在開放貿易方面尤為如此。以色列公司並未在臺灣獲得招標，臺灣外交方面則禁止進口以色列貨物。二十世紀六〇年代末，前往臺灣的以色列代表團也遭遇失敗。例如，以色列外交部亞洲司司長與臺灣駐東京外交代表的會晤在最後一刻被臺灣取消；訪問臺灣的以色列經濟代表團未能就貿易管制問題成功與臺灣外交官員進行會晤。[35]但在此領域，臺灣與世界上其他國家和地區沒有任何區別。伴隨以色列在六日戰爭的勝利，關於以色列的世界輿論也發生巨大變化。同往常一樣，阿拉伯國家呼籲孤立並譴責以色列，但其他國家開始將以色列視為在中東擁有強大軍事力量和先進技術的區域性大國。

　　因此，二十世紀七〇年代，臺灣與以色列在國防採購和商業合作等領域的關係呈現出趨於緊密的特點。起初，某些交易未能落實，例如臺軍購買加布里埃爾 MK1 和 MK2 式飛彈和幼獅戰鬥機。這些交易最終被以色列（擔心來自中國方面的反應）或美國取消，因為幼獅戰鬥機攜有美國製零組件。儘管存在此類失敗的交易，以色列與臺灣仍進行大量其他方面的軍事交易，主要包括：步槍、迫擊砲、電子設備和彈藥，還包括地對地飛彈、短程飛彈和防空飛彈的技術轉讓。

　　除了向臺灣出售武器和技術外，以色列有時還授權生產軍用物資。例如，作為臺以合作的一部分，臺灣生產了五百多枚飛彈和七十多個發射器，或者快速攻擊飛彈飛行器。其他報導則指出，至二十世紀八〇年代末，作為臺灣和以色列合作的一部分，以色列已向臺灣出

34　Yegar, pp. 288-289. Medzini, p. 170.

35　Yegar, p. 289.

口了五百餘枚飛彈和七十座發射器。此外，其他報告指出，二十世紀八〇年代，以色列向臺灣提供化學材料；並在二十世紀九〇年代雙方簽署了出售以色列製幼獅戰鬥機、巡邏快艇和飛彈的協議。[36]幾十年來，雙方之間的另一個合作成果是以色列的茲姆船務公司在臺灣設立了辦事處。[37]

　　自二十世紀七〇年代中期開始，雅各・利伯曼（Ya'akov Lieber-man）擔任以色列對臺出售軍備的仲介商，他主要代表三家以色列大型武器製造商。據利伯曼所言，以色列飛機工業有限公司以一億八千萬美元的價格向臺灣出售了加布里埃爾海對海飛彈；塔迪蘭電信公司以逾一億三千萬美元的價格對臺轉讓了建立汽車蓄電池廠和先進通信設備的專有技術和相關設施；埃爾比特和拉斐爾先進防禦系統公司以一億五千萬美元出售了電子監控設備。儘管這些交易規模令人讚歎，利伯曼表示贊同但補充說，這些交易實際上緣於臺灣防衛體系的需要而得以實現，並非出於渴望與以色列發展雙邊友好關係的任何坦誠願望；這些交易沒有明確地表明臺灣對以色列的立場已發生任何變化。[38]

　　二十世紀九〇年代，臺灣對以色列的冷淡態度發生了實質性改變，開始尋找能夠與以色列建立外交關係的線索。一九九〇年底，一名臺灣外交部代表被派往以色列就雙方建立全面外交關係與互設使館等問題進行商談，如果無法建立全面外交關係，那麼可以探討尋求互設總領事館與商會的可能性。臺灣意識到它在過去已經錯失了與以色列建立關係的機遇，而且這種關係貌似也不會對它與阿拉伯國家之間的關係造成真正的損害。

---

36 Goldstein, "The Republic of China and Israel," p. 19.
37 Yegar, pp. 290-291. 更多細節，參見：Yitzhak Shichor, "Israel's Military Transfers to China and Taiwan," *Survival* vol. 40, no. 1 (Spring 1998): 68-91.
38 Goldstein, "The Republic of China and Israel," pp. 19-20.

但是,從以色列的視角來看,臺灣意欲改善與以色列關係的舉措顯得不合時宜,畢竟當時以色列正與中國就建立全面外交關係進行談判。以色列沒有興趣採取可能會危及正處在萌芽發展時期的以中關係的任何舉措——中國完全反對與臺灣建有任何外交或政治關係的朋友。因此,以色列盡力避免臺灣試圖與其建立正式關係的倡議。然而,以色列並未使臺灣代表空手而歸,表示願意考慮開設共同商會。[39]

因此,歷經約兩年的談判後,雙方於一九九三年分別在臺灣和以色列開辦商會。就此事談判期間,以色列小心翼翼避免引起中國的任何反對意見,並謹防破壞與中國的關係。與此同時,以色列也效仿其他國家加強發展同臺灣的商貿關係。一九九三年五月,臺灣商會在臺拉維夫開設,又被稱為「臺北經濟和商務辦事處」。一九九三年八月,以色列辦事處在臺北舉行揭牌儀式。

在此之前,一九九二年,臺灣外交副部長訪問以色列並與以方簽署開設共同商會的協議。儘管以色列外交部提出了反對意見,但雙方仍達成折衷協議,臺灣高級官員被以色列出口協會奉為座上賓,而不是由以色列外交部出面招待的官方客人。顯然,就此角度而言,儘管看似只會是批准臺以雙方之間商貿關係的橡皮圖章,以色列也不願意將此關係烙上外交或政治的印記。以色列明白,在發展與臺灣的關係時不觸碰軍事、外交或政治等領域,這是確保耶路撒冷與北京之間的關係在未來保持蒸蒸日上之勢的必要條件。二十世紀九〇年代,以色列外交部始終阻止臺灣官員對以色列進行正式訪問,但同時又不使訪客空手而歸,例如一九九五年的臺灣總統李登輝和一九九六年的臺灣外交副部長。[40]

儘管以色列在外交關係上與臺灣畫清了界限,但自從臺以貿易關

---

39 Yegar, p. 291.

40 Yegar, p. 292.

係日益緊密以來，雙方已經在文化和經濟議題上開闢了直接溝通的管道；但在此之前，臺以雙方主要通過日本仲介進行間接溝通。例如，以色列旅遊指南已在臺灣出版；雙方也在音樂和藝術方面開展合作專案；雙邊商貿範圍擴大，包括出口至中國的以色列產品。一九九五年，臺以雙邊貿易額達到四億美元，但這不包括武器軍火和鑽石交易。[41]

　　臺灣政治大學國際關係學院劉復國教授認為以色列與臺灣在經濟、政治與社會等領域具有許多類似之處。[42]在外交方面，他斷言，以色列和臺灣都是在民主及自由方面的「孤立島嶼」，在這些地區，民主是一種罕見商品。兩者在試圖參加區域組織方面都面臨許多障礙，並且都無法依賴聯合國的持續支持。在經濟領域，劉教授宣稱以色列和臺灣都是迅速發展的發達經濟體，由此都被認為是「經濟奇蹟」。兩者經濟都遵照類似模式而運作，都將開發教育和人力資源視為經濟發展計畫的一部分，並予以高度重視。在防衛領域，臺灣和以色列的生存都面臨周邊地緣政治環境的威脅，防衛系統都基於先進的軍事技術以及與美國的特殊關係。劉教授還補充說，基於類似或共同的價值觀，臺灣與以色列之間存在發展為親密關係的潛力。表面上看，以色列可以將臺灣置於亞洲朋友圈的重要位置。[43]劉教授的觀點與臺灣的官方立場類似，即臺灣要尋求盟友，拉攏的對象包括已經與中華人民共和國建立正式外交關係的國家。

　　時至今日，在劉復國的著作《臺以關係》出版十餘年後，我們仍然想搞清楚雙方關係是否正在日益走向密切。在中國的國際關係與地緣政治博弈的視域內，臺灣問題一直而且仍然是極大的不穩定因素。

---

41 Goldstein, "The Republic of China and Israel," pp. 20-21. Yegar, p. 291.

42 Liu Fu-Kuo, "Taiwan-Israel Relations: Towards a New Partnership," 於2003年12月16日至18日在以色列赫茲利亞舉辦的以色列國家安全平衡第四屆年會上發表的論文，http://www.herzliyaconference.org/_Uploads/dbsAttachedFiles/1169Liu-taiwan.pdf.

43 Liu, "Taiwan-Israel Relations."

中國將臺獨主張視為區域穩定和諧發展的最大威脅，就臺獨而言，中國認為它有權使用武力統一這個「反叛省份」。例如，二〇〇五年三月，中國通過了僅適用於臺灣問題的《反分裂國家法》。

在臺灣問題上，美國將自己視為一種能夠保護臺灣的屏障，即保證臺灣島和平安寧的強力後盾。因此，美國繼續向臺灣出售防禦性武器，這令中國感到沮喪。在某些情況下，中國可能會採取措施阻止這些行動，我們能推測此類舉措將不僅對臺灣海峽，而且也會對其他地區產生深遠影響。在歐巴馬任期內，中美之間的緊張關係主要圍繞臺灣和西藏問題而展開。中國新近在南海制定的政策，畫設用以防禦日本及其他國家軍用飛機的防空識別區，也造成中美關係的緊張升級。

與美國相反，在臺灣問題方面，以色列會繼續遵循中國政府設定的合法路線。然而，令中國無法容忍的是，以色列—臺灣議會友好協會在以色列議會內極為活躍，而且以色列議員也赴臺灣訪問。以色列議員團體曾兩次到訪臺灣，這是以中關係上史發生的嚴重外交事件。[44]

二〇一〇至二〇一一年，臺灣地區是以色列產品出口至亞洲大陸的五個主要市場之一。臺以雙邊貿易額在歷經若干年的下跌之後，於二〇一三年達到了十四億五千萬美元，而二〇二一年增長到二十二億九千萬億美元（以色列出口10.7億美元，進口12.2億美元）。[45]雙邊貿易領域主要涉及電子行業。臺灣主要通過直接方式或協力廠商管道對

---

44 參見：Amnon Mirenda and Ronen Bodoni, "MKs Visit to Taiwan Irks the Chinese," *Ynet*. Ilan Marciano, "MKs Visited Taiwan and Shocked the Chinese," *Ynet*.

45 以色列經濟與貿易部於2023年1月18日給本書作者的郵件。駐臺北以色列經濟文化辦事處網站，"Israel-Taiwan Trade Data, April 2012."以色列經濟部官方網站，http://www.moital.gov.il/NR/rdonlyres/FDA75C5B-9A66-42DD-BA4A-7CFC76D08490/0/israel_taiwan_trade_2012.pdf. 駐臺拉維夫臺北經濟文化辦事處網站，Susan C.I. Yang於2014年8月15日寄給本書作者的信中的數據。以及來自駐臺北以色列經濟文化辦事處於2017年12月18日提供的資訊。

以色列進行投資，主要通過臺灣風險投資公司，或那些用於投資在美國證券交易所進行交易的以色列高科技企業循環資金。

以色列與臺灣之間簽署的相互貿易協定包括取消海產品關稅議定書（1998年6月）；標準化合作協定書（1998年3月）；關於商品暫時轉讓的行動議定書（2003年7月）；農產品合作議定書（2004年7月）；技術合作協定（2006年1月）；關於衛生與醫療的合作協定（2006年7月）；仲裁合作協定（2007年1月）；基隆與埃拉特姊妹港口協定（2007年7月）；市民服務電腦化的合作協定（2008年3月）；中小企業合作協定（2008年8月）；海關問題合作協定（2009年5月）。二〇二二年第一屆「全球合作暨訓練架構」（GCTF）在以色列舉行，主題是數位經濟趨勢下的機會和及政策建議，以臺雙邊簽署了關於社會福利和社會服務合作的聯合聲明。此外，臺灣的遊客和學者也經常訪問以色列。

到二〇二二年底和二〇二三年初，中國增強了對臺灣的威脅，軍機侵入臺灣領空，又向臺灣周圍海域發射飛彈。北京一直將臺灣島視為中國不可分割的一部分，自一九四九年以來，中共主要的思考都是遲早要採取行動，把臺灣重新納入中國的控制之下。拜登總統對此明確表示，任何以武力侵臺的企圖，都會遭到美國的制裁。然而由於以色列與北京的正式關係，以色列對此並未發表任何評論。

國際舞臺上的中國

在二〇〇八年全球經濟危機爆發之前，中國歷史學家對西班牙、英國，甚至美國等世界大國的興衰進行了研究。有關學者將此課題向中共中央政治局成員進行了宣講，隨後製作了一部名為《大國崛起》的十二集電視紀錄片。的確，中國忽然之間成為一個有世界影響力的大國。它悄然地崛起且自信地發展，但世界輿論才剛剛開始將中國的崛起式發展予以內化。例如，二○一一年之前，中國累積外匯儲備超過三兆美元，[46]隨後增長至三兆八千億美元，不過二○一六年降至三兆一百一十億美元。理論上，如果北京決定將其大部分投資由美元欄位轉移至歐元欄位，這可能會導致美國經濟崩潰。這種危險意味著中國是對當今世界最強國家而言最具影響力的實體之一。截至二○一四年底，中國已在非洲大陸的許多專案工程上投資達到一百億美元，其中包括採石場和石油鑽探等項目，以便以直接或間接的方式獲取原物料。

冷戰結束後，美蘇全面對抗的兩極格局結束。美國成為世界上唯一的超級大國，並獨享長達二十餘年的穩定、無挑戰的霸權地位。但是通常流行的理論卻並未能解釋中國的和平崛起，即中國在二○○八年經濟危機的時代背景下邁入全球舞臺的顯著地位。

中國的和平崛起存在哪些特點？近年來，中國內部就其在應對全球事務時應作何選擇與戰略進行了敏感但必要的討論。在諸多報紙、雜誌以及各類內部文件，內容都涉及中國高級官員和學者討論，將中國令人矚目的經濟成就，轉化為在全球政治舞臺享有巨大影響力的戰略實踐可能性。從中國的視角來看，在國際舞臺上奉行的「新道路」並不意味著要與美國或其他任何世界大國發生衝突。相反，這意味向世界表明中國欲採取相關措施以防止可能會發生的衝突。此類進程似乎也符合中國宣導的和諧社會政策，作為一項國家政策，旨在推動建構和諧、融洽並且各階層齊心協力的社會，在促成社會進步與技術創

---

46 中國人民銀行網站，pbc.gov.cn，二○一一年三月三十一日。中國外匯儲備在十二月連續第六個月下降，但降幅低於預期，為二○一一年二月以來的最低水準，因為當局在二○一一年十二月，於美國川普當選總統就職典禮之前，出手扶持人民幣。https://www.cnbc.com/2017/01/06/china-foreign-exchange-reserves-fall-in-december-to-lowest-since-february-2011.html（檢索日期：2017年12月18日）

新的同時，也保存中國社會豐富的文化傳統。和平崛起意味著，中國已意識到在國際舞臺上，作為崛起大國所要扮演新的歷史角，且必然要面對應有挑戰的局面。我們甚至可以說，這是針對世界各國首都時常鼓噪「中國威脅論」的適當回應。實際上，美國擔憂的是中國（與各國進行）各類武器與技術交易，以及中國向包括伊朗和敘利亞（擁有小型研究用中國製核反應爐）等「流氓國家」提供的援助。

　　中國的「和平崛起」有一個例外：對臺灣這個敏感、甚至是爆炸性的議題。最近的《反分裂國家法》應該在這個背景下看待。

　　因此，當以色列在確定全球戰略的優先事項時，必須既要考慮中國的經濟業績，也要思慮中國在全球舞臺崛起所引發的政治影響。例如，毋庸置疑，中國將在國際舞臺上、特別是在中東問題和以巴衝突等方面發揮至關重要的作用。換言之，以色列必須從更廣泛的視域思考「打破常規」的外交思維，進而制定長期戰略。在川普總統治下，美國將扮演一種有異於以色列以往所熟悉的全球角色。在諸多全球事務方面，會因美國退出而留下空白，中國可能會選擇藉機介入。

　　此外，在以中關係方面，還存在其他間接性的國際問題。中國一直試圖與美國盟友，譬如東亞、中亞、歐洲、南美、非洲地區某些國家和加拿大建立科技合資企業並簽署各類相關協定。二〇一四年底，俄羅斯金融危機期間，中國也向俄羅斯提供了援助。[47] 此類外交工作對以色列及其與中國的關係沒有直接影響，但它們確實有可能成為中美之間激烈爭論的焦點問題。只有當中東能夠感受中美爭鋒論戰的後果時，以上這些問題才可能會對以色列至關重要。

　　如果中國對自然資源的需求日益增長，可能會再次引發華盛頓的恐慌，進而對中東採取產生連鎖反應的關鍵決策。歷史一再證明，基

---

47 *The Marker*, 23 December 2014, Yediot Agencies.

於尋求生存空間的兩個大國之間的衝突可能會招致災難性後果。正如韓戰所發生的情況那樣，以色列可能在必須作出關鍵決策時，突然發現其自身正位於令其心神不安的板塊交界處上。二〇一八年三月和四月，唐納·川普似乎將美國捲入了與中國的全球貿易戰，在中國對美國實行報復性進口關稅並導致股市暴跌後，衝突升級。有多種方式可以讓美國企業在中國的生活變得更加困難，這些方式不一定需要正式或廣泛公開。如果這場戰爭升級為全球兩大經濟體之間更大的衝突，很難預測商業、經濟甚至政治領域的規則將如何發展。

以中關係的未來

自二十世紀七〇年代以來，以色列外交取得了重大進展。當時，由於預算削減，以色列外交部決定關閉在香港和韓國的辦事處。在當時，以色列外交界散發著強烈的歐洲（西方）中心主義，以至於多任命一位駐巴黎或紐約的外交官，也似乎比在年輕、新興的東亞國家開設並維持辦事處更為緊迫。

如今，以色列外交觀念已發生重大變化。二〇〇九年三月，以色列駐廣州總領事館開始運營。該領事館的工作是協助並促進以色列與華南地區四個重要省份之間的合作：廣東、廣西、福建和海南，其總面積是以色列的三十倍，人口高達二億二千萬。二〇一四年，以色列駐成都總領事館正式啟動。毋庸置疑，這一舉措將增加以色列在中國西部地區的存在和影響力。

除了拓寬外交和經濟管道，以色列也在其他領域對華採取了新舉措。近年來，一些新的以色列和猶太非營利性組織成立，其重點工作是促進理解並改善以中關係，通常由各組織開設的各部門解決具體問題。例如，以中學術交流促進協會（SIGNAL）、舒斯特曼（Schuster-

man）基金會、以色列專案（TIP），以色列亞洲中心等組織都致力於
在中國開展促進中國人瞭解以色列的工作，其工作主要在傳媒界和學
術界展開。此類組織還開設邀請中國代表團和學生赴以色列訪問學習
的相關專案，策畫應用於中國的以色列研究專案，組織以中學術聯合
研討會。[48]

以中雙方擴展在農業和技術領域的合作，擴大了中國人赴以色列
的旅遊業規模，這有可能會促使雙邊貿易額擴大一倍甚至兩倍。由於
美國在其他諸如國防和安全等主要領域對以色列產品出口至中國施加
限制，上述擴展雙邊業務合作的舉措似乎極為必要。值得注意的是，
上述限制也可能嚴重損害以色列對其他國家的出口。因此，增加以中
之間的貿易規模從根本上無法解決問題。儘管如此，近年來，以中兩
國之間的貿易額創下了不凡記錄。中國併購馬克沁・阿甘、特努瓦等
許多其他公司，以及對高科技、工業和智慧手機應用軟體的收購與投
資，標誌著未來以中關係的樂觀前景。中國政府的宏觀經濟引導政策
似乎指向了一個更為鼓舞人心和寬鬆自由的發展方向。由此，可預計
未來幾年內以中兩國之間的商業合作力度將大幅加強。[49]

當然，任何以色列對中國態度的急劇轉向都可能被解讀為倉促而
有失明智的戰略步驟，畢竟這可能會危及以色列從美國獲得的全面支
持。很明顯，就商業而言，在費爾康預警機和哈比無人機事件之後，
美國政府對以色列施加了嚴格限制，以色列被迫接受美國的指令。不
過，問題仍然存在：以色列能否採取更多的創造性戰略步驟，進而通
向一個相對於中國而言不同的現實處境？

從中國的角度分析，改善與以色列和猶太組織之間的關係，可能

---

48 Benjamin Tjong-Alvares, "The Geography of Sino-Isreali Relations," SIGNAL May 2013, http://jcpa.org /wp-content/uploads/2013/05/V24_3_6.pdf.

49 Amit, "Four Billion Shekels."

會影響中國政府與國內穆斯林少數民族以及國外穆斯林社會和阿拉伯世界的關係，中國日益膨脹的原油需求也有可能受到影響。另一方面，與以色列建立更好的關係可能會改善中美關係。

考慮到這些問題，儘管當前以中關係依然存在局限，但以色列必須採取重大舉措以改善、提升與中國的關係，以收獲預期成果。以色列必須要敢於對中國採取新政策。理應謹慎，並考慮世界格局的深刻變動，也必須及時內化新浮現的現實，不是只有一個世界強國力圖在中東楔入立足點，而是存在兩個、甚至三個。

實際上，以中關係受到世界格局變遷的影響，而不僅僅受制於雙邊關係的多種因素。縱觀整個阿拉伯之春，中國作為世界經濟強國的崛起使其成為美國的平衡性因素，而以色列只是其中的一個考慮性因素。因此，中國能以超然的態度審視全域，並視以色列僅僅為中東的一個國家，以色列卻得通過能夠透視它在雙邊關係有所得失的狹窄棱鏡來看待中國。以色列與中國恢復軍事接觸的利益，主要集中在加強對伊朗施壓的可能性，以及深化以中在反恐戰爭中的合作。然而，由於以色列與美國的密切關係，加強以色列與中國關係的前景著實有其限制。歸根結底，正如過去無數歷史經驗所證明的那樣，每個國家的個別利益都將發揮決定性作用。[50]

總而論之，以色列必須要採取新的對華舉措（目前已經開展），具體如下：重新評估對中國的總體政策，同時分析兩國關係在未來可能的發展走勢；認清產品出口障礙；增加出口。以色列必須認識到其國防產品對華出口的可能性仍然很低，與在兩用型的民用兼軍用產品的相關領域一樣，這種類型產品的對華出口依然存在問題。此外，以

---

50 Yoram Evron, "The Rise of China from a Small States' Perspective: The Case of the Sino-Israeli Military Relations," *The 11th Annual Conference of Asia Studies in Israel*, Tel Aviv University, May 2012.

色列必須採取措施，在中國知識份子和更廣泛的中國公眾群體中強化他們親以色列的立場，並與有望成為中國下一代領導人的個人建立私人聯繫，包括未來國家、區域、國際層面乃至聯合國。此外，以色列必須在諸如科學、學術、文化、農業等中立領域與中國展開更多的合作，並在這些領域加強非正式聯繫。

第九章
作者、中國和其他相關人士

　　當中國駐以色列大使館於一九九二年開設，以及中國駐以外交官到來之後，我得以偶爾會見歷任大使和使館官員，其中主要是主管文化和高等教育的使館專員。在相對短暫的時間內，中國人熟悉了以色列社會、政治和外交等方面的某些複雜狀況，中國大使館介入以色列事務的情況逐漸增多。除了圍繞經濟、文化和教育等領域促進以中雙邊關係的細緻周到、高度專業的外交和使館工作之外，使館官員還密切關注在學術高等教育領域開展的涉華活動。他們熟知在以色列從事中國研究的授課者，清晰地瞭解校園內開辦的各類活動、課程和講座，特別是有關闡述違背北京官方政策的敏感問題，如西藏問題或法輪功。例如，中國駐以色列使館官員盡力挫敗達賴喇嘛訪問以色列的意圖，或至少說是極力降低其訪以行程的重要性或成功的可能性。

　　出於顯而易見的政治原因，以色列政府在此類問題上的官方立場是禁止任何內閣部長和高級政府官員參與會見達賴喇嘛。此外，以色列還禁止任何政府代表與達賴喇嘛隨行人員或西藏之友協會（the Friends of Tibet Association）接觸，其中西藏之友協會是將達賴喇嘛邀請至以色列訪問的主要推手。二〇〇六年，也就是在達賴喇嘛上次訪問以色列期間，中國駐以大使館設法阻止他在臺拉維夫大學斯莫拉瑞茲（Smolarz）禮堂舉辦重大集會。陳永龍大使向我致電，詢問他認為是中國朋友的臺拉維夫大學如何能夠允許承辦此類訪問活動。作為答覆，我聯繫了校長伊塔瑪律・拉賓諾維奇（Itamar Rabinovich）教授，向他解釋了中方的困境以及他們對學校的要求。拉賓諾維奇解釋道，斯莫拉瑞茲禮堂是臺拉維夫大學獨立運作的經濟單位，給予任何人租用權，允許租用者實現各自的活動目的。校長堅持道，「我們不能也不想干涉這個問題。」當我就此事向陳大使進行解釋時，他讓我安排與拉賓諾維奇校長的會面。由於校長認為他與陳大使舉行的應是簡短會晤，因此我們將之安排在達賴喇嘛集會開幕前的十五分鐘──中國新年的第一天，即二〇〇六年二月。

與此同時，我向陳大使進行了若干次詢問，以此嘗試圖察覺他的意圖。最終，我總結當務之急是必須要給中國政府一個交代。為此，我建議拉賓諾維奇向陳大使遞交一封行政公函，闡明儘管他身為臺拉維夫大學校長，但就此事而言束手無策。在校長辦公室舉行的簡短會晤中，拉賓諾維奇在相關的外交問題上向陳大使澄清了他的立場，並依照我的建議將公函遞交給大使先生。陳大使對此相當滿意。

另一起大使試圖干涉大學事務的事件發生在二〇〇四年，比達賴喇嘛事件早了大約兩年。當時，中國大使館的一名秘書打電話給我，詢問我們校園是否真的計畫舉辦一場有關法輪功的講座。當時，中國政府正對這個教派進行全面打擊，其教義被認為對信徒造成了嚴重的損害，許多人甚至因為教派領袖的慫恿而自殺，大使館代表一再向我強調這一點。我向秘書澄清，我們的東亞研究系並未教授這個主題，也沒有參與該活動，但有可能是其中一位學生發起的演講。但我強調，大學是一個自由且自治的機構，允許各種活動而無需過多監督。

更大的緊張局勢是大學與法輪功相關的另一個行動引起的。在二〇〇八年三月，學生組織在大學主圖書館入口處展示了一個有關法輪功活動的展覽。更確切地說，展覽是對中國政府所謂對這個宗教成員的暴行（包括酷刑和器官摘除）的圖片展示。

學生們已經從院長兼中國專家約阿夫・阿里埃爾（Yoav Ariel）教授那裡獲得了展覽的許可。不論阿里埃爾是否調查了展覽的起源和其意義，展覽的名稱是「真、善、忍──一個藝術展覽」，前三個詞語是法輪功的官方口號。也許，院長被誤導認為展覽是有關藝術或現代中國書法的。

然而，中國大使館官員在展覽開放的第二天就得知了此事。中國教育參贊趕到院長的辦公室，然後又去了副校長的辦公室。他抗議此事，並要求立即撤下展覽。副校長試圖安撫這位參贊，請求他向大使解釋學校的立場。但不久之後，這位參贊再次回來，顯然是在大使的斥責下，再次堅持要求撤下展覽。

在此期間，阿里埃爾和學生代表發生了爭執。院長要求撤下展覽，因為那當中的照片具有暴力性質，他覺得學生們欺騙了他。回想起來，大學支持院長的決定，展覽被關閉了。新聞媒體得知了此事，學生組織威脅要起訴大學及其負責人，指責他們食言，因為展覽只持續了兩天就被撤下了。

在我接受以色列媒體的數十甚至數百次採訪中，包括報紙、廣播和電視，我一直小心維護中國的尊嚴。我對共產主義革命的成就深表敬意，因為我瞭解蔣介石統治時期中國的情況──飢餓、營養不良、貪腐和對工人和婦女的剝削。但在敏感問題上，如法輪功、西藏、臺灣、人權、器官買賣和中國西北部新疆地區的穆斯林待遇，我一直避免直言不諱地批評中國。我認為這種避諱源於我對這個國家的熱愛，以及我必須區分事情的輕重緩急。在法輪功事件之後，我卻有了一種很不舒服的感覺，覺得中國人在過度干涉大學事務，盲目批評我們的同時卻看不到自身的錯誤。因此，我決定採取略有不同的立場。我在與副大使的討論中澄清了這一點，她和我有時會進行公開討論。我相信她瞭解我的立場，但作為一名忠於自己政府和大使經驗豐富的外交官，她再三強調不要「讓中國感到尷尬」。同時，我指出大使館犯了幾個戰術上的錯誤。大使館認為取消展覽是一次勝利，但在以色列，這可能會產生相反的結果，法輪功將在媒體頭條中得到更多關注。此外，如果再次舉辦展覽，數百名遊客將前來瞭解大學因大使館壓力而撤下的「煽動性」展覽。

　　一年過去了，我曾經預測的情景發生了。學生們起訴大學管理層取消展覽，並在臺拉維夫地方法院的阿米拉姆・賓亞明尼（Amiram Binyamini）法官面前進行了辯論。學生們主張展覽被過早關閉，並且大學曾經承諾展覽將持續兩周。他們要求法院強制大學恢復展覽。此外，他們聲稱大學的東亞研究部門通過漢辦（孔子學院在世界範圍內的管理機構，包括臺拉維夫大學）獲得了中國政府的財政支援。因此，他們認為大學已經屈服於不合理的政治壓力。法官抓住了這一點，並多次指責約阿夫・阿里埃爾教授，如果一切屬實，大學將被視為管理不當。諷刺的是，阿里埃爾曾反對在臺拉維夫大學建立孔子學院，認為中國會干涉學術事務。他的擔憂因此得到了證明。（為了為 他辯護，我補充說，他一直堅定地支援在這個問題上的不妥協立 場。）法官提出了一個妥協方案：展覽恢復，作為院長的阿里埃爾教 授能選擇照片，避免展示最暴力的照片。大學管理層同意了這個妥協 方案，但學生們毫不猶豫地拒絕了。在隨後的法律辯論中，法官出人 意料地裁定學生們允許再次展示展覽，還為他們的法律費用授予了四 萬五千新謝克爾的賠償。我把這個決定的消息告訴了副大使，並再次 向她指出，中國必須接受一個事實，作為一個世界強國，它將成為類 似問題的尖銳批評目標。

　　約阿夫・阿里埃爾在司法調查期間對法官的言論非常傷心。他再次試圖指出，他反對在大學建立孔子學院，但現在他被間接指責接受北京方面的好處。他聲稱，移除展覽是他的獨立決定，並且他在這個問題上沒有受到中國大使館的壓力。

　　二○一四年三月發生了一件類似的事件。這一次，幾名學生發起

了一次有關中國人器官移植的討論。大學批准了這個活動，但當中國
大使館發現這個活動後，他們的代表來到我的辦公室，要求我以我身
為常務校長的身份阻止這個活動。我重申了我的立場，並回顧了之前
的事件和所學到的教訓。隨後，中國大使館又派了一個代表團，這次
是去找大學校長。中國人要求保證這樣的事件不再重複發生，北京代
表再次展示了他們的堅定決心。

　　此後的某日，我受某快遞公司的邀請，在機場城（Airport City）
新辦公園區舉行的交通服務客戶會議上發表主題演講，此次會議約三
百人參加。在中國新任駐以色列大使趙軍發表歡迎致辭並談及以色列
與中國的貿易關係後，我開始登臺演講。這是一次學術講座，當中我
主要對以色列與中國開展貿易往來時面臨的各類問題與矛盾發表看
法。我概述了中國所取得的獨特非凡的經濟成就，指出中國在包括在
全球範圍內進口原物料等許多領域已經成為美國的最強大競爭對手。
在談及未來幾年中國經濟增長的可能性時，我補充說成功並非一成不
變的既定發展軌跡。可能由於地方貪腐或區域與社會階層之間的巨大
差異，中國也許會遭遇挫折。我以一種我認為客觀且全面的方式，概
述了包括正面因素與負面因素的實情，就此次研究的準備工作中，我
依據各類經濟指標和若干研究人員的研究工作。

　　然而，就在我發表演講期間，大使先生突然動身離開會堂。研討
會結束之後，會議組織者和以色列外交部高級職員告知我，中國大使
對我的陳述內容深感冒犯，並且憤怒離場。在隨後的事態進展中，在
我不知情的情況下，外交部官員為我的言辭道歉，以此試圖修復雙方
關係並拋棄前嫌。

　　此次事件發生後不久，我在中國駐以大使館會見了教育事務專員。
他表示高度重視我與中國的友誼，並讚揚了我對臺拉維夫大學創建孔
子學院所做的貢獻。我則對言論自由的立場進行了深入詮釋。隨後，

我就大使關於他曾抱怨我使用過的兩個冒犯性術語進行了解釋，結果證明是翻譯錯誤。當時，我用希伯來語進行演講，兩位口譯者將我的話翻譯成英語。趙大使指出我在演講中曾五次使用蔑視中國人的貶義詞「中國佬」（Chinamen）。演講結束後，當我意識到這引發了外交爭議時，我與兩位口譯者進行了交談，其中一人承認她錯誤地使用了貶義的「中國佬」。此外，趙大使還抱怨錯誤地表達了「中國政府」（the Chinese government）的稱謂，因為口譯者將其翻譯為「中國政權」（the Chinese regime），這被中國人視為負面含義。

此次外交事件以及此前我與中國大使館之間交往的各類有關事件，促使我重新評估與中國人之間的交往。我的印象是，中國人的自尊心非常強。隨著時間推移，這種感覺只會日益加劇，我們必須考慮如何應對這種新的心理特徵。

作為一位多年參與以中關係的人士，在那個時期我第一次感到以色列媒體對中國的態度每況愈下。包括人權和西藏在內的許多國際批評，激起了一些以色列知識份子和記者的憤怒，前部長尤西·薩里德（Yossi Sarid）發表了許多文章攻擊中國這個崛起的全球大國，他的反華立場讓他的讀者想起他在亞美尼亞種族大屠殺問題上對土耳其的批評立場。薩里德是一位獨立的政治家和頂尖的知識份子，多年來即使在擔任政府職務時，也激烈地批評時政。他聲稱只聽從自己的良心。

當時，幾位記者聯繫我，從他們的提問中，我意識到對中華人民共和國的批評已經變得非常刺耳。一位《環球郵報》的商業記者聯絡我，希望能取我的想法，瞭解我對以中關係的立場。但在電話採訪中，我意識到她在尋找可以批評中國及臺拉維夫中國大使館的內容。她一再詢問學生會關於法輪功展覽被撤下的問題，並堅稱中國不允許以色列的研究人員前往北京查找中方的檔案資料。她尤其提到了施克（Yitzhak Shichor）的案例。施克是一位漢學家，也是我的老朋友。

後來，中國大使館一直拒絕發給他入境簽證（除了以色列法輪功人士易上立之外，施克是唯一一個被拒絕入境的以色列人）。雖然中國當局從未解釋拒絕的原因，但顯然他們對他研究中國西北的維吾爾穆斯林感到不悅。施克與一群美國研究人員有聯絡，他們發表了相關問題的研究結果，這使北京政府非常不悅。以色列外交部的所有努力，以及各種團體的遊說都無濟於事。

在我與副大使的交談中，我經常提及拒絕施克入境的問題。我向她解釋，在這個問題上，大使館的行動是有損自身利益的。雖然副大使表示對這個問題特別關注，卻也暗示大使館在這件事上無能為力。在接下來的幾年中也沒有出現任何妥協的跡象。中國人認為，施克在批評中國方面言辭太過激烈。在一次交談中，副大使向我暗示，中國政府改變不太可能改變對施克的立場。至少在一個案例中，中國大使館直接拒絕與施克領導的一個以色列機構合作。只有在他被解除職務後，雙方才有可能可以溝通。最近，中國政府突然改變了對施克的態度，他現在經常造訪中國。同樣的，中國政府也沒有對此政策變化給出任何解釋。

孔子學院：創建、危機與回歸日常

二〇〇七年底，臺拉維夫大學孔子學院成立。孔子學院由中國教育部下屬正司局級，國家漢語國際推廣領導小組辦公室管理，是中國政府為了向世界推廣漢語，增進世界各國對中國文化瞭解而設立的官方機構。臺拉維夫大學孔子學院在成立之前，經歷了繁瑣累贅、令人煩悶的內部討論。某些同事懷疑中方在大學校園內建立此類機構的目的是否單純。他們聲稱，如果孔子學院的教學活動與歌德學院、賽凡提斯學院、英國文化協會和其他類似機構開展的活動類似，那麼它們就不應該建在校園內，而應該在大學校園外建立。我的同事擔憂中方會藉此過度干預學術活動，懷疑他們試圖通過孔子學院影響臺拉維夫大學。作為東亞研究系的創始人之一與第一任系主任，我的意見是，由於東亞研究系缺乏其他資金來源，我們應該開設孔子學院。這將確保我們能夠在大學內外推動漢語教學，並擴展我們對中國相關問題的研究。我希望我們得到的經費，將幫助我們能夠在像是以中關係、中國猶太社群，以及許多其他漢學研究領域，取得突破性進展。最終，儘管存在反對意見，但在創設孔子學院的問題上，我成功地說服了臺拉維夫大學校長和執行副校長。

在臺拉維夫大學法律顧問的協助下，我起草了一份保障大學學術獨立的公文。臺拉維夫大學孔子學院開始運作，由梅厄・沙哈爾（Meir Shahar）教授擔任院長。從那時起，我們透過教授漢語言和中國文化，加強了與中國駐以大使館的關係。果然，批評中國的人持續抱怨，孔子學院並不允許大學有足夠的空間能不受政治壓力的影響。「你們撤掉法輪功展覽，是不是因為你們要對中國人負責呢？」「孔子學院可以辦一場有關西藏問題的會議嗎？」這類的質疑被不斷地提出。事實上，孔子學院確實存在問題。我與世界各地其他孔子學院院長的聯絡時就發現，他們對與北京的接觸，也有不同的看法，因為中國人向孔子學院的研究人員發出了太多的指令和命令。經常，孔子學院的成員會質疑，在與中國政府機構建立聯繫時，是否採取了正規的步驟。二〇一三年，在法院的干預下，加拿大的孔子學院被關閉，法院認為中國對孔子學院員工的要求，違反了職業自由和信仰自由的價值。

對此，我個人的觀點是，孔子學院是為了推動文化領域的合作，由於孔院籌畫指導委員會的成員都是教授，我不希望他們會受到來自北京施加的任何壓力。我在保障權利的公文中所提的要點之一，就是雙方有提前六個月告知彼此即將終止孔子學院雙邊合作關係的可能。

臺拉維夫大學孔子學院蓬勃發展。我們不斷擴展學術活動的範圍，逐漸增加學院的學生數量，以及授予漢語言專業學位畢業生的人數。臺拉維夫大學也主辦了關於中國研究的重大國際學術會議，涉及中國民間宗教和中國作為全球經濟大國等多個主題。二〇〇九年十月，臺拉維夫大學孔子學院主辦了「中國、以色列和世界經濟」研討會，中國國家互聯網資訊辦公室主任王晨以及以色列央行行長斯坦利・費希爾（Stanley Fischer）都參加了研討會。

王晨說儘管以中兩國正式的外交關係較為短暫，但兩國在推進雙邊關係的全面發展方面取得了顯著進展。雙邊政治關係發展良好，高層頻繁互訪，在增強政治互信的基礎上促進了兩國在貿易、科技、文化、農業、旅遊和非政府部門之間的合作，為以中兩國人民帶來了實實在在的利益。他斷言，文化、教育和青年交流是增進兩國相互瞭解與友誼的重要橋樑，也是推動以中關係穩定發展的重要力量。隨後，他呼籲以中兩國的學生和學者要進行更多的學術交流。

以色列央行行長斯坦利・費希爾高度讚揚中國過去三十餘年經濟快速發展的歷程，稱其為全球經濟史上的奇蹟。他還強調中國政府通過在二〇〇八年十一月採取大規模財政刺激方案以規避全球金融危機的努力與重要意義，並指出「中國所落實工作的結果，最終轉變了中國在世界舞臺上的角色以及中國人民的生活水準，也改變了全球經濟的整體趨向」。

我就以中關係提出了自己的理論思考：由於中美之間經貿關係的力量天平趨向有利於中國的方向擺動，以色列政府必須重新修正對華關係的外交政策。可能的情況是，以色列應鼓勵中國更多參與建構解決中東衝突的和談機制，同時促使中國獲取有關以色列的歷史及其面臨挑戰的相關資訊。

引起我注意的一個特殊小插曲，是中國駐以大使館就準備王晨主任參與上述會議而精心佈置的相關事項。我注意到為迎接訪問代表團的到來而設定了嚴明的組織紀律，以及中層官員為滿足高層官員的意願而悉心照料。在有中國人參與的無數次會議中，此次訪問的會議籌畫可謂細緻入微，精心佈置的方面涉及旗幟的擺放、演講的時間長短，以及領導座位的位置等各方面。此外，大使館還擔憂會出現反華抗議示威活動以及電視與其他媒體的敵對性報導等不和諧場景，在整個規畫過程中，我們強調我們不會容忍校園內的任何審查或限制。這個問題就表明了我反對大使館施壓的立場，儘管大學裡有孔子學院。我堅持我們的自主權，不會同意任何強加條款的企圖，即使是最溫和的條款。

二〇一四年初，中共中央政治局委員劉奇葆訪問臺拉維夫大學，我們也遇到了類似的問題。駐以色列的中國代表沒完沒了地嘮叨我們的準備工作，我們覺得這些準備工作很奇怪，也沒有必要。他們的其中一項要求是讓我們的學生不要待在教室，而是去劉奇葆準備要演講的大樓入口，揮舞中國國旗。

經營孔子學院是一項非常具有挑戰性的工作。例如，二〇一一年夏天，我們感受到了北京當局，包括國家漢辦和人民大學的代表，都在阻撓我們的計畫。他們對於為何改變也沒有給出任何解釋。不過，我們推測，這可能是對我們拒絕任命一名中國代表與以色列人同時擔任孔子學院院長的回應。我堅持認為，臺拉維夫大學不能任命非學者的外國公民擔任臺大學術單位的院長，這已經違反了我們大學的規定。我們的結論是，任命一名中國代表擔任副主任是可能的解方，副主任不會對以色列主任造成真正的問題。與此同時，中國人推遲了對研究所運作的年度經費補助。雖然過去的延誤給我們帶來了不便，也擾亂了我們的工作，但這次的危機尤為嚴重。

二〇一一年八月，即一一／一二學年開始前不久，孔子學院的經費遲遲不能到帳。梅厄・沙哈爾在北京長期停留期間，他嘗試深入尋找問題的源頭，卻徒勞無功。沙哈爾能講流利的中文，還與在臺拉維夫大學東亞研究系任教的中國女教師結了婚。我原本寄望於沙哈爾可以理解中國官方的思維，進而與其周旋，但當他從北京與我通話，嘗試解釋困難時，他的聲音聽起來很絕望。我們會被迫停止孔子學院的所有活動嗎？沙哈爾建議我前往中國解決問題。以色列駐華大使安泰毅（Amos Nadai）也持同樣觀點。但我不願意飛過去當一個乞丐。以色列駐華大使館文化專員潘立文（Ran Peleg）主動在北京與國家漢辦代表進行會晤，他們的討論報告讓我十分震驚，國家漢辦對臺拉維夫大學的投訴不下五起。當我們用適當的答案回應每個問題，我察覺到一些奇怪和模糊的氣氛。

在進行法律要求的聽證程序時，我解釋道孔子學院的預算已經耗盡，而且我們正處於財政赤字狀態，隨後我告知孔院教職員工我們將被迫終止契約。儘管如此，我還是盡可能利用可供自由支配的有限經費，繼續支援某些學術活動。我們甚至開始實施一項在學校培訓漢語教師的項目，並且繼續籌辦某些學術會議。

與此同時，中國新任駐以色列大使高燕平女士到訪臺拉維夫大學。[1]她強調孔子學院存在的重要性，但不願就此問題深入探討。她在與總統的談話中指出，必須解決孔子學院運作面臨的所有困難，但不願深入探討問題。在某些特定情況下，我們別無選擇而只能取消孔子學院在臺拉維夫大學籌辦的活動。

1　"Biography of Ambassador Gao Yanping," 中華人民共和國駐以色列大使館網站，2011年9月8日，http://il.chin a-embassy.org/eng/sgxx/t857116.htm.

和解的跡象

二〇一二年一月下旬，我接待了中國駐以大使館第一書記和文化專員的到訪，梅厄・沙哈爾也加入了討論。兩位中方訪客告知我們，中國人民大學願意與我們繼續開展合作，而我們則應該恢復之前的學術活動。顯而易見的是，北京的國家漢辦不會坐視危機繼續發展下去，關閉以色列的孔子學院也並非中國所願。我重申了孔院經費中斷所帶來的一系列問題。我們相信新任大使會幫忙推動事態發展，因為她要求我們在臺拉維夫大學組織一場紀念以中建交二十周年的活動，並且強調這是她本年度優先考慮的工作事項。[2]因為這一次是中國人來找我們，所以我們決定恢復學院的活動。

當時，世界上也有其他人對孔子學院的活動持批評態度。例如，倫敦政治經濟學院的尼克・拜倫（Nick Byron）就表達了他非常不滿國家漢辦在選擇中國的合作院校時，居然對中國以外的大學發號施令。邁阿密大學一位現代中國課程講師說，由於中國擁有否決權，使這些大學無法談及一些問題——例如達賴喇嘛的定位（當然，絕不能邀請他訪問）、西藏、臺灣、中國的軍備發展，或者新疆的穆斯林。史丹佛大學院長理查德・薩勒（Richard Saller）也舉例說明了這一部分，國家漢辦建議撥款四百萬美元在史丹佛大學設立研究所，並資助一個教授缺，但給出的條件就是要避開西藏問題。史丹佛大學拒絕滿足中國人的要求，但最後錢還是捐給了大學，直到今天史丹佛大學還有一所孔子學院。賓州大學教授亞瑟・沃爾德倫（Arthur Waldron）指

---

2 詳見Eyal Levinter and Ben Kaminsky, "Has a Trojan Horse Penetrated Israeli Academia?" *Epoch Times* July 2014. 這是一篇關於孔子學院，特別是以色列孔子學院的總結文章，表達了對建立孔子學院的以及中國政府和中國共產黨背後的長期目標的懷疑，在這篇文章中，臺拉維夫大學因對北京管理孔子學院的獨立立場而被點名。

出，在目前的結構下，這些研究所根本就與中國共產黨有聯繫，黨在背後指導著孔子學院的每一步。他質疑說：「中國政府已經通過他們的大使館和領事館跟監中國學生的情況。我們真的想讓他們的代表也進入我們的校園嗎？」孔子學院在美國大學的其他講師以匿名方式表達他們的批評。他們表示，他們在就涉及中國的政治問題發表意見時會猶豫不決，擔心無法獲得所在機構的終身教職。另一位教授進一步指出，孔院與主辦學術機構之間的關係還能維持現狀，只是因為中國的內政和外交事務暫時還算平靜。由此看來，他還說孔子學院的全球網絡將是一個「下一場天安門事件的定時炸彈」。[3] 到二〇一四年底，北美的幾所孔子學院在學術人員的堅持下被關閉，例如芝加哥大學的孔子學院。[4] 此外，國會議員克里斯史密斯（Chris Smith）要求在美國眾議院就中國人是否已經過多介入美國大學校園造成影響的問題舉行聽證會。[5]

　　毫無疑問，初步看來，對孔子學院的鐘擺，正呈現出批評甚至譴責的尖銳趨勢。有趣的是，儘管存在批評，但對中國的興趣和與孔子學院合作的意願還是繼續增長。在已經形成的規範下，各國願意接受中國人的一些指令，甚至改變一些他們公認的做法。

　　二〇一二至二〇一七年，以中之間的學術交流與合作活動大量增加。例如，二〇一五年，南京政府與臺拉維夫大學商學院簽訂協定，成立了臺拉維夫大學南京創業創新中心，目標在為中國學生提供創新指引和技術指導。此外，二〇一四年，清華大學與臺拉維夫大學簽署《創新中心協議》，當時正在以色列訪問的國務院副總理劉延東出席

3　D. D. Guttenplan, "Critics Worry about Influence of Chinese Institutes on U.S. Campuses," *The New York Times* 4 March 2012.

4　參見：*Inside Higher Ed.*, Sept. 26, 2014, http://www.insidehighered.com.

5　Karin Fischer, "House Panel Plans to Scrutinize U.S. Universities' Ties with China," *Online Chronicle of Higher Education* (Washington, D.C.), 3 December 2014.

開幕儀式。協定要求兩所大學同時建設交互學科實驗室，這個協定也宣稱雙方預期合作投資三億美元，限定雙方實驗室將研究重點聚焦在像是奈米技術、再生能源和生物技術等當前優先考慮的科研領域。此外，許多來自中國各領域的代表團先後到訪臺拉維夫，詢問與臺拉維夫大學建立合作關係的情況。

二〇一八年十月二十二日，中國國家副主席王岐山訪問以色列，這表明以中關係正在升溫。王岐山與納坦雅胡共同主持了以中創新合作聯委會第四次會議，並共同參觀了以色列科技初創企業的展覽。王岐山的此次到訪再次證明中國和以色列已成為關係密切的交易夥伴，中國對以色列在農業、水利、高科技、環境技術、電子與資訊技術、現代醫學等領域的技術研發表現出特別濃厚的興趣。以色列也已成為中國遊客出境旅遊的熱門目的地。

王岐山稱讚以色列是全球創新中心，中國希望在快速發展的經濟現代化進程中認真學習其成功經驗。中國已成為以色列的全球第二大交易夥伴國。二〇一七至二〇一八年，以中關係取得諸多突破性成就，諸如以中雙方十年多次往返簽證協議生效，相繼開通上海、成都、廣州直飛以色列的航班，雙方還開啟了數百個聯合研究項目。納坦雅胡宣佈，明年以中兩國將完成簽署自由貿易協定；同時，中國計畫大力投資新港口和輕軌等以色列基礎設施專案。

由於中國與伊朗等以色列區域性宿敵之間維持著密切關係，在以中關係持續升溫的同時，以色列國防軍事專家表示擔憂，認為中國大規模參與以色列國家基礎設施項目可能會引發安全風險。當然，以色列可以向中國出售醫療保健設施和可持續發展技術。美國沒有理由對此感到心煩意亂。

的確，正如帕拉梅·辛哈·帕利特（Parama Sinha Palit）和阿米滕杜·帕利特（Amitendu Palit）斷言的那樣，中國正啟用「軟實力」

以實現國家利益。「軟實力」術語適用於文化外交、公共關係、經濟援
助以及其他類似的外交手段，[6]旨在用於為中國及其政府創建並塑造積
極、溫和、友善形象的戰略性工具，為此它時常受到國際反華勢力的
批評。「軟實力」的各種表述充當了一柄溫和的矛頭，它有助於中國
在國際上突破新市場，也有利於在國際社會上抵消針對中國政府人權
記錄的批評，其終極目的是改善中國的國際形象。中國已經採取行動
並將持續予以推進，直至在全世界範圍內，尤其是在亞洲國家改變他
們對中國的負面評價。為實現此目的，中國自覺地利用豐厚的文化遺
產。迄今為止，中國已在一百多個國家和地區創建了五百多所孔子學
院。據估計，至二〇二〇年，全球將有一億人通過孔子學院學習漢
語。[7]儘管如此，雖然中國嘗試訴諸作為文化武器的「軟實力」，以此提
升中國國際形象，儘管如此，國際社會仍然在人權記錄上和言論自由
等方面對中國有著激烈的批判。[8]

　　早在二〇〇七年，尤西・薩里德（Yossi Sarid）就在〈它沒有上
帝〉一文中寫道，國際社會對中國這個任性的孩子採取了正確的教育
方式，給了中國舉辦奧運會這個寶貴難得的禮物。以色列也是中國的
支持者之一。薩里德認為這給了中國人一個機會，儘管中國人並未把
體育和政治分開。即使是希特勒也懂得宣稱：體育是一回事，政治是
另一回事。〔在體育賽事中〕，希特勒站在看臺上，為德國人的純潔鼓
掌稱讚。雖然中國人不是納粹，但中國許多公民也不想用更溫和的形
容詞了，特別是那些準備要被處死的人，像是西藏人，對這個崛起中

6　P. S. Palit and A. Palit, "Strategic Influence of Soft Power: Inferences for India from Chinese Engagement of South and Southeast Asia," *ICRIER Policy Series* no. 3 (August 2011).

7　"China's Confucius Institutes to Reach 500 Global Cities by 2020." *Xinhua* 11 March 2013, http://new s.xinhuanet.com/english/china/2013-03/11/c_132225228.htm.

8　Yossi Sarid, "It Has No God," *Ha'Aretz* 5 October 2007.

大國中的其他民族和宗教少數群體來說，情況就是如此。」上述這些內容，是來自極左翼以色列政客的嚴厲批評。

推廣漢語教學

當教學和研究比較處於風平浪靜的期間，臺拉維夫大學孔子學院達成了若干重要的工作目標，例如在小學推廣漢語教學。二〇一一年春季，臺拉維夫拉瑪特維夫（Ramat Aviv）區的尼燦姆（Nitzanim）小學舉辦盛大慶祝儀式，紀念漢語教學開始出現在以色列教育體系內。出席慶典儀式的有中國教育部副部長鄭樹山、以色列教育部長吉迪恩·薩亞爾（Gideon Sa'ar）和我本人。我們興奮地沉浸在三至六年級孩子們的歡聲笑語中，他們甚至還歌唱中文歌曲。鄭樹山副部長動容地邀請一群兒童於夏季訪問中國。薩亞爾和以色列漢語教育中心主任施羅默·阿隆（Shlomo Alon）提到了他們在以色列推廣漢語教學的計畫，其中包括將中文納入高中入學考試的科目之一。薩亞爾表示，已經有一小部分學生獲准參加包含漢語科目的入學考試。在做出此決定之前，已經與薩亞爾就此問題展開了諸多討論，薩亞爾強調推廣漢語教學需要構建一個持續性框架。他還與相關人員就此議題商定，當此前在某所小學學習漢語的兒童轉學至另一所小學時，確保他們仍然可以繼續學習漢語。至二〇一七年，以色列的許多學校都開設了教授漢語的課程。

在廣州思緒萬千

二〇一〇年十一月十三日至十四日，我赴廣州參加了亞洲大學校長論壇會議。會議期間，中國教育部長和副部長先後發言，國務院負責教育問題的高級官員，後來擔任副總理的劉延東也參與了會談。

這次會議強調高等教育的重要性，其中包括中國人所謂的「二一一工程」。中國政府設定「二一一工程」的目標是，面向二十一世紀、重點建設全國一千餘所高校中的一百所左右的高等學校和一批重點學科的建設工程，政府給予一切必要的資源，推動它們發展為全球頂尖高校。總體而言，我的印象是中國政府正竭盡所能地促進高等教育，聯繫大學與工業，以及推動建立中國大學與世界其他高等教育科研機構之間的聯繫機制，以此充分利用與國際知名大學之間合作的優勢。

在劉延東的主題演講中，聲稱英國主宰了十九世紀，美國主導了二十世紀，但二十一世紀將屬於亞洲，尤其是中國。[9]她預言，在教育領域，特別是高等教育層面，中國將成為本世紀全球範圍內的關注焦點和引路先鋒。在各類高等教育科研院所中，中國擁有近二千五百萬學生。在過去十年，學生數量呈指數級增長。她強調中國大學需要與亞洲其他地區和世界各地的兄弟院校開展合作、以及中外科研協作以及中國學生赴海外留學的重要性。她指出了技術創新、節能研究以及提升知識資源——教科書和教師品質與能力的重要性。她承諾要增加大學預算以確保高品質教學，提升科研水準，以及促進學生和教師的海外交流。劉延東的講話言猶在耳，大學承擔著向國外推介本國文化和文明的重擔。政府有義務鼓勵大學充當跨文化交流的橋樑，進而促進對其他文化的理解與欣賞。她還指出，作為高等教育優先發展計畫的一部分，政府旨在為教授和學術委員會提供更多參與中國現代化進程的機會。她強調，「在過去兩年，即使我們已經對大學的投資增加了百分之五十，仍要保持這一趨勢並擴大接受高等教育機會的人口規模」。劉延東副總理的講話給我留下過非常深刻的印象，我著實羨

9　參見：劉延東在此前的六個月於南京進行的演講：http://www.moe.edu.cn/publicfiles/business/htmlfiles/moe/moe_2862/201008/96836.html.

慕中國人能夠在教育系統中擁有一位如此高尚且開放的女性領導。

在會議當天，我在一位廣州農業大學職員的陪同下乘校方車輛前往珠江的海心沙觀光。我們沿珠江北岸纖塵不染的新長廊漫步，欣賞南岸的華麗夜景。新建高樓大廈散發出的霓虹燈光在我們身旁閃爍，而筆直聳立的廣州塔──亞洲最高建築之一──則在會議前夕完工。同我們一起漫步的還有那些陪伴兒童的父母，他們享受著晚飯後的悠閒散步。我頓時陷入沉思，認為這是從未見證毛澤東時代的新一代中國年輕人。當我在中國進行了十幾次旅行之後，內心感到不堪忍受的是，相比之下是以色列已陷入令人苦惱的境地，隱約感覺那個猶太復國主義者曾為我們國家帶來希望的時代已然走向終結。我的總體印象是，以色列在學術領域正經歷著不進反退的形勢，其中在全球大學排名以及我們曾經享有很高地位的許多其他領域都逐漸落後了。與此同時，中國人正在全力向前衝刺。一九八九年秋，當我第一次訪問中國時，我認為自己抵達第三世界的中心地帶，同情中國人所面臨的艱辛生活。在許多社區，我見到搖搖欲墜的房屋，黑暗骯髒的小巷，以及為整個社區提供服務的公共廁所。那時，整體印象就是蕭條和苦難。而且，當我回顧我對抗日戰爭時期進行研究的文獻時，中國饑荒盛行，甚至在偏遠省份還出現過食人現象。此外，我也回想起美國旅華作家賽珍珠（Pearl Buck）的相關作品。但現在的中國卻是今非昔比。

在二十世紀六〇年代，我認為中國在兩個超級大國美國和蘇聯之間開闢了一條獨特的道路。我曾寄予厚望地認為中國有能力充當指引第三世界發展道路的燈塔。然而，時至今日，由於其改革開放政策取得了舉世矚目的經濟和戰略成就，我認為中國不再是一個輸出意識形態的先鋒，而是一個更加令人敬畏的成功者。看似相悖的是，正是在中華人民共和國成立最初三十年內統治該國的革命主義色彩濃厚的政府，賦予了國家隨後四十年的改革開放和成功發展的可能性。在抗日戰爭以及解放戰爭結束之後，中國靈巧地從饑餓的邊緣脫身並走向一個新的發展時代。儘管我們不可能去羨慕曾被迫經歷中國早期的艱難階段、以及必須接受嚴厲、不寬容政府治理下的人民，這些看似苦難的國家治理方式，卻是消除犯罪、鴉片及其他毒品成癮、奴役、賣淫和剝削婦女等社會消極層面所必須的手段。只有在這些社會污穢被強力清除之後，中國才能夠開啟進入新時代的大門。然而，正如天安門事件所證實，中國尚未完全敞開大門，允許中國人所謂「第五個現代化」——即民主。僅允許在科學技術、軍事、工業和農業等領域進行「四個現代化」。國家保持嚴格控制，同時防止全面實行民主，實際上創造了一個新國家。對於那些相信民主和自由政策精神的人來說，承認制約公民社會，並將決策權掌握在決策者手中使中國「躍進」且發展起來並不容易。西方公民社會往往扭曲了決策者的建設性意圖；因此，政府在面對環保運動、社區組織或其他利益團體的不斷抵制時，難以建設鐵路、橋樑或立交橋。

以色列駐廣州總領事與我分享了以下這則故事。某位以色列土木工程師到訪廣州和深圳，在親眼目睹當地的發展熱潮之後，他絕望地心生嫉妒。他承認在目睹了深圳等地取得的巨大成功之後，內心泛起失敗感與無助感，但當被問及他自己城市的發展規畫時，他無法予以回應。

二〇一〇年廣州亞運會的開幕式超出我的預期。這不僅因為我對盛況空前的表演深感振奮，據現場觀眾稱比二〇〇八年北京奧運會開幕式更為精彩；而且當幾萬人恪守禮貌且有秩序地聚集在體育場時，我被這種令人驚歎的秩序感所震驚。在整個開幕式期間，體育場都保持著潔淨的衛生，整體彰顯著高漲的愛國主義精神。這就如同一部奇幻電影，展現著甜蜜勝利的滿足感。

我還回想起曾在學術休假期間在紐約大學和巴黎政治學院講授的

課程，其中一門課程是對以色列與中國當代歷史的比較研究。在準備和教授此門課程期間，我認為中國人與猶太人在近現代民族主義運動方面存在許多相似之處。我發現在兩個民族主義運動的形成過程中都充溢著某些感人的歷史記憶，最終促成兩個新生國家的建立。

如前所述，在中國近現代史上，新生的民族主義運動在孫中山的領導下取得了非凡成就。與中國相比，發端於近代由西奧多・赫茨爾開啟的猶太民族主義運動儘管在細節方面迥然不同，但也具有類似進程。兩位同時代的傑出領袖運用原創性的革命綱領開闢了新天地，成為具有象徵意義的歷史人物。

在第一次世界大戰結束前後，兩大民族主義運動面臨著類似挑戰。戰後形成的安排，深刻地影響了他們通往建立古老卻嶄新國家的道路。兩大民族主義運動的領袖都期望能夠得到針對協約國援助而理應獲取的公平補償。在孫中山引領的案例中，他要求《凡爾賽和約》的規畫者將中國從帝國主義，特別是日本人的剝削枷鎖中解放出來，一九一九年五四運動的爆發則標誌著資產階級民主革命的希望破滅並墜入低谷。與此同時，在猶太復國主義的案例中，一九一七年的《貝爾福宣言》是為猶太民族主義運動的補償，以此回應他們在一戰期間為英國領導的協約國集團提供的服務和支援。

在戰間期（1919-1939），我們也認識到兩大民族主義運動在其各自進程中展現出許多相似之處。中國在北伐戰爭結束後爆發了兩大意識形態對立派別之間的殘酷內戰。在英國委任統治巴勒斯坦期間，一九二九年暴動和一九三六至一九三九年阿拉伯暴動也是一種內戰形式。此外，納粹對猶太人的威脅和猶太大屠殺與日本法西斯軍國主義的對華侵略發生在同一時期。

實際上，兩者在整個第二次世界大戰及隨後的動盪時期也都具有相似之處。在一九四八至一九四九年之後的歲月，兩個國家建立在社

會主義意識形態的基礎上，但隨著時間推移，兩國社會都由集體主義
為主的觀念轉變為自我實現和社會個體化占主導地位的世界觀，同時
伴隨著經濟的私有化。然而，中國共產黨繼續維持穩固的執政框架，
確保清晰而不易被異己滲入的權力邊界；以色列的權力中心卻早已被
打破，仍然處於被解構的進程。一九六七年六日戰爭結束後，尤其是
一九七三年贖罪日戰爭之後，以往以色列社會的相對同質性遭到破
壞。從此，在以色列建立了可以稱之為「第二共和國」的國度，其地
理邊界不明確，居民組成異質性較強。領土糾紛導致了阿拉伯與猶太
社區之間的隔閡，猶太復國主義的根基時常受到質疑。

第十章
回首過去、展望未來

　　本書的框架基於三條軸線：即以中之間在歷史—政治、經濟—貿易和個人—民間（在中國的猶太人和以色列人）等三大方面展開交往。撰寫此書時，我盡力向讀者展現五十餘年以來，我所接觸到的那個獨特國家及其文化思維方式等各個方面的真實狀況。此外，本書還穿插了以中關係進展中的動態情節。貫穿此書探討的長時段歷史進程，以中之間的關係，以及兩國各自在內部的發展進程中，還有親歷事件的敘述者自身都經歷了重大變化。這一系列研究表達，如同從一輛低速行駛的列車上的旅客的視角，觀察另一輛急速行進中超車的列車上的旅客動態。

　　本書首先概述了多個散居在中國的猶太社群的歷史。隨後，本書聚焦兩個特點鮮明的猶太人物事蹟，他們各自在中國近現代歷史上留下自己的印記並贏得中國人的褒獎：一個是行蹤飄忽不定的冒險家，另一個是投身於襄助中國人並成為共產主義革命英雄的敬業醫生。在此之前，我們探討了以色列與中國之間建立正式雙邊關係的早期嘗試。在諸多失敗的嘗試中，我們集中討論的焦點問題是「錯失的歷史機遇」──兩國建立正式關係的努力。我們基於廣泛的歷史檔案進行深入分析，試圖鎖定最初葬送兩國關係正常化的轉捩點，那個致使當時兩國關係似乎步入不歸路的分離點，隨後以中關係立即陷入幾乎無所作為的境地。這扇機遇之窗的關閉，引發了一個問題：在以色列建國初期，倘若耶路撒冷在外交政策與策略方面進行及時地適當調整，是否會換得一個不同的、更為積極的情形？最終，在以色列與中國探索建立雙邊關係的早期階段,相關問題與嘗試似乎是純粹學術性的。即便以中雙方已經建立了適當的關係,同時兩國互派代表,但我們也許仍可假設,一旦六日戰爭爆發,北京會立即從以色列召回駐以代表,頂多在以色列長期性地保留一位等級較低的外交代表。

在以中兩國正式的外交關係之外,以色列民間社會與中國各類民間組織也或多或少地展開著另一種形式的交往。本書也著重梳理此類交往關係,首次根據此前各種研究從未使用過的資料和訪談,再現那段歷史。以色列左翼政黨和激進團體,是這場較量中的主要參與者,但他們未能成功地瓦解那堵阻隔以中關係順暢發展的高牆。

一九五五至一九七八年間,當以中兩國之間不存在正式的官方聯絡時,即便是以色列共產黨也難創造奇蹟地去擁抱遙遠的中國。在那個中外政治形勢錯綜複雜的鬥爭年代,掃羅·艾森貝格是促成以中雙邊關係取得突破性發展的先驅性人物。他的人生故事仍籠罩著不確定的傳奇色彩,似乎也缺乏系統性文獻檔案難以查閱。他的親屬和朋友也無法或不願意提供相關資料。但是,我們應該期望利用充實的資料會促使總結出備受關注的結論。作為北京與耶路撒冷之間隱蔽關係歷史進程中的一部分,艾森貝格往事的全貌越來越清晰。儘管艾森貝格在華經營業務和積累個人財富方面取得了非凡成就,但對於其他在中國嘗試運氣的以色列公司而言,情況卻並非如此。我們試圖追溯過往進入中國市場核心地帶的四家大型以色列公司的命運:薩諾、奧賽姆、大衛盾和卡丹公司。這些公司在中國的遭遇,是顯現以中雙邊經貿關係的冰山一角。當然,並非每家公司都願意透露他們在華經營業務期間的相關檔案,或管理者的相關考量。儘管如此,當著手分析他們宣稱的管理方式時,我們已經能夠初步闡釋這些大型企業在華經營業務失敗的背景,並且通過這些案例,我們可以通過探討外國企業是如何且為何會在中國虧損。這些思考引發我多次對另一個問題展開深思：良莠不齊的以色列漢學家究竟在以中兩國的博弈中，發揮了何種程度的作用？以色列企業是否有可能僅僅依賴商業直覺和一定程度的法律建議，就自我感覺良好呢？

毋庸置疑，通常被稱為「以中關係最後尚待觸及的領域」並非是終點，並沒有標誌著本書長篇敘述的兩國關係傳奇歷程終結。與以中關係相關的一系列事件還將持續多年。所以，以中關係在未來將向何處發展？

儘管無法預測未來的發展，但我們可以依靠我們手中握有的線索來預測幾個可能的情景。例如，當我們研究中國從鴉片戰爭到毛澤東繼承人的廣泛歷史時，我們清楚地看到，在過去的一百八十多年中，中國經歷了一個迷人的轉型過程。中國從對西方列強的屈服和謙卑，轉變為國家的自力更生、過度自豪，甚至驕傲自大，這在希臘神話中是一種應受嚴厲懲罰的罪行。「驕傲自大」這個詞聽起來可能太嚴厲，但正如我們已經指出的，中國在學術、文化領域甚至全球商業領域的行動，包括他們對「軟實力」的運用，恰恰證明這個嚴厲詞語的恰當性。此外，我們現在觀察到初步跡象表明，中國的經濟實力和財政儲備正處於轉化為「硬實力」的過程的頂峰，換句話說，傳統實力。我們可以假設，至少在可觀察的未來，這個過程不會消退，而是會加劇。

在這裡對中國實力所做的主要結論表明，以色列的政策制定者必須重新評估他們對中國的長期政策。他們必須放棄僅滿足於與中國保持關係的傳統立場，相反，以色列必須升級這些關係，採取更積極的政策，甚至可能鼓勵中國在以色列——巴勒斯坦衝突以及以色列與伊朗及其鄰國的緊張局勢中更廣泛參與。

然而，以色列必須警惕突然的轉變，並內化那些盲目追隨中國領導的人所面臨挑戰的警示。中國公司收購特努瓦、中國企業爭取長期鐵路建設和運營合約至埃拉特、中國對購買保險公司的興趣（這些保險公司擁有許多以色列員工的退休金和儲蓄計畫），以及北京爭取在阿什杜德和海法建設和運營兩個私人港口的投標，都引起了反對意見。這些舉措引發了關於國家資源定義的廣泛戰略和基本問題，這些資源不應該移交給外國實體。在與中國的密切合作過程中，我們應該如何界定我們的邊界？[1]正如提到的，在二○一四年底，以色列決定允許中國僅建設一個港口，即阿什杜德的私人港口，並在完成後運營海法的私人港口。

在與中國密切合作並深化其在以色列和中東事務中的參與的同時，我們必須避免得意忘形。我們不能僅僅追隨以色列政府的意願，並僅專注於與中國的經濟關係，以最大程度利用它們，又同時希望北京忽視對以色列不太理想的政治問題。我們還必須避免期待中國在政治領域（例如遏制伊朗威脅）滿足以色列的要求，同時忽略耶路撒冷不那麼令人愉快的選擇。

一九七一年，烏里・奧列夫發表了一個引人入勝的短篇小說，名為《中國人》，他在其中模擬了一九三○年代和一九四○年代歐洲的情況，但背景設定在二十世紀的以色列，並加入了超現實的扭曲。奧列夫將中國人塑造成殘酷的征服者，以色列的阿拉伯人則扮演被迫害的少數民族角色，最終被消滅。故事的主要人物是一個猶太家庭的成員，其中一人與征服者合作，而家庭的其他成員與之對立，藏匿阿拉伯孩子，以免他們落入中國人的魔爪。奧列夫創造了一個難以消化的寓言，至少可以這樣說。

奧列夫在故事開頭以這段話開始：

1　參見：本書作者與以法蓮・哈列維進行的訪問，2015年6月15日。

中國軍隊入侵的那天，我哥哥來和我們住在一起。他在投降後
不久就到了，那時我們將耶路撒冷交給了他們。事實上，這次
投降只是形式上的，因為在盟軍離開後，我們的軍隊根本沒有
展開戰鬥。沒有理由再戰鬥，猶太人得到了自治的承諾。[2]

奧列夫描述了中國人對阿拉伯人的盲目仇恨，以及有關阿拉伯國家發
生屠殺阿拉伯人和其他民族的謠言，以及中國將自己的「黃種」公民
安置在阿拉伯人身份上的情況。

　　這個想像和奇幻的故事也根據過去的現實，當時全球範圍的關注
主要集中在「硬實力」上，指的是使用飛機、坦克和常規武器彈藥。
如今，進入二十一世紀的第二個十年，當我們談論中國時，我們越來
越多地將其與「軟實力」聯繫在一起。即使我們將奧列夫殘酷的想像
放在書架後排，我們仍思考中國如何通過經濟外交和對關鍵領域的投
資等「軟實力」策略來獲得控制權。一個困擾歐洲、拉丁美洲和非洲
國家的問題是中國在多大程度上通過和平方式獲得全球立足點，通過
經濟擴張和逐步接管，有時以援助的名義進行。這是否類似於過去的
美國帝國主義，一種不靠定居地和殖民地的帝國主義，而是依靠經濟
威懾力和實力？

　　正如我所強調的那樣，當前在以色列，我們已經進入中國開始在
此建構經濟權力中心的階段，這些權力中心能夠及時地轉變為戰略和
地緣政治權力中心。我們可能已經在其他地區清晰地見證了此種發展
態勢。中國對諸如義大利、葡萄牙、西班牙，甚至澳大利亞和非洲大
陸等國家的「軟實力」呈現，具有長期的重要性。藉此，中國人獲取
了強力的權力槓桿，以此能夠釋放出廣泛的外交和政治影響，甚至還

2　Uri Orlev, "The Chinese," *Ha'Aretz* 13 August 1971.

會遠超預期。無論是國有企業還是私營企業，每一家中國公司都是一個高效的經濟運行系統，能夠充分瞭解每一個細節，並得到高效、專注的政黨的支持。從現實角度來看，我們必須預見到，在以色列以及它所佔領的地區，中國將具有超乎想像的影響力。

參考文獻

一　沒有明確作者的檔案、官方史料和有關史料

（一）希伯來文和中文資料

"China's Vice Premier: Return the Drones, Or Else We'll Start Hurting Israeli Companies Operating in China." *Tik Debka*, 26 December 2004.

Conference on Business in China, Tel Aviv University, Business School July 2013.

Data of the Taiwan office of Economy and Culture in Tel Aviv, August 15, 2014, Susan C.I. Yang to Aron Shai.

Files of Yehoshua N. Shai. "List of Special Cases." Undated—estimated. 1954, Citizenship and Immigration Services, Washington, D.C.

"Foreign Trade 2013." Israel Central Bureau of Statistics, 2014, http://www.cbs.gov.il/hodaot2014n/1 6_14_017mazUSD.pdf.

"He Fengshan." *Yadvashem.org.il*, http://www.yadvashem.org/yv/he/righteous/stories/ho.asp?W T.mc_id=wiki 檢索日期：2013年9月。

Information on the high-tech industry in China and its commercial relations with Israel.http://www.knesset.gov.il/mmm/data/pdf/m03476. pdf.

"ISA Documents: Hamas Continues to Launder Money in China." *Ha'Aretz*, 29 September 2013.

Israel Ministry of Economy and Culture in Taipei. "Israel-Taiwan Trade Data, April 2012." Israel Ministry of Industry, Trade and Labor website, http://www.moital.gov.il/NR/rdonlyres/FD A75C5B-9A66-42DD-BA4A-7CFC76D08490/0/israel_taiwan_trade_ 2012.pdf.

Ministry of Foreign Affairs of the People's Republic of China Archives. 14 January 1950; 16 January 1950; 29 January 1950; 31 May 1950; 27 June 1950; 10 September 1951; 8 December 1953; 31 December 1953; 25 March 1954; 7 April 1954; 29 August 1954; 8 December 1954; 24 December 1954; 31 December 1954; 26 January 1955; 4 February 1955; 26 February 1955; 17 July 1955; 11 August 1955; 2 September 1955.

Kol Ha'am.18 July 1954.

Letter send by the committee on September 24, 1954, to Moshe Sharett and the Israeli delegation to the UN General Council. Yad Tabenkin Archives, section 15, series Israel Comes to Judea, file 26d.

Israel Ministry of Foreign Affairs Archives, Folder 2391/32, in Yemima Rosenthal, ed. *Documents on the Foreign Policy of the State of Israel, 1949-1951* (Jerusalem: State Archives, 1980, 1988, 1991); Galia Lindenstrauss, *Israel-China Relations, 1950-1992 (1994)*, Appendices 2-12.

Prime Minister's Office Archives, 7/5565/C.

Protocol of the Meeting of the Secretariat of Kibbutz Ha'meu'had. 13 June 1954, Yad Tabenkin Archives, 2-4/11/3.

"Senior Chinese Arrive for a State Visit to Israel." *Israelhayom.co.il*, 21 October 2013, http://www.israelhayom.co.il/article/125749.

"Special Database Documenting Shanghai Jewry Arouses a Wave of Responses around the World." source at Israeli Consulate, Shanghai, June 2008.

"The China Connection." television program on China with Prof. Shlomo Avineri, Dr. Meron Medzini, Abba Eban, David Hacohen, Ya'akov Shimoni, Meir De-Shalit and Yosef Zarhin, Kol Yisrael Radio, 1975.

Yad Tabenkin Archives, 15-31/26/3, 15-36/3/1, 10-11/11/3.

（二）英文資料

Business Week. "The Business Empire of a Global Mystery Man." 16 November 1981.

"Biography of Ambassador Gao Yanping." Embassy of the People's Republic of China in the State of Israel Website, 8 September 2011, http://il.chin a-embassy.org/eng/sgxx/t857116.htm.

"China's Confucius Institutes to Reach 500 Global Cities by 2020." *Xinhua* 11 March 2013, http://news.xinhuanet.com/english/china/ 2013-03/11/c_132225228.htm.

"China Legislators Vote to End Labour Camps." *AFP*, http://news.yahoo. com/china-formalise-reforms-one-child-policy-labour-camps-033439167.html 檢索日期：2013年12月24日。

"China Savings Rate World's Highest." *The People's Daily*, 30 November 2012, http://english.peopl e.com.cn/90778/8040481.html,.

"China Surpasses U.S as EU's Top Trade Partner." *Xinhua*, 16 October 2011, http://news.xinhuanet.com/english2010/china/2011-10/16/ c_131194386.htm.

"Chinese FM Urges Resumption of Israeli-Palestinian Peace Talks." *Xinhua*, 23 April 2009, http://news.xinhuanet.com/english/2009-04/23/content_11238582.htm.

"Dr. Feng Shan Ho & Jewish Refugees—From Vienna to Shanghai." *Shanghai Jewish Refugee Museum Website*, http://www.shanghaijews.org.cn/english/article/?aid=64，檢索日期：2011年8月26日。

"Foreign Minister Yang Jiechi Makes Five-point Proposal to Promote Mideast Peace Process." *Ministry of Foreign Affairs of the People's Republic of China*, http://www.mfa.gov.cn/eng/wjb/wjbz/2467/t559690.htm 檢索日期：2014年10月。

"Full Text of Hu Jintao's Report at 18th Party Congress." *Xinhua* 17 November 2012, http://news.xinhuanet.com/english/special/18cpcnc/2012-11/17/c_131981259.htm.

"Iran and China to Expand Trade Relations." *Payvand*, 4 January 2012, http://www.payvand.com/news/12/apr/1001.html.

"Iran-China Trade Value to Increase to $70b in 5 Years: Iranian envoy." *Tehran Times*, 12 August 2012, http://teh rantimes.com/politics/100518-iran-china-trade-value-to-increase-to-70b-in-5-yrs-iranian-envoy.

"Iran Voices Support for Rights of Chinese Muslims." *Press TV Online*, 9 July 2009.

International Monetary Fund, http://www.imf.org.

Israel Ministry of Economy Website, http://www.tamas.gov.il.

Israel Ministry of Foreign Affairs Website, http://www.mfa.gov.il/MFA/Terrorism, 15 July 2006.

"Israeli President Meets with Foreign Minister Yang." Chinese Mission to the U.N. Website, 23 April 2009, http://www.china-un.ch/eng/xwdt/t558942.htm.

二 著作、期刊論文與文章

(一) 希伯來文

Amit, Hagai. "Four Billion Shekels—2014 was a Record Year for the Grow-ing Business Between China and Israel." *The Marker*, 9 March 2015.

Arlozorov, Meirav. "The Chinese Will Profit: Israel's Government Fortifies Tnuva's Monopoly Forever." *The Marker*, 1 April 2015.

———. "China Demands that Chinese Construction Workers Not Be Employed in the Settlements." *The Marker*, 7 June 2015.

Avisar, Irit. "How is Kardan Group Trying to Breach the Great Wall of China?" *Globes.com*, http://www.globes.co.il/news/article.aspx?did=1000684884 檢索日期：2011年9月22日。

Bardenstein, Eli. "Netanyahu Tries to Promote Free Trade Agreement with China, Beijing Demands Work Permits for Thousands of Workers." *Ma'ariv*, 7 May 2013.

Barnea, Nachum and Shimon Shiffer. "Commentary." *Yediot Aharonot*, 12 July 2013.

Baron, Lior and Michel Udi. "The Conflict Intensifies: Carmelton Brought in an Israeli Contractor to Dig in the Carmel Tunnels Project." *Globes.co.il*, 11 September 2008, http://www.globes.co.il/news/articl e.aspx?did=1000381231.

Barzilai, Amnon. "That's How You Break Down a Wall." *Ha'Aretz Supplement*, 2 May1999.

———. "Weizmann Initiated Eisenberg's Involvement in the Arms Deal with China 20 Years Ago." *Ha'Aretz Supplement*, 3 February 1999.

Bat-Rachel, Yocheved. "Impressions from Peking on May 1st." Yad Tabenkin Archives, 15-36/3/1.

———. *In the Path I Walked: Memoirs and Realms of Activity*. Efal: Tabenkin Institute for Research and Kibbutz Studies and United Kibbutz Movement Publishers, 5741/1981.

———. "On Chinese Soil, 1956." Yad Tabenkin Archives, 15-36/3/1.

———. "Trip to the Congress of the International Democratic Women's Federation." Yad Tabenkin Archives, 15-36/3/1.

Bat-Yisrael, Dvora. "With Leaders and Writers – Chronicles of a Journey in the People's Republic of China." Davar, Yad Tabenkin Archives, 15-138/10/09.

Beit-Aryeh, Rachel. "David Shield Enters China." *Calcalist.co.il*, http://www.calcalist.co.il/articles/0,7340,L-3359851,00.html, 檢索日期：2009年9月3日。

Ben, Aluf. "The New Phalcon Rules." *Ha'Aretz Supplement*, 25 December 2001.

Bengal, Mia. "Governor Stanley Fisher Joins the Struggle against Iran." *nrg.co.il*, 21 February 2010, http://www.nrg.co.il/online/1/ART2/064/556.html.

Ben-Ishai, Ron. "Weapons Deal: The First Israeli Phalcon Lands in India." *Ynet*, 25 May 2009, http://www.ynet.co.il/articles/0,7340,L-3721379,00.html.

Ben-Porat, Yishayahu. "I Nicked Vegetables So that I Could Eat." *Yediot Aharonot – Sukkot Supplement,* 25 September 1988.

Bialer, Uri. "Ben Gurion and the Question of Israel's International Orientation, 1948-1956." *Katedra*, vol. 3 (Nissan 5747).

Blumencranz, Zohar. "El Al Set the Price and the State Paid $1.43 Million for Netanyahu's Flight to China." *The Marker*, 21 May 2013.

Confucius. *Analects*. Trans. by Amira Katz. Jerusalem: Mossad Bialik, 2006.

Confucius. *Analects*. Trans. by Daniel Lesley and Amatzia Porat. Jerusalem: Mossad Bialik, 5721/1960.

Eber, Irene. *Chinese and Jews: Cultural Encounters*. Jerusalem: Mossad Bialik, 2002.

Eitan, H. "Eisenberg: Money Breeds Money." *Yedi'ot Aharonot—7 Days*, 25 January 1980.

Evron, Yoram. "Patterns of China's Involvement in the Middle East." *INSS Strategy Update*, vol. 16, issue 3 (October 2013): 73-84.

Frustig, Na'ama. "Activity of the Jewish National Fund in China Between the World Wars." Doctoral dissertation, Tel Aviv University, 2009.

Gavizon, Yoram. "Apax is Expected to Give Bright Food a Discount." *The Marker*, 29 September 2014.

———. "Maalot: The Only Opportunity of Kardan NV -- Quick Sale of Assets." *The Marker*, 13 July 2014.

Galili, Orit. "The Next Generation's Turn." *Ha'Aretz Supplement*, 10 October 1997.

Gelber, Emmanuel, "The Yom Kippur War in the PRC Media." Emmanuel Gelber correspondence collection -- Israeli Foreign Ministry, personal copy, 26 November1973.

———. "Anti-Confucius Campaign." Emmanuel Gelber correspondence collection—Israeli Foreign Ministry, personal copy, 27 Decembe 1973.

———. "China and Hong Kong." Emmanuel Gelber correspondence collection—Israeli Foreign Ministry, the author's personal copy, 25 September 1973.

———. "China and the War in the Middle East." Emmanuel Gelber correspondence collection—Israeli Foreign Ministry, personal copy, 27 November 1973.

———. "Chinese Foreign Minister is Replaced." Emmanuel Gelber correspondence collection—Israeli Foreign Ministry, personal copy, 19 November 1974.

———. "Energy Sources of the PRC." Emmanuel Gelber correspondence collection—Israeli Foreign Ministry, personal copy, 16 October 1974.

———. "Israel's Image in Communist China." Emmanuel Gelber correspondence collection—Israeli Foreign Ministry, personal copy, 3 October 1974.

———. "Replacement of Personnel in the Chinese Military." Emmanuel Gelber correspondence collection, Israeli Foreign Ministry, personal copy, 16 January 1974.

Golan, Avirma. "Thousands Attended Eisenberg's Funeral." *Ha'Aretz Supplement*, 31 March 1997.

Guttman, Uri. General Consul in Shanghai, in a letter to Avner Shalev, Chairman of Yad Vashem Board of Directors. 4 March 2008.

Hacohen, David. *Burma Diary: Memoirs of a Diplomatic Mission, 1953-1955*. Tel Aviv: Am Oved, 1963.

Haim, Yehoyada. *Between the Cobra and the Dragon*. Tel Aviv: Yediot Books Publishing, 2008.

Halevi, Efraim. *Man in the Shadows*. Tel Aviv: Matar Publishing, 2006.

Harel, Amos and Ruti Zota. "The Connection between the Biggest Bank in China and the Terror Attack in Tel Aviv." *Ha'Aretz*, 15 June 2013.

Hazani, Golan. "The Deal is Closed: ChemChina Transferred $2.4 Billion for Merger with Makhteshim." *Calcalist.co.il*, 17 October 2011, http:// www.calcalist.co.il/markets/articles/0, 7340, L-3541904, 00.html.

Immerglick, Shira. "The Chinese People's Hero Buried in Tel Aviv." *Ma'ariv*, 18 January 1995.

Katzir, Uri. "The Chinese General Moshe Cohen." Aplatonblog by Uri Katzir, 1 May 2012, http://www.aplat on.co.il/story_103, 檢索日期：2014年10月。

Kaufmann, Teddy. *Harbin Jewry in My Heart*. Ed. Bat-Ami Melnick. Tel Aviv: Association of Former Residents of China, 2004.

Koren, Ora. "As Long as China is Growing 8% a Year, It Will Preserve its Economic Stability." *The Marker*, 23 January 2012, http://www. themarker.com/wallstreet/asia/1.1623707.

Laskov, Shulamit. *Trumpeldor: His Life Story*. Jerusalem: Keter, 1982.

Lev-Ari, Shiri. "The Harbin Community: An Island of Tranquility in Jewish History." *Ha'Aretz*, 8 February 2007, http://www.haaretz.co.il/m isc/1.1384952.

Levin, Eleazar. "All of Eisenberg's Men." *Ha'Aretz*, 30 January 1981.

———. "The Man Who Buys and Sells Everything." *Ha'Aretz*, 6 January 1978.

Levinter, Eyal and Ben Kaminsky. "Has a Trojan Horse Penetrated Israeli Academia?" *Epoch Times*, July 2014.

Levitsky, Naomi. "Saul, King of China." *Hadashot (newspaper)* supplement, 2 November 1990.

Lifkin, David. "Started with $50 and Reached More Than a Billion." *Ma'ariv*, 30 March 1997.

Lubitz, Ruth. *I Chose to Live in Struggle*. Tel Aviv: Shachar Publishing, 1985.

Magen, Hadas. "China Will be Israel's Biggest Trade Partner." *Globes*, 11 December 2011.

Melamed, Arianna. "The Chinese Humiliation." *Ynet*. http://ynet.co.il.d4p.net/articles/0,7340, L-4377598,00.html. 8 May 2013.

Merhav, Reuven. "Dream of the Red Palaces—From the Fragrant Port to the Forbidden City, From Hong Kong to Beijing." In *The Foreign Ministry—The First 50 Years*. Edited by Moshe Yegar et al. Jerusalem: Keter, 2002.

Meshayoff, Meshual Meir. *Memoirs*. Private publication, Hagit Masser-Yaron Family, President of the Open University, undated.

Oren, Amir. "The Cutting Robber." *Ha'Aretz Supplement*, 13 October 1995.

Orlev, Uri. "The Chinese." *Ha'Aretz*, 13 August 1971.

Peretz, Gad. "The Heir is Already Apparent." *Ha'Aretz Supplement*, 30 March 1997.

Peretz, Samy. "Syria Can Wait—Netanyahu is Hungry for Business Opportunities in China." *The Marker*, 7 May 2013.

Ravid, Barak. "Reaching Iran Through China." *Ha'Aretz*, 5 May 2013.

Rolnick, Guy. "Who Profits and Who Loses from the Sale of Tnuva to the Chinese." *The Marker*, 23 May 2014.

Rosen, Rami. "When I Whistle, My Employees Come Running." *Ha'Aretz Supplement*, 26 December 1997.

Sacks, Ofer. "China Doesn't Welcome Israeli Exports." *The Marker*, 23 May 2013.

Sarid, Yossi. "It Has No God." *Ha'Aretz*, 5 October 2007.

Senor, Dan and Shaul Singer. *Start-Up Nation: The Story of Israel's Economic Miracle*. Translated by Yehuda Ben-Muha. Tel Aviv: Zemora Bitan and Matar, 5771/2011.

Shai, Aron. *China in the Twentieth Century*. Tel Aviv: Ministry of Defense Publishing Department, Broadcast University, 1998.

———. *From the Opium War to Mao's Inheritors: China in the International Arena, 1840-1990*. Tel Aviv: Zmora-Bitan, 5750/1990.

———. *Zhang Xueliang—The General Who Never Fought*. Or Yehuda: Zmora-Bitan, 2008.

Shamir, Daniel and Avi Bar-Eli. "The Private Port in Ashdod Sets Sail." *The Marker*, 22 September 2014.

Shiffer, Shimon. "The Former Mossad Head: We Didn't Get What We Wanted." *Yedi'ot Aharonot*, 24 November 2013.

Sicolar, Na'ama. "China-Israel Relations Warm Up: IAI is on the Way to Establishing a Factory in China." *Calcalist*, 3 July 2011.

Stein, Ron and Eran Péer. "The Phoenix Expands: Offered to Purchase 50% of DavidShield Agency." *Globes.co.il*, 14 September 2010, http://www.globes.co.il/news/article.aspx?did=1000588533.

Steinberg, Robbie. "Agreement Between Eisenberg Group and the Chinese Government: They Will Construct a Potassium Plant for 450 Million." *Ha'Aretz Supplement*, 14 May 1998.

Sufott, Ze'ev. "Israel's China Policy, 1950-1992." In *The Foreign Ministry—The First 50 Years*. Edited by Moshe Yegar et al. Jerusalem: Keter, 2002.

Urbach, Noam. "The Kaifeng Jews: Between Revival and Obliteration." *Zmanim* 85 (winter 2003-2004), 38-53.

Vagman, Avraham. "Agricultural Reform in China—Chronicles of a Visit." Davar, Yad Tabenkin Archives, 15-138/10/09.

Weissman, Lilach. "Steinetz Goes to Visit China and Hong Kong with 25 Businessmen." *Globes.co.il*, 2 May 2010, http://www.globes.co.il/news/article.aspx?did=1000556262&fid=2.

Yegar, Moshe. *The Long Journey to Asia: A Chapter in Israel's Diplomatic History*. Haifa: Haifa University Publishing, 2004.

Zaban, Yair. "Confucianization of Marx?" *Ha'Aretz*, 1971.

Zigmund, Shmuel and Gertrude Hirschberg. *From Berlin to Shanghai—Letters to the Land of Israel*. Jerusalem: Yad Vashem, 2013.

（二）英文與中文

Barr, Michael. *Who's Afraid of China?—The Challenge of Chinese Soft Power*. London: Zed Books Ltd., September 2011.

Bialer, Uri. *Between East and West—Israel's Foreign Policy Orientation 1948-1956*. Cambridge: Cambridge University Press, 1990.

Blanchard, Ben and Kevin Yao. "China Unveils Boldest Reforms in Decades, Shows Xi in Command," *Reuters*, 15 November 2013, http://www.reuters.com/article/2013/11/15/us-china-reform-idUSBRE9AE0BL20131115.

Brecher, Michael. *Israel, the Korean War and China*. Jerusalem: Academic Press, 1974.

Chang, Gordon G. *The Coming Collapse of China*. New York: Random House, July 2001.

Chang, Jung, and Jon Halliday. *Mao: The Unknown Story*. London: Jonathan Cape, 2005.

Chester, Sam. "Why Netanyahu and Abbas Went to China." *Tablet*, 13 May 2013, http://www.tabletmag.co m/scroll/132220/why-netanyahu-and-abbas-went-to-china.

Cochran, Sherman. *Big Business in China: Sino-Foreign Rivaling in the Cigarette Industry 1890-1930*. Cambridge, MA: Harvard University Press, 1980.

Dorraj, Manochehr and Carrie L. Currier. "Lubricated with Oil: Iran-China Relations in a Changing World." *Middle East Policy*vol. XV, no. 2 (Summer 2008).

Drage, Charles. *Two-Gun Cohen*. London: Jonathan Cape, 1954.

Elazar, Gideon. "China in the Red Sea." BESA Center, Bar-Ilan University, 23 August 2017.

Evron, Yoram. "The Rise of China from a Small States' Perspective: The Case of the Sino-Israeli Military Relations." *The 11th Annual Conference of Asia Studies in Israel*, Tel Aviv University, May 2012.

———. "Chinese Involvement in the Middle East: The Libyan and Syrian Crises," *INSS*, 3 October2013.

Fang, Jianchang 房建昌。"內蒙古，遼寧，天津，及青島猶太人史 (1911-1949) (History of Jews in Inner Mongolia, Liaoning, Beijing, Tianjin and Qingdao [1911-1949])," In *From Kaifeng -- to Shanghai: Jews in China*. Edited by Roman Malek, Joint Publication of

Monumenta Serica Institute and the China-Zentrum. Nettetal: Steyler, 2000.

Farrar-Wellman, Ariel and Robert Frasco. "China-Iran Foreign Relations," *American Enterprise Institute for Public Policy Research*, 13 July 2010, http://www.irantracker.org/foreign-relations/china-iran-fo reign-relations.

Fischer, Karin. "House Panel Plans to Scrutinize U.S. Universities' Ties with China." *Online Chronicle of Higher Education* (Washington, D. C.), 3 December 2014.

Gao, Qiufu, He, Beijian and Yao Zhenxian (ed.), *You and Us – Stories of China and Israel Friendships*. Translaed by Ego. Beijing: China Intercontinental Press, 2014.

Garamone, Jim. "Cohen, Barak Reaffirm US-Israeli Bonds, Discuss Contentions." *US Department of Defense Website*: http://www. defense.gov//News/NewsArticle.aspx?ID=45098 April 3, 2000.

Goodstadt, Leo. "The Middle East Backlash." *Far Eastern Economic Review*, vol. 82 (12 November 1973).

Goldstein, Jonathan. "China Honors Its Holocaust Rescuer." *Times Georgian* [Carrollton, Georgia, USA], 13 April 2002.

──. "A Quadrilateral Relationship: Israel, China, Taiwan and the United States since 1992." *American Journal of Chinese Studies* (October 2005).

──. "The Republic of China and Israel." In *China and Israel, 1948-1998: A Fifty-Year Retrospective*. Edited by Jonathan Goldstein. London: Praeger, 1999.

──. (ed.). *China and Israel, 1948-1998: A Fifty-Year Retrospective*. Westport: Praeger Publishers, 1999.

Guttenplan, D. D. "Critics Worry about Influence of Chinese Institutes on U.S. Campuses." *The New York Times*, 4 March 2012.

Herbert, Franke. "Der Weg nach Osten. Jüdische Niederlassungen im Alten China [The Way Eastward. Jewish Settlements in Old China]." In *From Kaifeng – to Shanghai: Jews in China*. Edited by Roman Malek, Joint Publication of Monumenta Serica Institute and the China-Zentrum. Nettetal: Steyler, 2000.

He, Feng-Shan. *My Forty Years as a Diplomat*. Translated and edited by Monto He. Pennsylvania: Dorrance Publishing, 2010.

Jacobs, Andrew. "Israel Makes Case to China for Iran Sanctions." *The New York Times*, 8 June 2010.

Jacques, Martin. "Welcome to China's Millennium." *The Guardian*, 23 June 2009, http://www.guardian.co.uk/commentisfree/2009/jun/23/china-martin-jacques-economics.

Johnson, Stephen. "Balancing China's Growing Influence in Latin America." *The Heritage Foundation*, 24 October 2005, http://www.heritage.org/research/latinamerica/bg1888.cfm.

Kaminski, Gerd. *General Luo genannt Langnase: Das abenteuerliche Leben des Dr. med. Jakob Rosenfeld*. Wien: Löcker Verlag, 1993.

King, Joe. "Two-Gun Cohen; Chinese Spy Master and a second Moishe." *The Museum of the Jewish Soldier in World War II Website*, undated, http://www.jwmww2.org/vf/ib_items/1480/Two%20Gun%20Cohen.pdf.

Kissinger, Henry. *On China*. London: Penguin Books, April 2012.

Kranzler, David. "Jewish Refugee Community of Shanghai 1938-1949." In *From Kaifeng – to Shanghai: Jews in China*. Edited by Roman

Malek, Joint Publication of Monumenta Serica Institute and the China-Zentrum. Nettetal: Steyler, 2000.

Krasno, Rena. "History of Russian Jews in Shanghai." In *From Kaifeng – to Shanghai: Jews in China*. Edited by Roman Malek, Joint Publication of Monumenta Serica Institute and the China-Zentrum. Nettetal: Steyler, 2000.

Leslie, Donald D. "Integration, Assimilation and Survival of Minorities in China: The Case of the Kaifeng Jews." In *From Kaifeng—to Shanghai: Jews in China*. Edited by Roman Malek, Joint Publication of Monumenta Serica Institute and the China-Zentrum. Nettetal: Steyler, 2000.

Levy, Daniel S. *Two-Gun Cohen: A Biography*. New York: St. Martin's Press, 1997.

Li, Xiaokun and Guangjin Cheng. "China, Israel Boost Cooperation." *China Daily*, 9 May 2013, http://www.chinadaily.com.cn/china/ 2013-05/09/content_16486378.htm.

Liu, Fu-Kuo. "Taiwan-Israel Relations: Towards a New Partnership." Paper presented at the Fourth Annual Conference of The Balance of Israel's National Security, Hertzlia, Israel, 16-18 December 2003, http://www.herzliyaconference.org/_Uploads/dbsAttached Files/1169Liu-taiwan.pdf.

Mackerras, Colin. "Xinjiang and the War against Terrorism." In *China and Antiterrorism*. Edited by Simon Shen. New York: Nova Science Publishers, 2007.

Madhukar, Shukla. "A World Deceived by Numbers/Facts." *Alternative Perspective Newsletter*, 11 August 2005.

Magid, Isador A. "I Was there: The Viewpoint of an Honorary Israeli Consul in Shanghai 1949-1951." In *China and Israel, 1948-1998: A Fifty-Year Retrospective*. Edited by Jonathan Goldstein. London: Praeger, 1999.

Ma'Oz, Moshe. *Soviet and Chinese Relations with the Palestinian Guerrilla Organizations*. Jerusalem: Hebrew University Press, 1974.

Meyer, Maisie J. "The Sephardi Jewish Community of Shanghai and the Question of Identity." In *From Kaifeng – to Shanghai: Jews in China*. Edited by Roman Malek, Joint Publication of Monumenta Serica Institute and the China-Zentrum. Nettetal: Steyler, 2000.

———. *From the Rivers of Babylon to the Whangpoo: A Century of Sephardi Jewish Life in Shanghai*. Lanham, Md.: University Press of America, 2003.

Olimat, Muhamad S. *China and the Middle East Since World War II: A Bilateral Approach*, Chapter 10. Washington D.C.: Lexington Books, 2014.

Palit, P. S. and A. Palit. "Strategic Influence of Soft Power: Inferences for India from Chinese Engagement of South and Southeast Asia." *ICRIER Policy Series* no. 3 (August 2011).

Pan, Guang. *China and Israel: Analysis on Bilateral Relations, 1948-1992*. New York: The American Jewish Committee, 1999.

Pentland, William. "Did the US invade Iraq to Contain China?" *blogs. forbes. com*, 1 July 2011, http://www.forbes.com/sites/williampentland/ 2011/01/07/did-the-u-s-invade-iraq-to-contain-china/.

Pollak, Michael. *Mandarins, Jews, and Missionaries: The Jewish Experience in the Chinese Empire*. Philadelphia: Jewish Publication Society of America, 1980.

──── "The Manuscripts and Artifacts of the Synagogue of Kaifeng: Their Peregrinations and Present Whereabouts." In *From Kaifeng─to Shanghai: Jews in China*. Edited by Roman Malek, Joint Publication of Monumenta Serica Institute and the China-Zentrum. Nettetal: Steyler, 2000.

Portman, Julian and Kipfer, Jean. *Shadow over China*. New York: Paperjacks, Redux Books, 1988.

Rivlin, Paul. "The Economic Melt-Down (1): America," *Tel Aviv Notes* (28 October 2008).

────. "Will China Replace the U.S. in the Middle East?" *Iqtisadi, Moshe Dayan Center*, vol. 4, no. 3 (25 March 2014).

Roubini, Nouriel. "China's Bad Growth Bet." *Project Syndicate*, 14 April 2011, http://www.project-syndicate.org/commentary/roubini37/ English.

Sadeh, Shuki. "Yosef Greenfeld's Battle for Survival." *The Marker*, 24 April 2015.

Schurmann, Franz. *Ideology and Organization in Communist China*. Berkeley: University of California Press, 1968.

Shai, Aron. *Origins of the War in the East: Britain, China, Japan 1937-1939*. London: Croom Helm, 1976.

────. *Britain and China 1941-1947: Imperial Momentum*. London: Macm-illan, St. Antony's College, Oxford and St. Martin's Press, New York, 1984.

────. *The Fate of British and French Firms in China 1949-1954: Imperia-*

lism Imprisoned. Houndmills, Basingstoke: Macmillan in associ-
ation with St. Antony's College, Oxford, 1996.

———. "Israeli Communist Party and PRC, 1949-1998." In *China and Israel,
1948-1998: A Fifty-Year Retrospective*. Edited by Jonathan
Goldstein. London: Praeger, 1999.

———. "China and Israel—Strange Bedfellows 1948-2006." In *China and
Antiterrorism*. Edited by Simon Shen. New York: Nova Science
Publishers, 2007.

———. *Sino-Israeli Relations: Current Reality and Future Prospects*. Tel
Aviv: Institute for National Security Studies, 2009.

——— *The Evolution of Israeli-Chinese Friendship*. Tel Aviv: The S.
Daniel Abraham Center and Confucius Institute, 2014.

Shatzman-Steinhardt, Nancy. "The Synagogue at Kaifeng: Sino-Judaic
Architecture of the Diaspora." In *The Jews of China*. Edited by
Jonathan Goldstein. Armonk, N.Y: M.E Sharpe, 1999.

Shen, Simon (ed.). *China and Antiterrorism*.New York: Nova Science
Publishers, 2007.

Shichor, Yitzhak. *The Middle East in China's Foreign Policy 1949-1977*.
London and New York: Cambridge University Press, 1979.

———. "Israel's Military Transfers to China and Taiwan." *Survival* vol. 40,
no. 1 (Spring 1998): 68-91.

———. "Ethno-Diplomacy: The Uyghur Hitch in Sino-Turkish Relations."
Policy Studies 53, East-West Center, Honolulu (2009).

Simpson, L. George Jr. "Russian and Chinese Support for Tehran." *Middle
East Quarterly* Vol. 17, Issue 2 (Spring 2010): 63.

Sufott, Ze'ev. *A China Diary*. London: Frank Cass, 1997.

Tjong-Alvares, Benjamin. "The Geography of Sino-Isreali Relations." *SIGNAL* May 2013, http://jcpa.org/wp-content/uploads/2013/05/V24_3_6.pdf.

Urbanek, Vladimir. "China's Foreign Exchange Reserves at the End of 2012 Grew to 3.3 Trillion, from +700% L.04." *KurzyCZ*, 4 March 2013, http://news.kurzy.cz/347840-chinas-foreign-exchange-reserves-at-the-end-of-2012-grew-to-3-3-trillion-from-700-l-04/.

Wallerstein, Immanuel. "The United States and Israel: The Approaching Separation," *Mita'am* 12 (December 2007): 89-99.

Walter, E. Carl and Fraser J. T. Howie. *Red Capitalism, the Fragile Financial Foundation of China's Extraordinary Rise*. Singapore: Wiley, 2011.

Witte, Carice. "A Quiet Transformation in China's Approach to Israel." *SIGNAL* vol. 12, no. 6 (2 April 2012), http://jcpa.org/article/a-quiet-transformation-in-chinas-approach-to-israel/.

Wu, Sike. "The Upheaval in West Asia and North Africa: A Constructed New Viewpoint of World Security." *Journal of Middle Eastern and Islamic Studies (in Asia)* vol. 7 No. 1 (2013): 1-16.

Xu, Xin. "On the Religious Life of the Kaifeng Jewish Community in the 15th-17th Centuries." In *From Kaifeng – to Shanghai: Jews in China*. Edited by Roman Malek, Joint Publication of Monumenta Serica Institute and the China-Zentrum. Nettetal: Steyler, 2000.

Xu, Xin. "Holocaust Education in China—Discussion Paper." The Holocaust and the United Nations Outreach Programme, 2012.

三 採訪

Yigal Alon. Interview by Reudor Manor, Kibbutz Ginosar, 26 August 1979, on behalf of the Davis Institute of International Relations, Hebrew University of Jerusalem.

Iris Arbel. Interview by Or Biron, Tel Aviv, 18 July 2013.

以下採訪由作者進行：

David (Sasha) Hanin, Tel Aviv, 17 July 1995.

Meir Vilner, Chinese ambassador's residence, Savion, 2 September 1995.

Gabriel Gidor, Tel Aviv, 2004.

Horacio Furman, Europe House, Shaul Hamelech Ave., Tel Aviv, 26 January 2004.

Amos Yudan, Tel Aviv University, 21 July 2004.

Dr. Ze'ev Suffot, Jerusalem, 6 September 2004.

Yair Zaban, Tel Aviv University, 6 July 2011.

Bruno and Alex Landesberg, Hod Hasharon, 17 July 2011.

Gad Propper, Tel Aviv, 14 August 2011.

Mordechai Arbel, by phone, Tel Aviv, June 2013.

Dr. Ze'ev Suffot, by phone, Tel Aviv, 10 December 2013.

Alon Shlank, Kardan offices, Tel Aviv, 7 May2014.

Alon Ketzef, David Shield offices, Netanya, 3 August 2014.

Efraim Halevi, Tel Aviv University, 15 June, and 12 August 2015.

名詞對照暨索引

A

B

H

I

N

O

P

Q

R

S

T

U

V

W

X

Y

Z

史學研究叢書・歷史文化叢刊 0602Z01

以色列與中華世界
——猶太人、華人；耶路撒冷、臺北、北京（1890-2023）

作　　者　謝愛倫（Aron Shai）

譯　　者　劉洪潔

編修者　蔡至哲

責任編輯　林婉菁、丁筱婷

發行人　林慶彰

總經理　梁錦興

總編輯　張晏瑞

編輯所　萬卷樓圖書股份有限公司
　　　　臺北市羅斯福路二段 41 號 6 樓之 3
　　　　電話 (02)23216565
　　　　傳真 (02)23218698

封面設計　陳薈茗

發　　行　萬卷樓圖書股份有限公司
　　　　臺北市羅斯福路二段 41 號 6 樓之 3
　　　　電話 (02)23216565
　　　　傳真 (02)23218698
　　　　電郵 SERVICE@WANJUAN.COM.TW

香港經銷　香港聯合書刊物流有限公司
　　　　電話 (852)21502100
　　　　傳真 (852)23560735

ISBN 978-986-478-930-6

2023 年 12 月初版

定價：新臺幣 480 元

本書為臺灣師範大學國文學系 2023 年度「出版實務產業實習」課程成果。部分編輯工作由課程學生參與實習。

如何購買本書：

1. 劃撥購書，請透過以下郵政劃撥帳號：
   帳號：15624015
   戶名：萬卷樓圖書股份有限公司
2. 轉帳購書，請透過以下帳戶
   合作金庫銀行　古亭分行
   戶名：萬卷樓圖書股份有限公司
   帳號：0877717092596
3. 網路購書，請透過萬卷樓網站
   網址　WWW.WANJUAN.COM.TW

大量購書，請直接聯繫我們，將有專人為您服務。客服：(02)23216565 分機 610

如有缺頁、破損或裝訂錯誤，請寄回更換

國家圖書館出版品預行編目資料

以色列與中華世界 ： 猶太人、華人；耶路撒冷、臺北、北京(1890-2023) /謝愛倫(Aron Shai)著 ； 劉洪潔譯. -- 初版.
-- 臺北市 ： 萬卷樓圖書股份有限公司, 2023.12
面 ； 公分. -- (史學研究叢書. 歷史文化叢刊 ； 602Z01)譯 自 ： China and Israel : Chinese, Jews; Beijing, Jerusalem (1890-2018) (Jewish identities in post-modern society)
ISBN 978-986-478-930-6 (平裝)
1.CST: 國際關係 2.CST: 中國外交 3.CST: 外交史 4.CST:中國 5.CST: 以色列

574.18353　　　　　　　112020292